L'ART DES CINQ MOUVEMENTS

ISBN : 978-2-8132-3266-3

www.editions-tredaniel.com
info@guytredaniel.fr
www.facebook.com/tredaniel.reflexion
@tredaniel_reflexion

TRISTAN EDELMAN

L'ART DES CINQ MOUVEMENTS

Combat - Danse - Énergétique - Pensée - Vie

Guy Trédaniel éditeur
19, rue Saint-Séverin
75005 Paris

SOMMAIRE

Cinq noms pour l’art et pour le corps,
Trois noms pour l’expérience,
Un nom pour les réunir tous.

INTRODUCTION

Ce livre ne contient pas de connaissances : il contient de la vie, du vécu, de l'expérimenté dix mille fois plutôt qu'une. Il n'enseigne rien : il participe à l'ouverture du corps et de l'esprit — et à leur réunion. Il n'alimente pas l'intellect et les argumentaires : il nourrit la sensibilité jusqu'à l'extralucidité. Il ne creuse pas la distance et la juste mesure : il rend immensément emphatique du plus petit au plus grand, du détail terrestre aux mouvements cosmiques. Rien de ce qui existe ne vous sera plus indifférent après cette lecture ; ni la poussière ni l'humain, ni l'ombre ni la lumière. De la particule élémentaire à la structure biologique la plus sophistiquée, tout vous parlera car tout est animé. Ce que certains ont nommé *âme*, *souffle*, *chi*, *achê*, *rôar*, *atma*, *pneuma*, *tao*, etc. se rapproche de ce que j'appelle Mouvement qui dessine d'un seul trait les mutations, l'énergie primordiale, la matière et l'existence.

Ce livre se veut une émanation du Mouvement. Impossible de parler du Mouvement sans faire vibrer les espaces vides de l'écriture et la multiplicité infinie des significations. « Le concept de chien n'aboie pas », nous disait Spinoza. Il marquait avec ironie la césure infranchissable entre la philosophie et la vie. J'espère qu'après la lecture de ce livre vous aurez envie non pas seulement d'aboyer, mais de hurler, de miauler, de parler, de gémir, de pleurer, de bramer, de gesticuler en tous sens, que dire : sortez tout ce que vous avez dans le ventre pour vivre avec plus de passion ! Et que l'avenir dure longtemps !

Le but avoué de ce livre est donc de se (re)connecter au Mouvement et de (re)trouver l'énergie primordiale en toutes choses. Se libérer du contrôle en libérant la puissance du corps et, par la même occasion, saboter le récit collectif officiel et le mental intime parti en roue libre.

En deux mots : convertir chaos en *khôra* et transe-muter l'expérience nihiliste en une félicité inouïe. Je ne manquerai pas de définir un à un chaque terme et leurs intrications.

Dans ce livre tout entier dédié au Mouvement, vous trouverez beaucoup d'exemples, d'expériences, de protohistoires, de faits divers, d'anecdotes, de souvenirs, de quêtes et de récits, avec à la fin un trésor de pirate. Mais aussi quelques grands morceaux discursifs et philosophiques avec une caverne d'Ali Baba bien plus rutilante que celle de Platon. Enfin, des formules magiques pour allonger et intensifier le temps et l'espace, mais aussi les fondamentaux de la pratique énergétique, notamment de la khorolistique[1]. Tout ce matériel magique se relie selon la cohérence du Mouvement. Cohérence plutôt que logique. « Cohérence », voilà un mot qui va prendre de l'ampleur dans la confusion internationale savamment organisée par les agences privées. La logique est formelle, la cohérence est vitale. La logique neutralise la vie, la cohérence vitalise la logique. La logique, en reprenant sa place comme un ingrédient élémentaire parmi et avec d'autres, rend la raison aimable, ludique et sympathique ; elle qui depuis six mille ans nous habitue à l'hégémonie totalitaire et anesthésiante. Être cohérent avec le Mouvement implique de suivre le flux au plus près des choses et de soi. Cela demande du tact et de l'improvisation. Ça n'a rien d'une évidence : notre vie quotidienne est saturée de règles, et passer par l'écriture pour transmettre la cohérence rend l'exercice encore plus difficile. Rappelons que la première fonction de l'écriture, née à Sumer, fut d'établir les calculs et les contrats. Elle est le symbole même de la règle.

[1] La désignation de ma pratique professionnelle « khorolistique » est la condensation de deux mots du grec ancien : *khôra* relatif à l'énergie indomptable et *holos* relatif à ce qui est continu. *Holistic Movement Body Work* est la traduction américaine de khorolistique. Cette traduction a le mérite, malgré la platitude du marketing qui neutralise toute poésie, de sous-entendre que la *khôra* est un aspect du Mouvement et que ce dernier est relié à une discipline du corps.

C'est pourquoi le mieux que je puisse faire à l'heure actuelle, c'est de proposer une « non-méthode ». Une « méthode du Mouvement indomptable » — tel le « devoir de spontanéité » et le « devoir d'amour » — est une contradiction en soi qui viendrait gonfler la liste toujours plus longue des dissonances cognitives. La « non-méthode » a l'avantage d'épargner le lecteur des commandements, recettes, préceptes, principes, rituels, expertises, etc. Tout ce qui est du registre de « ce qu'il faudrait faire » a pour effet instantané de détruire l'énergie libre. Une méthode porte en plus le risque majeur que les lecteurs se mettent à suivre mes conseils. Le protocole pour aider son prochain se dégraderait automatiquement en secte, ou pire, en club de sport et en spiritualité New Age. Les productions ne s'embarrassent pas avec de telles considérations bien peu lucratives sur la cohérence et la liberté. En revanche, notre ami Lao-Tseu, et quelques autres personnages aussi avisés que lui, avait compris l'intérêt d'en rester humblement à la formulation ouverte et négative « … ni… ni… » Dire la chose sans la dire à l'aide de la négation est un sage procédé. Cette désignation par le vide oblige à prendre une pause, à réfléchir et imaginer par soi-même. Rappeler la difficulté de faire correspondre le discours à la chose offre au lecteur, en proie à un trouble rémanent, la possibilité de saisir l'insaisissable.

Toujours dans l'idée de réveiller le Mouvement sans jamais le contraindre, j'ai mis ce livre sous le signe de l'art. L'art met dans un état de conscience modifiée qui, justement, permet l'adéquation entre la chose et sa représentation. Lorsque vous ressentez que l'extérieur est toujours en connexion avec votre intériorité, la rupture entre soi et le monde disparaît pour laisser advenir un sentiment de continuité que j'appelle l'inspiration. L'inspiration, c'est la terreur de la raison. Cette dernière diagnostiquera précipitamment, du haut de sa tempérance angoissée, qu'il y a « confusion », « indistinction », « chaos ». Belle justification pour étendre l'hégémonie du même avec son lot toujours croissant d'horreurs et d'apories. Pour nous, amants de la vitalité, cette relation directe entre les différences intérieures et extérieures est la magie d'être à la fois singuliers et reliés. Toutefois, cette inspiration est rarement directement accessible pour les dissociés que nous sommes devenus. Pour se rendre sensibles à l'inspiration, il nous faut plonger dans le mystère de l'art. Afin d'éclaircir mon propos, je vous propose une immersion étymologique.

Si le mot « art » vient de la racine indo-européenne *re* signifiant « nouer, fixer, assembler », son évolution sémantique s'achève avec le sens de « fixer dans la pensée, catégoriser, abstraire » (*ars et usus* : « la théorie et la pratique »). Antérieurement à la pensée abstraite, il y a l'idée d'assemblage que rappelle le substantif latin *art*, *artis*. Celui-ci renvoie à l'activité manuelle, le savoir-faire et l'habileté que l'on nomme « artisanat ». À nouveau, le « rendre réel et réaliser » dans la matière s'est transformé en « penser, juger et calculer » par le truchement de l'esprit. Cependant, toujours à partir de la même racine, le grec ancien a maintenu un troisième sens encore plus enfoui sous le terme de ἀόριστος, *aoristos*, « aoriste ». Ce dernier est un temps grammatical immémorial, préexistant même à l'indo-européen, et qui signifie étymologiquement : « non fixé ». Au départ, ce temps indiquait l'action pure qui se prolonge sans avoir de durée définie. Notre mode syntaxique du « participe présent » représente le mieux cette durée que rien ne saurait immobiliser, telle une participation inépuisable au présent infini. Cette continuité éternellement en action dénuée de commencement et de fin se déroulerait d'une manière « an-archique », au sens étymologique du terme : écoulement qui circule et s'organise, sans pour autant avoir de principe, d'origine et de finalité.

C'est ici que l'art rejoint la poésie. Celle-ci est issue du mot latin *poesis* (« poésie, art poétique, œuvre poétique »), lui-même dérivé du grec ancien ποιέω, *poiéō* qui représente l'action de faire. Toutefois, ce « faire » ne se rapporte ni à la raison ou *logos*, ni à l'artisanat ou *tehkné*, mais à la créativité ou *poíêsis*, qui renvoie au flux continu du Mouvement. J'aurais pu affubler chacun de mes chapitres avec le mot de « poésie ». Seulement, le mot « art » incarne mieux le passage qui va de la raison à la poésie, telle une longue odyssée qui commence à la surface de la terre pour descendre vers les profondeurs. Commençons donc notre recherche du Mouvement par la fixité, le logos et la pensée, puis faisons-nous virtuoses, techniciens et artisans, et terminons en fête avec le changement, la poésie et la créativité. Si l'art consiste à retrouver le flux créatif par l'exploration lente et racinaire des couches terrestres et spirituelles, le non-art aura pour tâche au contraire de recouvrir de dénis cet élan inspiré pour l'éclipser sous des objets identiques, homogènes et rationnels. *In-artis* : « Ce qui n'a pas d'art, ce qui est dénué de vie et de mouvement. »

Puisque nous voici dans l'antre de la terre, faisons une pause dans la caverne de Platon. Contrairement à la leçon qui semble se dégager de l'enseignement platonicien, la lourdeur maladroite du non-art, c'est selon notre optique de se donner comme idéal de quitter la caverne pour remonter à l'air libre, afin de se soumettre au soleil rationnel. Pour nous, amoureux des luminosités chthoniennes, l'art sera de creuser à travers les parois de la caverne pour plonger au centre de la terre qui est un indomptable soleil. Ensuite, seulement, il nous sera loisible de remonter gaiement sans charger la terre de nos inerties suicidaires.

Vous aurez compris : le mot « art » ne renvoie ni à l'esthétique qui règle la forme et la beauté, ni à la catharsis qui gère la décharge émotive et la communion collective momentanée, ni même à la mimèsis qui se veut un dépassement de la nature. Pour être encore plus précis, il ne s'agit pas d'un état de conscience modifiée, comme je le disais au début, mais d'un état de *transe* qui ouvre les sentiers du Mouvement. Nous ne rejoignons pas le Mouvement avec un effort de volonté, c'est le Mouvement qui descend en nous quand la volonté s'est dissoute. L'abandon de toute volonté, de toute mentalisation — en deux mots de tout forçage —, est la condition nécessaire pour entrer en transe. C'est pourquoi dans la plupart des rituels animistes, l'esprit de l'individu ne monte pas vers la divinité, c'est la divinité qui descend au cœur de l'individu ; et celui-ci s'abandonne. Lorsque les structures acquises de la personnalité et de la société ne font plus barrage, le flux retrouve son cours à travers le corps, les organes et les neurones. L'aspect spectaculaire des transes vient de ce que les motions ont été retenues trop longtemps dans les tissus cellulaires. Le transi et les participants se trouvent alors saisis devant la déstructuration des schémas culturels et la libération violente des forces vitales. Ce serait une erreur d'identifier la transe à ces manifestations cultuelles particulièrement sensationnelles. Une méditation, une musique, une simple marche ou même une bonne sieste peuvent tout autant reconnecter au vortex primordial.

Lançons-nous vers les plus hautes cimes — qui sont en bas — au plus profond de l'art du Mouvement. Que voyons-nous ? L'art du Mouvement est animé par cinq autres arts : le combat, la danse, l'énergétique, la pensée, la vie. Toute personne faisant tomber le voile de l'illusion pour aller de l'autre côté du miroir se découvrira des talents dans tous ces domaines à la fois : combattre, danser, « énergétiser[2] », penser, vivre. Si une de ces facettes vient à manquer, c'est l'existence même qui se trouve amputée. Car au fond, notre histoire n'a jamais été une affaire de métaphysique, de technoscience et de santé, mais de vie quotidienne fugace et fugitive. Notre temps est essentiellement fait d'esquives et de contre-attaques, d'unions et de désunions, de répétitions et d'évolutions — et de brèves illuminations qui nous servent de guide.

Le Mouvement étant le cœur de notre affaire, je devrais selon toute logique commencer par en donner une définition claire, nette et précise. Néanmoins, si je veux sensibiliser au Mouvement, se mettre en route à partir d'une définition n'est pas du tout adapté à ce qui précisément ne se laisse pas enfermer dans une catégorie. Plutôt l'instinct et l'expérience que la carte et le territoire. De plus, cette définition — qui existe bel et bien — paraîtra hermétique de prime abord. Assimiler la conceptualisation d'un non-concept demande un effort intellectuel hors du commun

[2] J'évite l'emploi des termes de « thérapie », de « médecine » et de « soin », non pas seulement par respect des dénominations juridiques, mais pour marquer que l'énergie est fondamentalement du côté de la puissance du corps et de la vie heureuse, avant d'être éventuellement absorbée par les domaines de la guérison, de la santé et du bien-être.

qui peut décourager même les plus tenaces. La montée spéculative est frustrante : à mesure que les contours du Mouvement se distinguent, la vérité de ce même Mouvement s'efface. L'effort de définition révèle plus les lignes et les objectifs de la raison que la consistance de l'écoulement infini. La mise à nue obscurcit, de manière équidistante, ce qu'il fallait montrer. Plus on s'approche du concept, plus le Mouvement s'éloigne. Gardez toujours en tête que cette mathématique bizarre et inversée fait partie de la folie dans laquelle nous nous trouvons. Comment faire pour déjouer ce dispositif ? Comme le disait Friedrich Nietzsche : « Ayez votre masque et votre finesse, pour que l'on ne vous reconnaisse pas[3] ! » La définition — et toutes celles qui suivront —, que je vous mijote aux petits oignons, viendra en son heure.

En attendant, mon approche, qui incite l'instinct sans en avoir l'air, est un cheval de Troie. Le stratagème consiste à contenter la raison pour mieux la détourner. En jouant ce jeu de masque, l'instinct ne fait pas que déjouer le mental, il le remet en lien avec le Mouvement. Ancienne ruse qui consiste à détourner le détournement pour reconduire à la source naturelle. Vous l'aurez deviné : il s'agit de séduire la raison. Le corps se voile et, par de secrètes méthodes, apaise la raison et instigue le désir. L'amoureux étant captivé, il est prêt à tout pour connaître le mystère. Le voilà qui passe avec fièvre une série d'épreuves. Il n'est plus le même au début et à la fin. Au terme du voyage, l'objet du désir et le désir ont changé. L'hypertrophie rationnelle a quitté le corps. C'est alors que l'instinct et le corps peuvent se dévoiler et être reconnus. Le Mouvement, de manière évolutive et discrète, se fraie ainsi un passage vers lui-même au travers du labyrinthe mental. Rien ne dit que ma ruse fonctionnera et que je gagnerai la partie. C'est toi, lecteur, qui décideras. Il y a une infinité de nuances possibles. Par exemple, match nul entre la raison et Mouvement,

[3] *Par-delà le bien et le mal*, chapitre II : L'esprit libre (1886). Nietzsche reprend la formule lancée par le tout jeune Descartes en 1619, *Larvatus prodeo* « j'avance masqué », au moment de faire son entrée dans l'arène spectaculaire du monde et de la philosophie.

« je ne ressens rien de ce qui est dit et tout ça est irrationnel ». Victoire de la raison, « je ne ressens rien, mais c'est très rationnel ». Le Mouvement prend l'avantage, « je ressens, bien que ce soit irrationnel ». Victoire du Mouvement, « je ressens d'autant mieux que c'est cohérent ».

Le terrain dialectique étant parsemé de mines, de pièges et de fourches caudines, il faut échauffer sérieusement toutes les parties du corps avant de pénétrer la raison. La cohérence veut donc que nous ouvrions ensemble le chemin à partir du sensible. C'est pourquoi je commencerai par l'art du combat, suivi par celui de la danse pour terminer avec l'art de l'énergétique. Ces expériences « artistiques » manifestent, de manière directe et incarnée, tout ce que je préciserai plus tard. Après avoir combattu, dansé et s'être rétablis, nous aurons suffisamment exercé nos muscles et nos tendons, affuté notre imaginaire et notre sensibilité pour aborder l'art de la pensée. Ce moment transitoire que nous nous serons accordé pour élaborer les définitions et poser la structure nous donnera les ailes pour s'ouvrir à l'essentiel : l'art de vivre. Nous serons à même de dégeler, rehausser — transe-muter même — la grammaire, les axiomes et les catégories. En retour, le corps s'étant libéré de la psyché, nous aurons la joie d'une pensée prête à accueillir la puissance du corps.

LES 5 ARTS DU MOUVEMENT

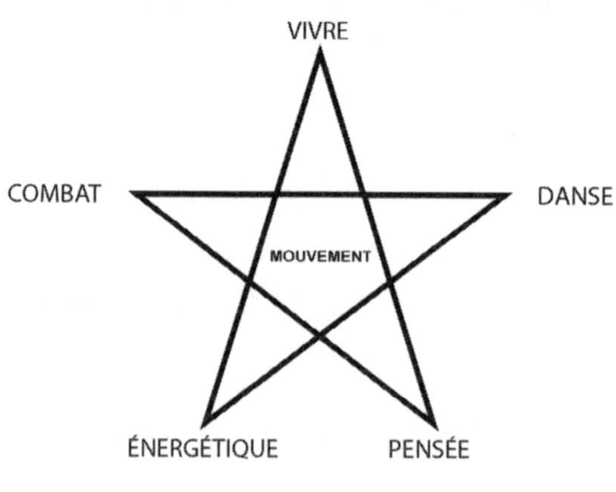

ART DU COMBAT

Nouveau pays, nouvelle ville, nouvelle culture. Fuir le tourisme, les achats, les musées. Trouver les lieux de danse, d'énergétique, d'arts martiaux. Gants, dentier, casque, genouillères. Direction le club de MMA (Multiple Martial Arts). MMA, nom marketing et plat pour standardiser un art de combat où toutes les techniques du corps sont possibles (ou presque).

Club rustique. Sous-sol, béton, néons, humidité, peintures défraîchies, trous dans les murs. « Quand ai-je eu une belle salle de pratique ? Jamais. » Quelques souvenirs me reviennent : « Si : une fois en résidence au CND (le Centre national de la danse) qui ressemble à une prison, et une autre fois dans un club de sport radical-chic. » Le confort et l'esthétisme, c'est l'emballage des camps de rééducation volontaire en démocratie.

Communication utilitaire, entraînement basique, combats rudes. Aucun attrait, aucune séduction, aucune fioriture. Je suis ici pour autre chose. Nécessité : transformer l'énergie de la violence intérieure, de l'humiliation et du désespoir. Cette fureur ne m'a jamais quitté depuis l'enfance. La brutalité de la société nous attaque dès la naissance ; attaque la naissance. Sortir la tête et le corps du cloaque. Barbarie des administrations : travail, loisirs, famille, école, mondanité, fiscalité. Le combat pour la vie continue dans la rue sale avec la délinquance sous toutes ses formes : police, factions, paumés. Pour un jeune plein de vie et de juste révolte, la question est très simple : « Je me fous en l'air ou je trouve une manière de transformer cette énergie de fou. » Alors le corps-à-corps, la transpiration, l'intensité. Sensation du danger, sensation d'avoir un corps en danger, sensation de reprendre vie. S'extraire de l'isolement social, de la dépendance aux écrans et du coma cérébral. Rage et combat. L'instinct de survie qui revient. La circulation des fluides qui guérit. Jeune, on ne sait pas, on fonce. Aujourd'hui, je sais pourquoi je suis là : je lutte pour ouvrir un espace de liberté.

Je vois dans chaque *randori*[1], dans chaque attente, dans chaque défonçage de sac, cette recherche secrète et inconsciente. Le ring, la cage et le tatami ne sont ni la rue ni la vie : il y a encore des règles. La rue n'a plus de règle, la vie est inflation de règles. Dans le combat libre, nous traquons sans relâche l'énergie de l'instinct, la spontanéité, le rythme. Devenir un animal des rues, ranimer l'intelligence des forêts, retrouver l'animalité dans l'homme. Introspection directe, méditation violente. Point de violence abstraite, point de méditation sereine. Non. Descente dans les enfers, l'antre de la violence, l'origine des violences. Vérité effarante sur notre effondrement, notre KO au premier round de la vie. Vérité sur notre humiliation qui assassine notre vie. Notre fureur légitime envers ce que nous sommes devenus, sans savoir pourquoi, et que nous refusons instinctivement. Deux mots : refuser le nihilisme. Après le choc des corps, nous retournons dans la rue et dans la vie avec plus d'ancrage. Avec un peu plus d'espoir de changer notre rapport au monde. Avec un peu plus de moyens pour nous orienter. Avec un peu plus de possibilité d'envoyer balader tout ce foutoir compliqué de la civilisation. Le combat n'est pas le réel, mais une pause dans le réel pour retourner au réel.

Cette violence est pure. Elle n'est pas celle psychologique de la perfidie et du harcèlement durable ; celle qui vous détruit avec un sourire angélique et de belles formules. Elle n'est pas celle de l'ordre public qui vous abat avec indifférence. Elle n'est pas celle de la morale qui vous demande de respecter les règles pour être accepté dans le cercle

---

[1] Mot japonais qui signifie « libre exercice de combat sans objectif de victoire ou de défaite ».

des frigides et des impuissants. Cette violence est pure comme le chien qui essaye de se libérer de ses chaînes, de sa cage et de ses maîtres, et qui doit — dans le craquement des os et les giclures de sang — s'arracher une patte pour s'enfuir. Elle est pure comme l'enfant qui hurle et crache de manière convulsive tout son mal-être aux représentants du *statu quo*. Elle est pure comme celui qui se jette toutes griffes dehors sur les agresseurs rodés de la domination pour défendre un inconnu pris en embuscade. Elle est pure comme la vie qui veut jaillir aux prochaines poussées du printemps.

Vous l'aurez compris : il s'agit de reprendre vie. Le système accapare chaque seconde de notre souffle pour le détourner et en concevoir un produit qui nous rendra encore plus dépendants. « La liberté, c'est l'esclavage » n'est pas une contradiction ni une dissonance cognitive. C'est la logique parfaite du destin humain : se donner la liberté de rendre esclave le corps pour le dégrader en objet inerte. À partir du moment où nous avons décrété que l'existence et la matière sont chaotiques et menaçantes, il a fallu se mettre au diapason précis de l'ordre et des prisons dorées. Calculer, contrôler, profiter. L'idéal est intelligence artificielle, neurones et cybernétique. Y a-t-il meilleur esclave que le robot ? N'ayant pas créé le monde, on essaye de le détruire. Ne pouvant le détruire, on le rend plat.

Pour se réapproprier la vie, il faut se réapproprier l'instinct de survie. Or l'instinct de survie ne se possède pas. Il n'y a pas de loi pour se relier à l'instinct. Au premier abord, la loi semble assurer le rôle de garde-fou en face de l'incontrôlable instinct. Mais l'expérience et le recul historique nous révèlent que la loi est la garante de structures violentes. Cette tension absolue ne peut se résoudre que par un choix drastique : ou bien suivre la loi qui obéit — sans jamais y parvenir — au principe formel de non-contradiction, ou bien suivre la cohérence qui s'enracine dans l'énergie de survie. Se dégager de la possession, de l'esclavage et de la médiation est une nécessité vitale qui s'impose hors de la raison, des normes et des conventions. C'est cette nécessité que nous cherchons dans les strangulations, les coups de tête et les uppercuts ; sortir de la médiation, du mental et de la dissociation pour retrouver la poésie directe du corps.

À chaque combat, nous entrons comme des kamikazes dans la vérité crue de la menace. Nous provoquons le danger. Nous défions le trauma. Que l'énergie noire sorte par tous les pores. Et quand nous avons vidé nos entrailles sur le ring, vient le moment magique de l'épuisement. Alors le second souffle. Le fameux. Qui n'est autre que le premier souffle retrouvé. Le souffle originel. Le souffle hors trauma. Celui du cœur. Quand les coulées noires de nos humiliations sont retournées à la terre. Quand l'air léger s'élève. Quand la peur s'est transformée en présence. Nous avons passé le moment de la décharge. La décharge, c'est l'univers malade en saturation de souffrances. La décharge, c'est la jouissance du trauma, c'est la publicité la plus rentable jamais imaginée, c'est l'érotisme niveau zéro. C'est l'accumulation du Capital qui se convertit en holocaustes. La décharge, c'est l'opération sexuelle de la civilisation mal-être. Au moment — court et précieux — du vide après décharge, il y a une décision à prendre. Deux voies s'offrent à nous. Nous pouvons repartir nous remplir à nouveau de mal-être et décharger en de prochaines jouissances et cruautés. Ou nous pouvons laisser monter le souffle primordial. Nous pouvons reprendre l'esclavage pour être la fierté du productivisme et de la spéculation. Ou nous pouvons plonger dans la vitalité. Nous pouvons nous relancer à la conquête du monde hostile. Ou nous pouvons retrouver les lieux secrets de l'énergie douce, multiple et protectrice. Nous pouvons continuer le cycle de l'humiliation, de l'état d'urgence et de la terreur. Ou nous pouvons faire la paix avec nous-mêmes, notre histoire et déserter enfin les champs infinis d'une bataille sans cesse reconduite. Oserons-nous enfin vivre pour le simple plaisir de vivre ?

Quand l'instinct revient, le Réel se découvre. *Désublimation* en cours. La sublimation, c'est l'énergie primordiale détournée vers la réalisation d'un idéal psychique. La désublimation, c'est faire confiance à l'énergie créative qui se meut sans avoir besoin ni d'idéal ni de transgression. Ce n'est plus un simple entraînement pour échauffer les muscles et les tendons, c'est une préparation de soi-même pour sortir de la prison du mental et entrer dans le Mouvement. L'adversaire n'est plus identifiable. L'ennemi et le partenaire se convertissent en aventure. Une aventure précise et incertaine où le moindre geste peut être fatal. La pensée et l'action doivent être concomitantes. La sensation et le réflexe viennent de manière simultanée. L'observation doit s'accompagner de décisions instantanées. La raison s'est reliée à l'instinct. Ou alors vous resterez au seuil de l'aventure. Des milliers de pages de philosophie se résolvent en trois minutes de combat libre. Toute la théologie et les théories des passions pulvérisées en un déséquilibre, une esquive, un retournement. Quel égaré a dit que la rationalité était à l'opposé du corps, des passions et de la sensation ? Quel est l'aliéné qui a voulu faire croire que le Mouvement est rationnel et que le rationnel est réel ? Dans ce monde vibrant, le rationnel est indissociable du Mouvement, sans que ce dernier ne se réduise au rationnel. Dans ce monde riche d'instincts, de reliefs et de rythmes, la rationalité n'est plus réduite à la logique. Reprenons le vrai combat qui est spirituel.

À chaque combat, il faut inventer. La seule technique essentielle est d'être capable d'improviser selon la situation. Des milliers d'heures de discipline pour dialoguer avec l'inconnu. Une longue et patiente propédeutique pour se rendre accessible au surgissement. Des entraînements répétés pour être présent à la surprise perpétuelle. Le véritable état d'esprit de la discipline : rien ne se répète jamais. Quand vous enchaînez deux cents tractions, deux cents *low kicks*, deux cents *armlocks*, ce ne sont jamais les mêmes. Pour progresser, il faut être présent à chaque geste, à chaque moment. Sinon c'est la routine, le devoir, l'ennui. D'artiste, on chute en sportif. On n'ira jamais plus loin que le moment de décharge, le retour désespérant dans l'éternelle dépression des corvées sociales. La néophobie est stérilisante. La discipline est une lente progression invisible sur l'instant. Se rendre sensible à la lenteur. Prendre son temps. Accepter la cadence du réel qui nous met à l'épreuve par son apparente inactivité. Sortir des croyances en l'éternité et en l'immuabilité d'une transcendance. Le fait que tout soit en perpétuel changement ne devrait pas nous inquiéter. C'est une incitation à se sensibiliser aux détails de la tectonique des mobilités profondes.

Pour être au plus près de la situation, une vaste palette technique sera d'une grande aide. Le jiu-jitsu et le nin-jitsu japonais ont conservé cette palette. Le premier pour les *samouraïs* (guerriers officiels), le second pour les *ninjas* (assassins officieux), les deux pour les *rônins* (combattants sans attache). Mais la spécialisation ayant contaminé toutes les civilisations, les arts se sont séparés en pieds/poings, luttes/prises, sol/clés, etc. Le MMA est une des pratiques qui combine plusieurs techniques. Mais pour n'importe quel combattant digne de ce nom, le syncrétisme est naturel. Nul besoin d'officialisation, de normalisation, d'étiquette. L'aventure du corps au travers du combat requiert naturellement la complétude et la complémentarité. Chaque pratique nous perfectionne. Les arts internes (taïchi, aïkido...) ouvrent la sensation de l'espace, du poids et du déplacement, la capoeira invente des positions improbables et déstabilisantes, les boxes vont au minimum et à l'efficace, les luttes, les *grappling* et les passages au sol jouent sur les déviations de forces, les projections, la résistance et les contacts rapprochés. Être un monstre technique et gagner tous les combats peut faire de vous un excellent professeur, éducateur ou bête de foire, mais non ce que l'on appelle un « maître ». Cette appellation ne recouvre ici aucune supériorité. Je fais référence à la compréhension profonde de ce qui se joue lors d'un combat : la liaison intime avec le *kairos*, c'est-à-dire avec la capacité de ressentir et de répondre à une situation avec l'intelligence instinctive. Vous pouvez donc perdre tous vos combats et être un maître. Un maître est toujours jeune. Il se (re)met en jeu tout au long de sa vie. Il ne cesse d'apprendre les nouvelles techniques, de s'abreuver aux nouvelles formes, de se couler dans l'esprit du temps. Le maître est un perpétuel élève. Cet exercice à l'échec est la base de la puissance, de l'humilité et de la jeunesse. Être jeune, c'est se rendre disponible et refuser l'immobilité, le conservatisme, la répétition. Le maître se connecte à l'art du Mouvement, à la discipline créative, au plaisir de jouer. Il ne s'agit plus d'éduquer, d'apprendre et de connaître, mais de devenir le canal pour les flux qui dépassent la performance et la dualité lors de la rencontre des corps.

Comme je l'évoquais, imaginer que le combat libre se rapproche de la vie et la cage de la rue est un fantasme qui déconnecte de la vie et de la rue. Le combat libre est une discipline ayant pour objectif sa propre transformation intérieure. Il est un entraînement pour laisser toutes les émotions émerger sans inhibition. Libérées, elles peuvent reprendre le cours de leur circulation et de leur mutation. Une émotion immobilisée est une rupture de communication qui creuse la dissociation. Les combats clandestins, sans argent et en toute fraternité, incitent à cette élaboration personnelle. Avec le spectacle, l'argent et la compétition, l'amitié a été sacrifiée pour la notoriété. De la haute confrontation spirituelle, nous tombons dans la manipulation politique de l'époque césarienne : jeux du cirque, stades, arènes, défilés de mode. L'éviction de la question spirituelle participe au cassage massif des corps, à la corruption systémique et à la perte de sens. En valorisant les notions de « force », de « domination », d'« héroïsme », la pratique du MMA est en passe de se transformer en un divertissement au service de la militarisation sociale et morale. Les applaudissements assourdissent les vraies questions. Vaut-il mieux jouer le jeu du fantasme et de la décharge, ou se relier à l'énergie indomptable ? Mieux se remplir de froide monnaie distribuée par les banques et les sponsors, ou accueillir la vitalité et la chaleur humaine ? Chercher les honneurs, ou se tourner vers la racine de l'amour ?

Ce que j'appelle « amour » est ce flux impossible à contrôler, qui échappe au moment même où nous espérons le capter. L'amour n'est pas seulement indomptable, il est l'indomptable. Être amoureux selon cette perspective, c'est se rendre accessible à ce qui est hors la loi, sans avoir besoin de transgresser la loi. Aimé et être aimé, cela ne vaut-il pas mille fois les panthéons et les milliards dépensés au nom de la gloire et du contrôle universel ? Tel est le véritable enjeu qui se joue à chaque seconde pendant un combat libre.

Quand on parle d'affrontement, de lutte, de confrontation et de conflit, il est essentiel de faire la différence entre les diverses formes et les divers degrés de violence. Il n'est pas dans notre intérêt de nier le caractère omniprésent de la violence dans tous les rapports, ni de proposer des règles de comportement face à cette réalité. Cependant, il y a une distinction fondamentale à faire entre le combat et la guerre. La guerre implique l'institutionnalisation d'un salaire pour tuer et être tué. Cela a pour effet de renforcer l'objectivation de l'existence et l'immobilisation des forces vitales. Le combat dépasse les catégories ennemi/allié pour se connecter au flux continu. Cela a pour effet de dissoudre l'objectivation et de relancer les forces vitales. Le combat est contre la guerre, la guerre est contre la vie. L'oscillation entre la guerre et le combat fait partie de notre plus grande inquiétude inconsciente. Ma violence est-elle l'effet d'une guerre ou d'un combat ? Est-ce que je suis en train d'alimenter le système ou en train d'essayer d'en sortir ? Rien d'extérieur ne saurait proposer un repère pour une telle intimité ; c'est de soi à soi dans le plus grand secret.

Cloche. Fin de combat. On se relève. Accolade. On se salue. Déchargés du poids social. Notre fenêtre intérieure s'est ouverte vers l'ailleurs. Pause dans l'aventure. Pendant trois minutes, l'institution de la peur et du trauma a été destituée. Moment unique à méditer. Vous avez pu, par un moyen qui vous est propre, contribuer à l'écroulement du système nihiliste et participer à l'écoulement des choses. L'humilité vous entrouvre les portes de la fraternité et de l'empathie. Présence au monde. À chacun de transmettre et d'étendre cette présence du mieux qu'il peut, c'est-à-dire le plus souvent en ne faisant rien. Alors ce qui semblait chaos se révèle être *khôra*.

ART DE LA DANSE

La danse est certainement l'art le plus enraciné dans la puissance du corps. Si les arts martiaux me permettent de survivre, d'entretenir l'instinct vital et l'empathie, la danse me permet de vivre et d'explorer la *khôra*, notamment sous deux aspects. Le premier concerne l'espace intérieur et le second l'espace extérieur. Tout comme pour les arts martiaux, le spectacle assèche la mobilité interne en détournant l'artiste de l'inspiration. Celui-ci se focalise alors sur l'ego, susceptible de se traduire en prestige et argent. Nous avons toutefois dans le spectacle vivant de multiples moyens pour court-circuiter et faire illusion de manière à laisser éclore un reste de flux authentique. Mais l'administration, la politique, la production et le narcissisme ont souvent raison de ce « reste » qui peine à se dire. Il est essentiel de danser hors représentation et d'improviser, seul ou à plusieurs. La danse peut être aussi bien du côté de la décharge émotive, voire de l'onanisme, que du côté de la grande connexion.

La discipline s'avère essentielle. Elle a sa difficulté propre, car l'adversaire ne vient pas faire miroir comme pendant un combat. Le miroir est interne. Pour contacter l'espace énergétique, il est nécessaire que le danseur passe en état de transe. Les pas ne sont là que pour aider à dissiper l'angoisse du mental et raviver les flux du Mouvement. Les bruits, les sons, les craquements, les couleurs, l'espace, le récit, les diverses techniques et bien sûr la fatigue du corps vont permettre d'ébranler le système de barrages et de détournements. Plus les digues cèdent, plus l'improvisation se libère. On ne se contente plus de reproduire — consciemment ou inconsciemment — des séries chorégraphiques ou des schémas corporels de décharge physique, on fait l'expérience de l'unité de l'être. Cette expérience se traduit, d'abord et avant tout, par une union entre l'intellect et le geste. Le corps inspire l'idée comme l'idée inspire le corps. Il n'y a plus de médiation psychique entre les neurones et les organes, entre la vision et la réalisation, entre le penser et le faire. Cet état de transe est une forme d'extase active, où tout ce qui passe dans notre tête se concrétise dans notre corps. Une formule mathématique devient instantanément une émotion et une trajectoire. Le dualisme entre le corps et l'esprit, entre la raison et la passion, tombe de lui-même sans argumentaire. Le faux choix entre la technique et la nature s'évapore comme un mauvais rêve. Nous sommes à la fois corps, esprit, technique, nature. Il n'y a plus qu'un seul et même espace qui tourbillonne de créativité.

Nos jeunes âmes naturellement en quête d'identité gagneraient à entrer en transe beaucoup plus souvent : elles feraient l'expérience que nous n'avons pas besoin de discours performatifs sur le genre ni d'opération chirurgicale pour se sentir et se savoir à la fois homme, femme, blanc, noir, jaune, adulte, enfant, vieillard, etc. Et ce n'est pas que cet état soit une régression vers l'indifférencié et la soupe primordiale, comme le croient les zélateurs de la séparation. Cet état donne le moindre détail de l'enchaînement des choses. Le flux n'est pas le « n'importe quoi ». Il possède un rythme, un relief, une température, bref une singularité concrète d'une précision extrême et d'une intelligence à faire pâlir les théories les plus complexes. Vous l'aurez saisi : je parle de l'inspiration. Cet état d'inspiration disparaît au moment même où nous cherchons à le saisir par un arrêt réflexif. Le psychique, c'est la mort de la pensée corporelle et du corps pensant.

L'espace intérieur de l'inspiration s'étend naturellement à l'espace extérieur. L'inspiration devient communicative tel un rire irrépressible. Il s'agit toujours de l'expérience de l'unité, mais qui se prolonge dans toutes les dimensions : ce qui se passe dans l'espace extérieur s'étire dans l'espace intérieur, et *vice versa*. L'étendue s'agrandit. Le champ magnétique du tissu s'élargit, ou plus exactement la danse inspirée révèle l'étendue du tissu cosmique qui nous constitue. Mon être est intrinsèquement celui des autres, sans pour autant se confondre aux autres ni s'en séparer. La danse du chaman ouvre ce type d'espace. De tourbillon en tourbillon, de saut en saut, de grimace en grimace, il destine chaque regard à d'autres regards, puis chaque souffle à d'autres souffles et enfin chaque cœur à chaque esprit. Blasphème ontologique : ton âme est mon corps. L'énergie qui se dégage du danseur ne vient pas de lui-même. Il ne fait que libérer les lieux clos. Il éclaircit nos cervelles. Il se fait canal sans bordure pour rappeler les marées des océans. Il relie en un ensemble vibrant ce qui était déchiqueté.

Bien entendu, nous avons affaire à de multiples censures. Nous apprenons à les reconnaître et à les contourner au fur et à mesure de l'expérience. La censure économique et politique consiste à imposer les sujets et la manière de les traiter. Elle repose sur l'accaparement des moyens de diffusion et la restriction du paysage artistique à un entre-soi endogame. La censure du politiquement correct s'étend et délimite aussi bien les courants du New Age que ceux du rap et de l'art contemporain. Elle neutralise toute émergence de conflictualité réellement subversive, soit en la niant, soit en la standardisant. Cela a pour effet de restreindre les évolutions personnelles et artistiques. La censure énergétique — qui s'apparente à l'autocensure — est au fond la plus prégnante, car la plus ancienne. Cette dernière travaille à ce que l'on se rende insensible à l'union fondamentale entre le corps et l'esprit, et à la réunion des corps entre eux. Les raisons sont nombreuses : habitude sociale, souci de distinction culturelle, peur de ses émotions, de ses pensées, de sa sexualité.

Il peut sembler étrange de parler de sexualité pour la danse. Toutefois, si l'on se base sur l'interpénétration des flux entre eux avec leurs motions de poussée et d'accueil, sur le va-et-vient incessant entre les choses, ainsi que leur résonance et leur influence mutuelle, on reconnaîtra les élans et les rythmes de l'union sexuelle. La sexualité, entendue ainsi, ne se réduit plus à la reproduction de l'espèce et aux zones érogènes, mais rejoint ce que je disais sur l'amour : une communication qui transmet le Mouvement. Se laisser être pénétré par l'indomptable tout en pénétrant l'autre de l'indomptable. La danse — comme canal du Mouvement — est concrètement ce genre de pénétrations et de poussées perpétuelles, et en tous sens. C'est bien pourquoi les censures se coalisent pour cadrer l'amour et la sexualité : trouble à l'ordre public. L'amour, sous peine d'être l'idéal le plus frelaté des civilisations, prend son envergure seulement lorsqu'il participe à la réunion sans règle ni devoir, seulement lorsqu'il nous surprend dans notre routine, seulement lorsqu'il nous pousse au fond de nos retranchements avec cette question : « Et maintenant, es-tu prêt à danser ? »

Impossible de parler de l'art de la danse sans parler de l'art musical. Toutefois, sans surprise, nous avons tendance à devenir des techniciens plutôt que des artistes. Cette séparation ne concerne pas uniquement le champ professionnel. Elle est aggravée par le téléchargement, le spectacle et la vidéo qui remplacent les musiques et les danses vivantes. C'était l'objectif : abolir l'approche directe et la continuité entre l'artiste et son art, entre les arts eux-mêmes, entre le public, l'art et les artistes. Le vivant doit se convertir au format de l'objet virtuel. C'est toute la différence entre culture et art. Le premier divise pour recoller artificiellement, le second se laisse inspirer par la continuité créative. Le premier s'occupe d'égaliser les perceptions, le second de retrouver la cohérence créative du Mouvement.

Heureusement, il existe beaucoup de pratiques, de documents et de traditions qui entretiennent la mémoire de la cohérence. Les cérémonies rituelles africaines et sud-américaines ont sauvegardé l'approche continue ; d'où leur magie. Faire vibrer la peau, les tissus et les os avec le chant, le tambour, les pas, mais aussi les odeurs, les couleurs, le mythe. La présence de chacun résonne en l'autre directement dans les organes et le sang. Reprise en spirales interpénétrantes de la résonance et du geste. Le son masse le corps dansant qui relance le son en une circularité ouverte et interrompue. Chaque geste de danse contient un son, une signification, une émotion. Dans l'intensité des instants reliés par l'énergie réunie des hommes, la matière catalyse la cérémonie : peaux des tambours, boyaux des guitares, bois des flûtes et des violons, métal des trombes, coquillages des percussions à mains. L'ensemble vivant, physique et polyvalent permet une transe bien plus profonde que n'importe quelle musique enregistrée ou chorégraphie sur la scène d'un théâtre. L'évolution créative est décuplée. Les improvisations qui en découlent s'affranchissent des cadres préétablis. Elles sont plus soutenues, plus surprenantes, plus personnelles. Encore faut-il veiller à ce que ces moments ne soient pas excessivement bordés par la tradition. Le rituel a pour charge d'organiser et de séparer les rôles. Chaque personne a une position précise avec ses tâches particulières. La fonction de l'initiation est de programmer l'individu à sa fonction prédéfinie. Il est souvent difficile d'en changer. Les liturgies perpétuent une forme hiérarchique, une division du « travail » et une glorification qui gèlent en partie le flux à travers des formes répétitives. Les séparations culturelles participent aux artifices de pouvoir. En revanche, plus l'union entre les arts et les personnes est directe et vivante, plus la réponse à la séparation entre la chose et sa représentation devient évidente et concrète. Si la danse est la continuité de la musique dans l'espace et le regard, et la musique la continuité de la danse dans le temps et l'écoute, alors il n'existe pas de séparation infrangible entre la chose et sa représentation. Ce qui est continu et indivisible entremêle les mutations du geste et du son, unit l'intériorité musicale à l'extériorité dansante.

Cette transe permet de dépasser le temps linéaire de la raison et de se reconnecter à l'entrelacement des durées dont est faite la texture du Mouvement. En éveillant le souvenir, le son anime la mémoire des émotions et des histoires vécues. La musique fait résonner les temps. Elle convoque les morts qui veillent en nous en quelques lieux du corps.

Par le présent qui s'étend au futur, elle rehausse la richesse du passé. C'est pourquoi les rituels d'outre-tombe sont accompagnés de musiques et de danses : ils dégèlent la durée pour faire réapparaître le lien entre la présence des morts et celle des nouveau-nés. En désagrégeant la linéarité passé/présent/futur, la cohésion élastique de la durée est retrouvée. La durée implique que les différents temps se modifient sans cesse et que leurs entrelacs dépassent largement le principe de causalité. La mouvance générale et l'infinité des rapports ne permettent par la réduction de la cohérence à des visions mécanistes et déterministes. Sensibilisé à la souplesse des motions, il devient possible de sentir qu'il n'existe pas de répétition réelle. Aucun son, aucun pas, aucune *chorus line* ne sont jamais exactement les mêmes. La recherche d'identité par le principe de répétition stérilise la durée. Au creux de ce qui semble se répéter persiste un décalage, auquel il faut prêter attention pour l'entendre. On l'appelle le *swing* dans le jazz, le *rubato* pour le classique, la *clave* (binaire/ternaire) dans les musiques caribéennes. Littéralement il s'agit de temps volés, retardés, décalés qui font danser. Ce léger déséquilibre entre temps, contretemps et hors temps crée la saveur et le vertige. L'écoute sensible accroît la perception de la lenteur et des changements cosmiques immensément lents. Le rythme semble toujours le même, mais en fait : il ne cesse d'évoluer. C'est pourquoi quand nous recherchons le Mouvement, il nous faut tout d'abord décélérer pour sortir de la répétition hypnagogique. C'est une véritable révolution de l'écoute et du geste que de jouer avec le temps pour se rendre accessible aux variations nuancées qui font la singularité de chaque moment.

Prenons un exemple ancien qui demeure parlant, soit la tragédie grecque. La durée, construite et structurée par la théogonie cosmique, gérait l'ensemble du spectacle : architecture formelle, personnages, nombre de versets, choix des pas, modes musicaux, agencement général. En deçà des conventions du récit, la tragédie dramatise le rapport conflictuel entre l'éternel retour du même et l'aspiration vers une durée libérée de l'*ananké*. Ce terme désigne chez les Grecs la nécessité ontologique qui ne peut être modifiée. Elle marque le début du cosmos et donne naissance aux terribles Moires, ces divinités implacables auxquelles mêmes les dieux sont soumis, et qui veillent à ce que la ligne du temps, les cycles et les modèles cosmiques ne soient point perturbés. Tout comme la danse s'efforce de se dégager de la topologie, la musique tente d'échapper à la chronologie. Ce que vise le spectacle tragique à travers cette tension, c'est la catharsis. Celle-ci est une réminiscence de la transe au moment où elle porte à son paroxysme le suspens émotif du récit lié au sentiment insoutenable qui étaye la prise de conscience quant à la vérité cosmique et anthropogonique. Cependant la transe pure va plus loin encore : en percutant la règle logique et sémantique du cosmos, elle retrouve la cohérence du Mouvement. C'est cet écart disruptif qui fait advenir l'état de transe. Ce dernier n'est pas du ressort de la décharge émotive et de la soumission au fatum de la dissociation originelle. Bien au contraire : il réassocie l'âme au corps. Si cette union brisée dès l'aube des civilisations est la clef de voûte de la tragédie, la réunion dont nous parlons va au-delà de la tragédie et de la catharsis. Dans la transe donc, la danse, la musique et tous les autres arts agissent pour une communion entre l'homme et le monde. La perte de la parole, la commotion violente et les accès de voyance qui accompagnent l'état de transe ne sont pas l'effet d'une sortie de corps et d'un trouble de l'esprit, mais le signe de la réunion entre le corps et l'esprit. C'est ce rapprochement incandescent qui effraie la raison et lui fait perdre, littéralement, son langage.

ART DE L'ÉNERGÉTIQUE

Prise de contact

Le téléphone sonne. Je réponds. Voix d'une femme : « Allô, oui bonjour M. Edelman, je suis Mme V. C'est Mme X qui m'a conseillée de venir vous voir. J'ai un problème de vertige qui entraîne des chutes. Cela a peut-être quelque chose à voir avec mes autres problèmes de digestion, de sommeil et au bas du dos. Mme X a essayé de m'expliquer votre méthode, et comme je n'ai rien compris de ces histoires d'énergie, elle a dit que le mieux c'est de venir vous voir. » Le bouche-à-oreille reste la meilleure courroie de transmission. Une personne qui parle spontanément de son vécu vaut toutes les publicités qui dévoient l'énergie du fait même de l'objectif de vente. Je lui demande si elle a consulté un médecin et un kiné. « Oui, mais l'ophtalmo n'ayant rien trouvé, il m'a dit que c'était psychologique. Il m'a envoyé chez la psychiatre qui m'a bourrée de cachets. Le kiné est adorable, mais j'ai trop peur des machines. » Elle vient après avoir tout essayé. Sa souffrance demeure. Je lui rappelle que c'est mieux dans le sens inverse : aller voir l'énergéticien et si ça ne fonctionne pas, aller voir le médecin. La prévention, c'est mieux avant qu'après. Je l'informe que je ne m'occupe ni de maladie ni de guérison. J'évoque qu'il s'agit simplement de retrouver la circulation énergétique. Je n'en dis pas plus, la partie rationnelle pourrait se braquer. Pour ne laisser aucune possibilité de croyance au miracle, court-circuiter l'idéalisation et insister sur l'investissement personnel, je précise que le parcours se fait à deux, spécifie que les résultats sont rarement ceux que l'on souhaite — si tant est qu'il y en ait — et j'ajoute que ça n'est pas remboursé par la Sécurité sociale. Ce n'est pas un aveu de faiblesse, mais une ouverture à une forme d'engagement à partir du désœuvrement. Elle ne manque pas de repartie : « Mais, alors, vous ne servez à rien ! » Je ris et lui confie que l'inutilité est un de nos piliers, avec l'écoute et la liberté d'être soi. « Comment appelez-vous les gens que vous recevez, si ce ne sont ni des clients ni des patients ? » Je lui réponds que je reçois quelqu'un, une personne, une personne non quelconque. Je n'explicite point que cela renvoie à la pratique énergétique qui agit en deçà de l'identité : mon nom est personne et pourtant je suis quelqu'un. Je lui indique que je propose des « sessions » en référence à la musique improvisée (*jam session*), mais que le terme « séance » peut convenir. « Vous écoutez l'improvisation inutile des personnes non quelconques, pour qu'elles se sentent elles-mêmes. » Je lui avoue qu'elle vient de donner de ma pratique une des meilleures définitions que j'aie jamais entendues. Je conclus en lui disant que je m'occupe de l'existence, c'est-à-dire des passages de la vie à la mort et de la mort à la vie. Elle prend rendez-vous.

Première session

J'ouvre la porte, Mme V entre sans hésiter. C'est un moment important. On ne sait jamais comment dire bonjour. Une poignée de main, un geste de la tête, une bise, un mot, rien... Je laisse ouvert. Il faut du temps pour que s'installe la juste salutation. Elle s'assied. Elle veut en savoir plus. Je lui explique brièvement l'importance du corps, du rythme intérieur et du Mouvement. Elle semble perplexe. C'est comme si je venais d'une autre planète. Je l'informe que ma déontologie implique une confidentialité absolue de mon côté. Ce n'est pas bien difficile, car je ne garde pas les sessions en mémoire. C'est seulement lorsque la personne revient et qu'elle se tient en face de moi que les souvenirs et les informations remontent. Je plaisante en concluant que j'emporterai dans ma tombe beaucoup de secrets oubliés. Elle rit et se détend. Je lui précise mes tarifs, en indiquant que je m'adapte à la situation de chacun et que certaines personnes m'ont payé avec des aliments, des cactus, des échanges de compétence... L'argent étant, comme les paroles, une énergie transformée, il ne faut pas hésiter à en parler. C'est un moment important. Elle garde le silence. J'en dis un peu plus : l'énergétique cherche à reconnecter l'argent à sa racine énergétique, et non à proroger le travail de transformation vers l'abstraction des relations. Contrairement à ce que l'on croit, l'argent n'est pas du registre matériel : c'est une construction très mentale qui a mis du temps à émerger dans l'histoire. La volonté de pouvoir a utilisé ce système d'échange pour faire du profit sur un humain qui devient toujours plus un objet mesurable et marchand. L'énergétique, au contraire, cherche à dénouer cette emprise pour des échanges entre humains sans domination. L'aspect financier ne doit surtout pas être un obstacle au désir d'avancer et à la fluidité des échanges. Il est à intégrer comme une des énergies du parcours énergétique. Mon accueil simple et le concept de « l'argent et les paroles sont de l'énergie transformée » opèrent un déclic. Elle se confie. C'est un fleuve tumultueux. Il est des séances où l'on parle peu ou pas du tout, d'autres où l'on parle beaucoup, d'autres où l'on essaye de parler sans y parvenir. Je ne sais jamais comment une session va évoluer. J'écoute.

Je n'écoute pas seulement les paroles. J'écoute cette personne non quelconque du plus profond que je peux, c'est-à-dire sans aucune analyse, ni jugement. Laisser résonner en moi. Parfois, je dois poser des questions pour comprendre le déroulé du récit. J'entrevois ce que la narration met en jeu de représentations, de symboles, d'histoires non dites, d'ambivalences, de contradictions... le jeu de cache-cache avec l'inconscient. Je prends en compte les expressions du visage, les bâillements, les soupirs, les rythmes de la voix, des yeux, le regard, les gestes. Mais surtout, j'écoute le Mouvement de la personne. Ce qui ne s'observe pas, ne se voit pas, ne se distingue pas. Simultanément, je dois me départir de toute interprétation, tout cadre, toute représentation. Sentir la continuité du Mouvement en deçà du contrôle, de la morale et du langage. Sentir l'énergie qui émane à chaque instant ; invisible parce qu'elle est partout. Se connecter à l'ambiance. La connexion à l'ambiance, c'est l'instinct énergétique qui ne trompe pas. L'ambiance ne se voit pas, ne se dit pas ; elle est la trame et le résultat de toutes les situations prises ensemble. Si je ne suis pas moi-même relié à cet instinct, je n'irai pas au-delà de l'observation. Je n'aurai rien capté d'essentiel et de vivant. Avant chaque session, j'efface les dogmes, les théories, les techniques. Je ne cesse de bousculer mes croyances pour être pleinement avec cette personne, ici et maintenant.

La circulation énergétique a déjà commencé. Mme V ne le sait pas, mais elle se sent à l'aise pour parler librement. La qualité de parole dépend de la qualité de l'écoute. L'écoute est une manifestation de la présence. On se connecte de présence à présence. La présence, ce n'est pas ce que nous rêvons d'être, ce que nous voulons être, ce qu'on nous a commandé à être. Elle est en dehors du statut social et de l'idéologie. Elle ne peut être forcée. C'est la sensation de l'être, non du devoir-être. La présence, c'est ce que nous sommes avec et sans les mots. Je laisse de côté toute intention, bienveillance et neutralité. La neutralité est une attitude de distance qui convient à l'observation. La bienveillance est une posture. L'intention est toujours de trop. C'est un véritable art de trouver cet état de présence. En étant pleinement engagé avec la personne, celle-ci me touchera forcément au cœur de moi-même. Je serai pris dans ces évolutions qui me feront évoluer également. La dualité s'estompe, les individualités retrouvent leur matrice commune. J'entre dans l'espace indomptable que les Grecs anciens nommaient *khôra* ; circulation sans circuit, elle s'étend à tous horizons.

C'est une période de crise pour Mme V. Tout est remis en question : son travail dans l'informatique, son couple, sa famille, ses valeurs. Pour comprendre profondément ce que vit une personne, l'énergéticien doit puiser dans son expérience personnelle, mais aussi connaître les lignes fortes de chaque culture, de chaque époque et de chaque territoire. Le domaine d'expertise de l'énergétique, c'est tout, autant dire rien de particulier. « Holistique » signifie qu'il n'y a pas d'expertise et de spécialisation, mais ouverture aux structures profondes. Le décloisonnement permet une intuition directe, fine et percutante. L'information, la connaissance, l'expérience ne sont rien sans cette mise en perspective avec ce qui nous constitue et nous permet de faire les liens fulgurants. Connaître pour mieux sentir. La connaissance n'étant plus un instrument de domination, elle devient un élément de rapprochement, une complicité de compréhension mutuelle.

Je mets donc en perspective ce que me dit Mme V avec les enjeux au travail concernant l'obsession de l'image sociale, les règles du bon comportement et la peur économique, mais également avec les accrocs qui mettent en tension le narcissisme profond et le passé le plus ancien. En l'occurrence, il s'agit d'un harcèlement masqué, ayant pour but une mise au placard. La direction applique une méthode de management fort efficace composée de culpabilisation, d'ambiguïté, de difficultés administratives et de longs silences retors. Mme V me dit qu'elle n'arrive pas à se défendre parce qu'elle a peur du conflit. Elle ajoute qu'elle n'a jamais su ce que signifiait la crise d'adolescence et qu'elle ne comprend pas l'intérêt d'un tel moment. Et pourtant, elle y fait référence. Je saisis la balle au vol. Nous tenons un filon. L'énergie serait peut-être restée bloquée dans ce passage à la puberté de transformation du corps et de changement de rapport au monde. Ce moment ingérable où l'indomptable reprend momentanément vie, avant d'être durablement repris dans les compromissions sociales. J'interromps le flot : « Comment ça, vous ne savez pas ce que signifie "être adolescent", Mme V ? Mais que faisiez-vous pendant cette période ? » Long silence. Quand la parole suit l'énergie, elle fait toujours mouche : contenant le symbole, puis s'en détachant, elle ouvre l'espace d'un contact ancien. Ce qui est figé va commencer à fondre. La mutation va initier. Suivre le rythme de la personne. Ne rien forcer. Trop vite vous allez braquer, trop lentement vous allez perdre l'occasion. La personne sait au fond d'elle-même ce dont elle est capable à tel moment. Tout l'art de l'énergéticien réside dans la capacité à prendre le pas du rythme invisible. Elle me raconte alors qu'elle a dû aider sa mère qui, après un accident de voiture, a eu de multiples fractures, surtout aux jambes. Le père, spécialiste en informatique, avait tendance à se réfugier dans son monde, mais depuis cet accident, il est carrément tétanisé par les corps. Il n'est plus capable d'aucun rapprochement physique. De ce fait, Mme V ne connaît pas vraiment son père. Elle est, en revanche, très proche de sa mère qui est « toujours très positive et extraordinaire ». Par ailleurs, elle se demande si elle aime vraiment son compagnon. Elle a l'impression de répondre au désir de sa mère, ainsi qu'à un désir social.

Après ces confidences, je lui propose de s'allonger directement sur le sol, de sorte qu'elle reprenne contact avec la terre et qu'elle n'ait pas peur de chuter. Il faut pouvoir alterner et imaginer toutes les positions possibles pour soi et la personne : sur une table, assis, debout, etc., mais aussi être attentif à la manière dont se meut la personne. Dans ces moments de recherche de l'unité énergétique, chaque geste devient un événement. Je l'accompagne sur le sol. Je ne lâche jamais la personne, même si je ne la touche pas. Le contact va au-delà du sens du toucher. Rien de pire qu'un déplacement utilitaire d'un point à un autre. Ici, l'espace n'est plus géométrique, il est organique, tel un immense continent changeant.

Je prends le pouls. À travers les pulsations de l'artère radiale, j'écoute l'état de l'énergie qui parcourt les différentes zones du corps. Le pouls indique une activité cérébrale intense, mais l'énergie profonde qui doit nourrir l'organisme est faible. Peut-être un blocage à l'estomac. La circulation énergétique est déroutée. L'indomptable peine à se dire. Le corps est sectionné en plusieurs parties qui communiquent mal entre elles. Sans doute le cerveau détourne certaines affluences d'énergie. Je pense à ses douleurs de digestion. Il faudra masser le ventre pour relancer le flux du Mouvement. Pour le moment, allons au plus urgent : le cou et la tête, lieu des vertiges.

Lorsque je pose mes mains sur les cervicales et la boîte crânienne, il y a beaucoup d'informations. Je veille à ce que ma raison ne commence pas à lancer une analyse, un bilan, un diagnostic. Sentir, c'est déjà guérir. Les tissus du corps m'indiquent les prochains trajets. Le rythme du cœur me souffle exactement ce que je dois faire. Quel type de pression, combien de temps, quel angle. Aucun automatisme, aucun ennui possible. Étant création pure et permanente, le Mouvement ne répond qu'à la créativité directe. Le cou a une malformation congénitale qui crée un blocage. Cela pourrait-il expliquer les vertiges ? Les cervicales sont anormalement alignées. Elle se met à rire et me dit qu'elle ressent en cet instant toutes ses tensions qui sont accentuées par le travail à l'ordinateur. Elle vient de donner une information cruciale.

Je ne bouge plus. J'attends. Le fluide commence à venir. C'est ce qu'on appelle improprement le magnétisme. Mes mains effleurent lentement le cou, puis le crâne, les yeux et enfin les oreilles. La douceur, c'est la vraie puissance. L'être profond en carence d'accueil ne peut que surgir à l'appel de la douceur. Je deviens élément aquatique. Je vogue en équilibre entre la chaleur, la masse, le fluide et les fluctuations. Tout est transferts de poids et jeux avec la gravité. S'agissant des vertiges, je pensais que l'oreille interne serait déséquilibrée. Il ne semble pas. Le lieu des yeux de Mme V m'appelle. Je laisse le fluide partir vers la terre et demande à Mme V de bien vouloir ouvrir les paupières. Elle ouvre de grands yeux. Elle est sidérée par l'effet fluidique. Elle me dit qu'elle se sent collée au sol. Elle a du mal à me croire quand je lui dis que cela a duré dix minutes. Elle me dit qu'elle s'est régénérée comme après une nuit de vrai sommeil. Elle a même fait des rêves, mais sans personnage, sans histoire. Des images de nature qui passaient à la fois rapidement et lentement, avec des couleurs définies et spectaculaires. Elle a eu un son, une sensation de chaleur et des fourmillements jusque dans les jambes. Les images devenaient sons qui devenaient chaleur, et *vice versa*. Elle est tellement affectée qu'elle a cette phrase incroyable : « Qu'est-ce que je vais dire à mon copain ? » J'en déduis que son compagnon est très rationnel, voire sceptique. Si elle lui raconte cette expérience, elle passera pour une sorcière sous l'emprise d'un dangereux magicien.

Je préfère ne rien dire sur cette sorte d'hypnose sans suggestion, que l'on nomme « état de transe », et qui éveille les mondes intérieurs parallèles. Elle prend confiance.

Cette fois je lui demande de faire des rotations et fixations avec les yeux. La fixation est anxiogène. Je lui demande de se lever et de se déplacer dans l'espace, tantôt les yeux fermés, tantôt les yeux ouverts. C'est un combat interne pour rester debout. Pourtant les jambes et le corps sont solides. L'activité des yeux reste difficile. Elle se met à transpirer de peur. Je cesse l'exercice.

Elle est épuisée. Nous faisons quelques exercices de pliés de jambes sur place. Cette activité la rassure. Elle reprend ses esprits. L'improvisation constante me permet de sentir à quel moment la session arrive à sa fin. Il est rare de savoir *a priori* le temps d'une session.

Mme V regagne le fauteuil. Nous arrivons aux mêmes conclusions. L'ordinateur accentue les vertiges. Il faut favoriser la lecture des livres. Autre problème : le travail sur l'ordinateur restreint le mouvement des yeux et l'élan vers l'extérieur. C'est pourquoi la fixité lui donne de l'angoisse. Il y a une dissociation entre les yeux et le corps. Elle m'avoue qu'elle a peur de la foule et que son travail informatique est beaucoup trop administratif. Je propose de tout laisser reposer et de méditer les jours prochains sur le rapport entre le vertige et les yeux, entre l'ordinateur et la fixité, entre l'extérieur et les autres. Je lui suggère de mettre en parallèle la saturation du travail informatique et l'enfermement, avec la peur de la foule et le regard.

Elle dit qu'elle est stupéfaite par sa déconnexion au corps et son incapacité à se concentrer, malgré son parcours scolaire brillant. Elle rentre chez elle, fatiguée et tremblante.

Deuxième session

À peine entrée, Mme V me dit de bien m'accrocher, « il y a du changement ! » Elle a rompu avec son compagnon. Elle en parle peu. Ce qui la préoccupe, c'est surtout le déménagement avec la peur de la solitude. Le plus incroyable est la crise de sa mère au moment où elle apprend la nouvelle. La mère a littéralement explosé : clash, insultes, damnation, culpabilisation. Mme V est restée interdite. Plus incroyable encore, son père intervient en secret pour l'aider à financer le déménagement. Il s'opère un rapprochement avec son père. Cela lui apporte un gain de confiance en elle. C'est une surprise inespérée qu'elle n'imaginait pas. Mme V parle de « chute dans le réel et chute du faux-semblant ». Ce premier conflit avec la mère lui permet d'assumer sa propre agressivité. Elle se rend compte que l'agressivité refoulée est un danger. Je lui amène quelques éléments énergétiques : lorsque la construction personnelle et sociale se fonde sur le devoir-être, l'idéal et la légitimité, il y a toujours un déni d'agressivité. Celui-ci revient sous forme implosive et/ou explosive. Autrement dit, l'agressivité se décharge sur soi-même et/ou sur les autres.

Cette opposition avec la mère se répercute immédiatement sur le travail. Brisant le mur du silence et de la soumission, elle entre en conflit ouvert avec la direction. Le meilleur est à venir. Voulant se racheter, la mère propose d'aider sa fille pour le déménagement. Cette dernière accepte. Lors du déménagement, Mme V entend des hurlements atroces : la mère vient de se refracturer la jambe. Après cet événement, les vertiges, qui avaient cessé, reprennent de plus belle. L'histoire parle tellement d'elle-même que je ne fais qu'un seul commentaire : « Voilà l'intérêt de la crise d'adolescence et de toute crise : faire chuter les postures et les "faux-semblants" comme vous dites. Vous avez provoqué et bousculé l'ordre établi. Cela permet de relancer la circulation énergétique. En ce qui concerne votre famille, il s'agit d'un déni de la violence. Votre maman a pris le rôle de la femme parfaite et positive, tandis que votre père se cloître dans une tour d'ivoire. De votre côté, vous restez loyale à la logique familiale. Du moins jusqu'à aujourd'hui. En suivant votre mouvement, l'énergie s'est débloquée. Vous avez brisé la loi interne qui consistait à suivre votre mère et à ne pas impliquer votre père. Avec la nouvelle blessure de votre maman, nous avons beaucoup de réponses quant aux vertiges. C'est aussi une possibilité qui s'offre à vous pour tracer de nouveaux sentiers. » Je lui propose de venir sur la table de massage.

Je pose doucement mes mains sur son ventre. Différents rythmes apparaissent suivant les zones ; leur consistance, leur chaleur, leur écho. Les zones se répondent. J'accompagne les longues chaînes physiologiques qui traversent le corps de part en part. L'acupuncture et la réflexologie ont découvert d'incroyables effets de distance ; vous vous occupez du haut de l'omoplate pour influencer l'intestin. C'est tout mon corps qui masse au travers de mes mains. Chaque respiration, chaque déportation de poids, chaque position de mon poignet s'adapte à l'espace corporel. Il vibre et se transforme à chaque instant. Les étudiants me demandent souvent comment je fais pour maîtriser autant de différentes techniques. C'est simple, c'est la personne que je masse qui me révèle tout. Peut-être que je l'écoute plus qu'elle-même ne saurait le faire. C'est elle qui inspire mes gestes. Mon être est au service de l'énergie qui vient. L'unique technique que je connaisse : disponibilité complète. Cette disponibilité rend possible l'improvisation. L'improvisation, c'est suivre la nécessité du corps. La disponibilité, l'improvisation et l'intuition de la nécessité demandent un entraînement quotidien. Comme le pianiste improvisateur, il faut des milliers d'heures de méditation musicale avant que l'idée mathématique de l'accord chiffré arrive de manière intuitive. Plus l'étendue des savoirs est vaste, plus les possibilités de saisir l'énigme d'une situation se démultiplient. Cette discipline quotidienne n'est en aucun cas l'apprentissage encyclopédique des méthodes. Il restera toujours infiniment plus difficile d'aiguiser son intuition que d'enrichir son savoir.

Une voix me dit : « va vers les fascias ». Les fascias, ce réseau fibreux qui parcourt le corps, amortissant les chocs et portant les alternances des tensions et des émotions. L'énergéticien est un fascia à lui tout seul ; un intermédiaire entre les corps et les parties du corps. J'allège mon toucher. L'allègement est tel que je finis à trente centimètres du ventre. Je me laisse aller aux courants du fluide. Autre surgissement : « dirige-toi vers le huitième point du méridien conception[1] ». Je descends vers l'ombilic pour y demeurer quelques instants. J'évalue le rythme de la respiration de Mme V. La descente continue. L'anatomie me rappelle de ne pas incommoder la vessie et d'aller vers l'intestin grêle. Comment ces interventions rationnelles arrivent-elles de manière juste et naturelle ? Parce qu'elles sont guidées par l'intuition. Si j'avais appliqué mes connaissances pour observer, diagnostiquer, traiter, j'aurais fait une sorte de médecine. Dans le cas d'un « traitement », c'est la raison qui donne l'orientation, pendant que l'intuition se contente d'éventuellement améliorer le « traitement » rationnel. Dans l'énergétique, l'intuition ouvre les chemins et le savoir apporte ses lumières : la théorie nourrie les sensations et participe à l'inspiration. Cette remarque est décisive : la dualité entre le sensible et la raison n'existe pas dans notre pratique, et encore moins l'exclusion ou la domination de l'un sur l'autre. L'intelligible a toujours sa place dans le parcours énergétique. Il ne tombe pas dans le piège de la démesure qui consiste à vouloir tout contrôler, ce qui aurait pour effet de rompre le flux. Selon cette perspective, on pourrait aller jusqu'à dire que la raison est un aspect du sensible ; un savoir-faire, une ingéniosité, un jeu non dissociant entre le corps et le monde. Je reste sur la zone de l'intestin non loin de l'appendice. Il s'y trouve une tension dure comme de la pierre. Pour faire fondre la pierre, il va falloir plonger dans les

---

[1] En médecine traditionnelle chinoise, les méridiens sont des chemins corporels où circule le flux continu de l'énergie vitale (*Chi*). Il existe douze méridiens principaux. Le méridien conception couvre la partie centrale de la face antérieure du corps. Il est relié à la conception, à l'entretien et à la préservation de la vie. Le huitième point, situé au milieu du nombril, permet de contacter et de relancer l'énergie profonde.

entrailles. C'est un grand moment qui commence. Je reste attentif à la moindre expression du visage de Mme V.

Mon corps se positionne, mes doigts entourent la pierre. Je presse lentement le centre. Sous la douleur, Mme V ouvre grands les yeux, les ferme, puis contracte les mâchoires. J'accentue la pression. Quelques secondes infinies pour Mme V. Le miracle de la respiration advient. Le corps se détend, le diaphragme se relâche. Ce n'est pas seulement les poumons qui reprennent vie, c'est le souffle vital qui est rappelé à lui-même. Je presse encore. Elle recommence à se contracter. Je lui dis qu'elle peut m'arrêter à n'importe quel moment. Le plus important est de laisser la douleur se diffuser. Relâcher le corps et faire passer le mal dans le souffle. Respirer, crier, proférer des injures s'il le faut, mais éviter la contraction autant que possible. Elle pousse un cri. Je ne bouge plus. Le silence devient harmonieux. La circulation énergétique reprend son cours. La pierre commence à se liquéfier. Mme V me demande si j'ai enlevé la pression. Je lui dis que non. Elle ne me croit pas. Elle ajoute, «je n'ai plus mal, c'est comme le plaisir de la fonte des glaces».

Cette expérience limite avec la souffrance physique transforme notre rapport à la douleur. Nous considérons celle-ci comme le mal absolu. Et pourtant, nous mettons à mal notre corps et notre être d'une manière bien plus absolue. L'atrophie de la sensibilité et l'hypertrophie du mental fabriquent un mal-être qui se propage et engendre une série de symptômes indémaillables. En prenant « soin » de cette souffrance de manière corporelle et accompagnée, nous opérons un retour à l'origine des souffrances. Nous sortons de la sidération physique que la dualité exaspère. Nous distinguons les mutations et les informations nerveuses. Nous nous réincorporons. Il devient possible de ressentir. Il devient possible de comprendre : tous les maux ne se ressemblent pas et ils peuvent se transformer. Il y a la douleur qui rappelle l'âme au sensible, met la lumière sur le déni, libère l'énergie et relance le cours de la vie. Il y a le mal qui attaque la vie et se dissémine dans l'ombre du déni.

Un chant vient à moi. Plusieurs vieilles mélopées africaines que j'entremêle. Je commence à chanter doucement ces mots énigmatiques. Je comprendrai plus tard, après l'ouverture et le total relâchement, que Mme V a besoin de se sentir contenue et protégée. Ce chant l'enveloppe, se diffuse dans les innombrables résonances du corps. C'est maintenant que Mme V se sent suffisamment en sécurité pour contacter les mondes parallèles. Je ne lui pose aucune question. Ne pas essayer de rendre communicable ce moment de grande intimité avec soi-même. J'essaye de suivre les vibrations de l'émotion physique. C'est d'une précision envoûtante. L'inflexion du quart de ton, du mot, de la mélodie, du timbre ont un effet décuplé sur l'âme et les tissus. Je danse avec les organes. Je suis à la trace leurs infinies mutations. La subtilité est telle que seule une fusion intime avec les fréquences et les résonances ouvrent les voies de la justesse. Je me laisse aller à ce qui ne peut se mesurer, se définir et se dire, mais qui pourtant est aussi évident et concret qu'une respiration. Nous sommes dans la magie de l'hétérogène, de l'indéchiffrable, du moment unique. Proximité inobservable, rapport de confiance qui peut se briser en une seconde. Comment peut-on penser qu'une technologie vibratoire, aussi sophistiquée soit-elle, peut atteindre cette profondeur artistique éphémère ?

Le chant s'estompe. Je laisse Mme V revenir. Elle ouvre les yeux, ploie les genoux, prend ses jambes et s'assoit sur la table de massage. Elle se lève. Nous refaisons les exercices des jambes qui lui avaient fait tant de bien. Nous finissons sur de grands pliés de jambes. Elle revient en elle. La transition avec la réalité est faite. Elle s'en va avec une certaine légèreté.

Troisième session

Cette troisième séance me réserve encore bien des surprises. Mme V m'annonce qu'elle a quitté son travail et qu'elle en a déjà trouvé un nouveau. Celui-ci consiste à aider un enfant handicapé à la maternelle.

Je me remets à peine de cette nouvelle qu'elle me raconte que sa mère, après s'être excusée avec de généreux mots d'amour, lui a proposé de se coaliser contre le père. Pour la première fois, Mme V refuse l'alliance. La tension monte entre les deux femmes. Ces changements se traduisent dans son corps. Il est moins rigide et prend plus d'espace. On dirait qu'elle sort d'un utérus de glace. Je lui propose de se mettre sur la table de massage, dos vers le ciel.

Je passe mes mains sur son dos pour ressentir les tensions. Les théories de l'énergétique chinoise défilent en moi. Je visualise tous les points et leur magie. Je me concentre pour ne pas opérer d'interprétation rationnelle des sensations. Le dos est tendu de manière uniforme. Il n'y a pas de contraction particulière au niveau des dorsales, des lombaires et des jambes. Les vertiges ne viendraient-ils pas d'un blocage entre l'interne et l'externe ? Ce type de blocage engendre une fatigue et un stress qui s'autoalimentent : pour lutter contre la fatigue, on « booste » le métabolisme, ce qui génère du stress. C'est le cycle néfaste de toutes les addictions qui épuisent l'organisme, alors que celui-ci a tout simplement besoin de repos. Cette énergie artificielle — au service de la performance et de la compétition — est tellement déconnectée de soi qu'elle engendre de l'insensibilisation. Je répartis plusieurs aiguilles sans cibler de symptôme. Juste la circulation générale. Cela fait son effet. Elle se détend. Une idée me vient. Il y a un point sur chaque poignet qui correspond au maître cœur, c'est-à-dire à la libération des émotions. Je retire les aiguilles et lui demande de se mettre sur le dos.

Avant de poser les deux dernières aiguilles, je lui demande de se détendre complètement. Sa seule action sera de ne rien faire. Je prends chacun de ses membres, puis sa tête que je meus avec de lentes spirales. Elle se crispe et contrôle chaque trajectoire. Elle s'en rend compte et reste ahurie de son réflexe de contrôle. Elle m'en fait part. Je lui demande de ne pas parler, car à chaque parole, les bras se raidissent encore plus. Cet exercice est passionnant à plusieurs égards. Il dévoile que le langage est un effort de contrôle qui contracte le corps. Il montre que le contrôle s'inscrit profondément dans les tissus humains, jusqu'à devenir un automatisme dont il est difficile de se départir. Il donne la possibilité de sentir l'état de vigilance ou de dépression de quelqu'un. Il existe des cas un peu à part — surtout chez les personnes qui font des entraînements de type yoga — qui détendent leur corps, mais sous contrôle ; une détente physique sous la haute surveillance du mental, « je me détends quand je le décide ». Ce paradoxe entre relâchement du corps et concentration mentale donne une vibration sourde et très tendue. Cet exercice demande au contraire un abandon et une confiance qui ne viennent que si l'on s'en remet corps et âme à l'indomptable Mouvement.

Après cette petite préparation, j'active le point. Les outils, que ce soit une aiguille, un objet, une table, ou autres, sont une partie de nous. Sentir l'âme des choses. L'esprit utilitaire et rituel ne permet pas ce genre de connexion qui requiert une liberté totale du sentir. Avant de jouer au piano, mon professeur me demandait d'aller frotter les cordes, de ressentir le bois et le métal, de monter sur l'instrument, de lui confier mes tristesses et mes joies. Il voulait que j'en ressente l'âme vibrante. Au bout de trois secondes, Mme V se met à trembler de tous ses membres et à faire des bonds sur la table comme les possédées de la tarentelle. Cette réaction vient quand une énergie se débloque sans que le mental n'ait réussi à la contrôler ; il est pris par surprise. Panique à bord, une anomalie survient. Le Mouvement n'est pas vécu comme une unité retrouvée, mais comme une intrusion disruptive apportant le chaos. Malgré le tour impressionnant, je suis rassuré. Cette réaction signifie qu'il reste toujours quelque part dans les profondeurs du corps et de la terre quelque endroit prêt à se mobiliser pour que quelqu'un ait le soulagement de se dégager du contrôle. Décidément, Mme V est possédée par le contrôle. Le démon de la maîtrise l'a maraboutée. Si elle parvient à ce genre d'état, c'est qu'elle est prête à cheminer plus loin. Je retire les aiguilles et lui demande de se mettre debout. C'est la dernière épreuve.

Nous faisons les exercices de pliés de jambes. Puis je lui demande de se vêtir et de bien vouloir suivre mes consignes. J'ouvre la porte du cabinet. Nous sortons. Bien entendu, elle ne comprend pas encore où je veux en venir. Nous sommes au cœur de la ville. Il est 10 h 30 du matin. Il fait beau. Je lui propose d'aller demander l'heure et son chemin aux passants. Elle saisit tout de suite le sens de cette dernière épreuve : le contact avec la foule. Elle hésite, elle est gênée. J'insiste. Elle le fait une fois, deux fois. Elle se prend au jeu. Elle n'a plus peur, elle trouve de la repartie, elle rit. Je ris aussi. Je ne lui connaissais pas ce côté cocasse. Après vingt minutes, nous faisons demi-tour. Je me garde bien de lui demander si elle a des vertiges ; à l'évidence non.

De retour au studio, je lui expose un rapide bilan : « Nous avons compris que vos vertiges ne sont pas simplement dus aux yeux, mais plus précisément à une scission du corps entre le haut et le bas. Les yeux figent dans une logique interne coupée du réel, tandis que les jambes ouvrent une possibilité de libre circulation. Les exercices des jambes vous renforcent, parce qu'ils permettent le déplacement extérieur et réel. C'est à partir des jambes que vous retrouvez confiance en vous, coordination physique et unité. Le conflit avec votre mère autour des jambes, du déménagement et des valeurs sociales révèle les logiques d'emprise.

Mais vous avez soutenu le conflit, parce que vous avez été capable de sortir votre agressivité en même temps que votre souffrance. Violence et douleur, deux forces que nous sommes allés chercher dans le ventre et le cœur. Et bravo, car ces forces sont mal considérées. À partir de ces énergies, vous avez révisé votre rapport au travail, à l'ordinateur, à votre ex-compagnon, à la foule. Vous avez réussi à lâcher une situation de contrainte, qui ne tenait que par un effort constant de maîtrise. Le vertige s'est dévoilé être également le signe d'une saturation. La dissociation est arrivée à un tel degré d'exténuation que votre équilibre physique ne pouvait même plus être maintenu. Le fluidisme et les massages ont probablement aidé à opérer une réappropriration de votre corps, notamment grâce à la douceur.

Il me semble que le sens du toucher — si prohibé dans votre famille — va se dénouer. Même votre père a commencé à se faire exister. Votre père est tétanisé par le corps. Il l'assimile à la maladie. Mais il trouve les ressources pour sortir de la paralysie. Il vous aide, mais seulement à partir du moment où vous reprenez votre liberté grâce aux jambes, c'est-à-dire, où vous sortez de la logique de la maladie, au sens large : maladie physique, familiale et sociale.

Enfin, j'aimerais évoquer un dernier point, et non des moindres : le contrôle. Vous avez lâché prise, malgré l'effroi. C'est là que tout se joue. Mais là, je dois vous avouer : ce moment qui débloque l'être, c'est aussi là où s'arrête mon action. Je ne sais pas ce qui provoque cette magie. Je sais seulement que je dois me retirer pour laisser toute liberté à cet espace et ce moment. Ce n'est qu'ainsi que l'on évite les dépendances et les phénomènes de détournements d'énergies. Le commandement du lâcher-prise est une emprise. C'est ce que je voulais dire lors de notre entretien téléphonique. Je vous disais que je ne m'occupe ni de maladie ni de guérison, mais de Mouvement. J'ajoute maintenant : Mouvement sur lequel je n'ai aucune prise. Au fond, je ne fais vraiment pas grand-chose, presque rien, je dirais même. C'est toute la magie de l'énergie indomptable. Elle reste ou redevient indomptable, tant qu'on ne cherche pas à la dompter. »

Mme V m'écouta posément, à la fois concentrée et rêveuse. Sur le seuil, au moment de partir, elle m'adressa ces quelques phrases qui m'ont laissé sans voix :

« Je dois vous dire quelque chose. Je ne me sens absolument pas résiliente. Vous savez ce terme à la mode que la direction d'entreprise m'a balancé à longueur de temps et qui veut dire : "Tu es une victime du système. Et dis-toi bien que ce système est invincible. Reste une victime, prends sur toi, gère tes traumas, sois responsable, adapte-toi et tu auras une prolongation dans la longue voie du sacrifice." Vous savez, dernièrement, je pense souvent à mon grand-père et à ma grand-mère qui se sont retrouvés dans la Résistance, par instinct et non par idéologie.

J'ai l'impression de suivre leur trace. Comme eux, je marche à petits pas vers l'inconnu, discrètement, en boitant, avec mes vertiges qui peuvent revenir sans crier gare, et avec la peur au ventre de finir seule. J'avance dans la nuit, instinctivement et sans héroïsme, et je me dis à chaque nouveau pas : dansons sous la terre en attendant de voir le soleil. Merci de m'avoir accompagnée, M. Edelman. »

J'espère avoir fait passer par le récit vécu que le corps ne vaut pas moins que l'esprit, ni l'âme plus que la matière. Nous n'avons pas d'autre choix que de traverser la folie de l'écartèlement entre le corps et l'esprit, entre l'homme et la nature, entre l'individu et le collectif, pour ensuite avoir le loisir de nous reconnecter à la puissance du corps et au simple plaisir de vivre. Comme promis, le moment est venu d'aborder l'art de la pensée qui donnera le ton au reste de l'ouvrage : l'expérience du corps et le retour à la vie quotidienne déroulent d'eux-mêmes une philosophie. Voyons cela de plus près.

ART DE LA PENSÉE

ESPRIT LIBRE

Pour commencer, on peut dire que le Mouvement, c'est la continuité entre ce que l'on dit, ce que l'on fait, ce que l'on pense, ce que l'on est. C'est quotidiennement que l'on se demande si notre être est cohérent avec nos actions, nos mots et nos pensées. Vient alors la grande question : Qui suis-je ? Suis-je vraiment ? Être ou ne pas être ?

Sortir de l'idéologie

Lorsque le Mouvement reprend son cours, ce qu'il déjoue immédiatement, c'est l'idéologie. L'idéologie, c'est la pensée sans art. La pensée conformiste, lourde et inerte. L'idéologie est, comme l'indique l'étymologie, « science des idées ». C'est le concept qui a pris l'ascendant sur la vie. L'idéologie façonne l'individu de façon à l'abstraire suffisamment de son corps jusqu'à le faire marcher sans qu'il s'en aperçoive. Elle orchestre l'ensemble des corps et des espaces : du corps intime à l'espace public.

L'art de la pensée, en levant le voile et en faisant valdinguer l'idéologie, nous réinstalle dans notre corps, notre singularité et notre rythme. Sortir de l'idéologie, non pas seulement dominante mais tout court, provoque une rupture avec les identités imposées — voire avec l'identité même. Cette réincarnation ne va pas sans tempêtes, doutes, effarements, émotions. Comment peut-il en être autrement lorsque nous nous apercevons que nos sensations, nos pensées, nos souvenirs, nos modes de relations sont déviés par l'idéologie, et que cette déviation nous apparaît chaque fois plus insupportable ?

Transmettre la vie

L'art de la pensée ne tient donc pas de la science (expertise), des techniques du discours (rhétorique), de l'intelligence (logos) et des connaissances (culture), mais d'une méditation. Se relier à ce qui est continu demande un retrait, une décélération, une soustraction. Arrêt de l'état d'urgence. Suspension qui laisse au Mouvement le temps d'émerger pour se traduire en sensations, émotions, pensées, paroles et enfin en actions. Ce retrait permet à la pensée de s'écouler et de se transmettre. L'art de la transmission ne dépend pas d'un enseignement. La transmission vient de la vie même. Elle est de l'ordre de la nécessité personnelle, du chemin non tracé, de la rencontre fulgurante. C'est la vie qui (se) transmet. Cette pause méditative ne peut se faire que hors de l'institution et des filiations établies. J'ai trouvé beaucoup plus d'art et de sagesse dans un échange au coin d'une rue malfamée que dans un cours au conservatoire et à l'université. Beaucoup plus de connaissances indispensables dans des groupes constitués entre amis que dans les colloques soliloques. Beaucoup plus d'intelligence et de sincérité dans les manifestations non étiquetées que dans les discours d'un tribun porté aux nues par une foule déjà conquise. Cet art de penser tient du voyage, de l'aventure, du repos et de la fête. Si vous commencez à être heureux — simplement en ressentant la continuité du Mouvement à travers un mode de vie personnel —, vous devenez dangereux pour l'ordre public. Sachez-le, les esprits libres sont des *persona non grata*. Soyez discret. Qu'on ne vous prenne pas au sérieux, qu'on ne croit pas que vous essayiez de vivre différemment, qu'on ne pense pas que vous puissiez être contagieux. Mais qu'est-ce donc que ce fameux « on » de l'idéologie, qui est partout et nulle part ? Comment s'est-il constitué ?

Prenons du début.

La pensée désincorporée

La dissociation originelle est connue : séparation entre le corps et l'esprit. De cette première dissection, les dualismes n'ont fait que s'enchaîner, ou plutôt se déchaîner : entre l'intelligible et le sensible, entre l'âme et la chair, entre la raison et l'émotion, entre la chose et sa représentation, entre l'énergie et l'information, etc. Le dépeçage a commencé dès *Homo sapiens*, dont la sagesse a consisté à découper le réel en commencements et fins, buts et moyens, sens et significations, phénomènes immédiats et arrière-mondes déductibles. Ce phénomène n'a fait que s'aggraver depuis l'Antiquité, jusqu'à atteindre une tournure apocalyptique avec l'entrée en scène de Galilée.

Première conséquence : le corps disparaît.

Pour rappeler à quel point cette étrange torture a pris possession de notre intimité, il suffit d'observer l'avènement de la conscience humaine. Cette conscience laborieuse qui s'est intronisée patronne de la modernité lors d'une méditation cartésienne se cherche au travers des autoréflexions et des jeux spéculaires entre le « moi » et le « cogito », le « contenu » et le « contenant », la « forme » et le « fond », l'« être » et la « différence ». Au bout de ses réflexions, elle finit par déduire qu'à force de penser le réel, elle s'en est extraite. Et le corps s'est perdu en chemin.

Deuxième conséquence : l'autre devient un étranger.

La conscience, ayant coupé avec opiniâtreté les liens avec le corps, ne reconnaît plus autrui comme son frère. Ce dernier est perçu à travers le mental comme « son prochain ». Il est proche dans l'espace, mais loin de soi. La conscience le tient à distance. Elle interpose des murs d'appréciations, de catégorisations et de projections. Le prochain, possédant lui aussi une conscience, met en place la même médiatisation. Chacun amplifie la mise à distance. Et l'autre s'est perdu en chemin.

Troisième conséquence : la masse remplace le collectif.

Beaucoup de « prochains » ensemble, ça fait un groupe qui s'appelle « on ». « On » se rassemble et s'assemble pour reproduire massivement du « On ». L'intérêt du « On », c'est qu'il est assez plat et désincarné pour se mettre au service de n'importe quelle idéologie (les « révolutionnaires » et les « réactionnaires » sont très doués pour identifier le « on » intérieur). Cette dépersonnalisation permet de réduire les humains à un matériel décharné, pauvre et sans valeur. « On » sera jeté aux oubliettes de l'expérimentation, de la soumission et de l'esclavage. Par cette alchimie rationnelle, le « On » a substitué les individus par de la masse ; une masse de *walking deads* qui ne sait pas qu'elle est morte. Et le collectif s'est perdu en chemin.

Quatrième conséquence : le milieu devient menaçant.

« On » examine la matière. Elle est devenue ténébreuse, opposée et hostile. La nature, c'est l'altérité menaçante par excellence : elle apporte la mort. La mort est un défaut. Il faut corriger mère Nature. Elle est défectueuse. L'empereur perse faisait fouetter les vagues récalcitrantes qui avaient emporté les navires, le technicien moderne modifie le génome imparfait. La matière — sous toutes ses formes — sera améliorée, rendue belle et immortelle sous le bistouri bienveillant des chirurgiens du progrès. Et le milieu s'est perdu en chemin.

Cinquième conséquence : l'univers se désincarne.

Une fois la grande réinitialisation lancée, que reste-t-il au divin ? « On » lui a pris tous ses attributs. Il n'a plus aucun rôle à jouer dans cette histoire-là. Il est temps de le renvoyer. « On » se met à sa place. Il s'installe sur le trône et décrète les nouvelles lois du royaume. Le cosmos est mathématique, probabiliste, corrélationniste. Le philosophe moderne résume parfaitement cette apothéose d'une seule phrase : « le réel est rationnel ». Dans cet immense circuit en accélération constante vers la désincarnation totale, « On » s'étonne qu'étant devenu la principale préoccupation de ses propres élucubrations, il ressemble de plus en plus à une combinaison entre le monstre et la machine. À partir du moment où la dissociation est le projet de la civilisation, pouvait-on éviter que le sujet humain devienne son propre objet ? À vouloir le cube, « On » s'arrache les chairs et « On » devient le cube. Et l'univers (le monde) s'est perdu en chemin.

La pensée incorporée

Ce que je viens de décrire est certes démoralisant, mais l'ancrage dans la réalité est la condition de la métamorphose. L'art de la pensée prend les difficultés à bras-le-corps, pour mieux s'élancer vers des horizons plus accueillants. Considérons la pensée, non sous l'angle de la raison désincarnée, mais comme une expérience de la continuité du Mouvement. Ne nous appuyons plus sur la certitude fragile issue de la rationalité, mais sur l'expérience solide du vécu. La mise à l'épreuve de la vie vaut toutes les démonstrations.

Ce n'est pas un hasard si le mot *expérience* vient de l'indo-européen *per*, « porter, transporter ». Cette racine donnera en latin *experior*, « aller au-delà, périr ». Le préfixe « hors de », apparenté au grec πόρος, *póros*, « passage », est lui-même issu de πείρω, *peírô*, « aller au travers ». L'expérience est du registre de « passer au travers et périr ». La mort donne le Mouvement à la vie, et *vice versa*. Dans cette perspective, la pensée n'est plus la recherche de l'immobile éternité, mais la nécessité de ressentir au plus profond de sa chair que la vie est un passage éphémère, à ne manquer sous aucun prétexte. Il ne s'agit plus de lutter contre son corps, l'autre, le groupe, le milieu et l'univers, mais de retrouver la sensation de ce qui unit toutes ces dimensions.

Cette méditation réveille donc en premier lieu la sensation de la continuité entre la vie et la mort. L'ancrage dans l'intensité de l'instant englobe le futur et le passé. Cet art de la pensée va bien au-delà de la méthode et de la causalité qui structurent les temps dans la

« concordance » grammaticale. La syntaxe ordinaire, en fixant la durée dans la temporalité linéaire passé/présent/futur, réduit du même coup notre capacité à sentir les enchevêtrements des rythmes. Heureusement le réel revient toujours, sous des formes étranges, nous rappeler que le temps n'est pas une ligne droite. Les sensations non répertoriées, les visions, les intuitions, les rêves, le dialogue avec les morts, etc., manifestent le flux impétueux de la continuité du Mouvement que rien ne saurait entièrement recouvrir. Ce que nous pouvons faire avec le langage imprégné de grammaire, c'est de le tirer jusqu'à son extrême limite pour en extraire le souffle vital. L'art de la pensée, c'est le passage du langage grammatical, qui cloisonne le Mouvement, au langage poétique qui le libère.

Cette expérience de la pensée qui rétablit la rationalité, sans pour autant la prendre pour guide, nous ouvre un monde anomique. Celui-ci n'est pas pour autant chaos sinistre et insensé. Ce chaos, dont la raison se croit environnée, n'est autre que le mental qui projette sa propre peur de perdre le contrôle sur les choses. Elle perçoit ce qui lui échappe comme un danger à éliminer, à récupérer, ou comme un monde lointain qu'il faut ignorer. Ce monde décrété « hors la loi » n'est pourtant ni métaphysique et inaccessible, ni dangereux et confus. Il est contact et animalité.

Contrairement à l'idéologique séculaire qui considère le corps et la nature comme des dangers qu'il faut contrôler voire éliminer, la pensée du Mouvement nous dévoile une autre histoire, un autre mode de vie. Bien loin d'être la cause de la guerre permanente de l'esprit contre la matière, notre animalité, notre matérialité, notre présence au monde sont à approfondir puisqu'elles nous constituent. C'est par elles, et en elles, que nous pouvons ressentir dans chaque parcelle de notre être le plaisir, la puissance et la créativité du Mouvement. La pensée du Mouvement nous ramène à l'unité de l'existence et à la puissance du corps. En acceptant notre condition, non pas seulement humaine, mais animale et végétative, nous sortons de la logique dualiste.

Comment sortir de la dissociation ? Comment retrouver la cohésion entre le corps et l'esprit ? En nous réincorporant, en redevenant chair mortelle, en ressentant physiquement la présence à chaque instant, sans passer par la médiation du mental. Aucune méthode de détachement spirituel ne peut aider à rétablir le lien direct entre la chose et la représentation. Le mot *lien* est de trop : il relie des parties séparées. Parlons de continuité organique entre la chose et sa représentation. Retirons-nous de toute forme de mise à distance, pour aller directement au flux inépuisable. Cette indivisibilité entre le corps et l'esprit est précisément ce qui permet l'alignement entre les actions, les mots, la pensée et l'être. L'autre, soi et le milieu ne sont plus des entités externes à évaluer selon la grille des pertes et profits, mais une évidence palpable dont « nous » est le nom. « Nous » est le contraire de « on ». Il est ce qui rappelle que le tout est un ensemble indissociable, indomptable et immensément vital.

N'hésitez plus à sentir, voir, entendre, goûter, bouger, toucher et être touché, mais sans prendre la position de l'observateur. C'est très difficile. En observant, nous analysons, calculons, évaluons. Nous nous dissocions de nous-mêmes. Cette modalité d'extravigilance est une seconde nature — il faut bien le dire — devenue nécessaire. Dans la jungle humaine, la moindre parcelle est susceptible de nous mettre à l'amende et de nous affamer. Il reste cependant de nombreux moments intimes et inaliénables où cette expérience est possible. Cette expérience de la pensée réincorporée se révélera rapidement expérience des sens, du corps et des relations. Vous découvrirez peu à peu un autre monde. Vous accéderez à une intuition et à une compréhension qui va bien au-delà de la raison. Vous constaterez avec stupéfaction que la raison, bien loin d'être mise de côté, est nourrie. Mais au lieu de conquérir le monde pour le rendre terne, elle participe au génie naturel de la terre. Vous vous direz : « On m'a dit que l'humain est décadent et infâme. Ce n'est pas ce que je suis en train de vivre. Il est riche d'accueil, d'empathie et de surprises. »

Le sentiment de sécurité, de stabilité et de protection vient de la relation non discontinue au monde. Il permet d'embrasser le changement permanent qui n'est plus vécu comme une déstabilisation angoissante, mais comme un rythme à suivre avec ses lenteurs, ses pauses et ses accélérations. La notion de rythme (du grec *rythmos*) demeure le lieu d'un conflit linguistique intense. Les penseurs et les poètes présocratiques l'assimilent à l'écoulement continu des vagues de l'océan, tandis que Platon l'applique aux gestes périodiques et coordonnés de la danse. La danse à laquelle il fait référence rappelle la récurrence régulière et mesurable de la marche militaire, ainsi que les codes rigides des ballets classiques. Nos faveurs se dirigent sans hésitation vers la danse mobile, éphémère et changeante des vagues, plutôt que vers l'émergence d'une forme repérable, mesurée et proportionnée. Nous découvrirons au fil du texte qu'il existe une manière d'être rétive à la fixité de l'entendement, se percevant et se vivant elle-même comme un moment insaisissable du flux. La pensée n'est alors plus envisagée sous l'angle de la logique et de l'identité qui nivellent les choses, mais selon le Mouvement qui révèle les singularités et donne la cohérence entre toutes les choses. Cette pensée immanente en devenir a été traduite par Lao-Tseu sous le terme de « Tao ». Elle a été louangée par Omar Khayyâm, puis chantée et dansée par Rûmî. Elle fut exaltée par Giordano Bruno avec le mouvement infini et la multiplication des mondes, puis exhumée par Spinoza avec le *conatus* ou la joie d'exister et avec la proposition *Deus sive Natura*, « Dieu c'est-à-dire la nature ». Elle fut incarnée par Rimbaud pour la poésie et par Nijinsky pour la danse. Ne l'oubliez pas. L'art consiste à penser sans observer. Du moment que notre mode de perception rebascule vers celui de l'observateur, la dissociation se reproduira. Voici le choix : vivre pleinement la vie ou la regarder passer.

LE MOUVEMENT
Exploration étymologique et historique

L'histoire étymologique du mot *mouvement* nous en apprend beaucoup. Son origine première a été conservée, ce qui est rare. *Mouvement* viendrait de l'onomatopée « mmmm » qui a donné le « meuh » de la vache et le « mmh » qui recouvre de nombreuses sensations comme le plaisir, le doute, l'attention, l'acquiescement, etc. Ce son a fait naître le phonème racine *mu* qui signifie en indo-européen « murmurer ». On retrouve cette racine dans le mot anglais *mouth* (« bouche ») et le mot latin *mutus* qui fournit « muet » en français. Le « m » de *mouvement* est la trace écrite de ce qui est antérieur à la parole. Il rappelle l'effort physique ancestral qui vient du ventre et monte jusqu'au larynx pour former les premiers mots du langage humain. Cette impulsion, qui se relie au souffle originel auquel toutes les spiritualités primitives font référence, va lancer la civilisation et ses cultures. Tout à la fois, cet effort initial tient du meuglement de l'animal, manifeste le désir de parler — de manière concomitante, le refus de parler —, porte la diversité des significations et murmure les secrets indicibles. L'origine nous indique que non seulement le Mouvement préexiste au mot, à la parole et à la représentation, mais qu'il leur donne naissance. Il offre la possibilité de communiquer, de codifier et de penser, sans se réduire à cette possibilité. La suite de l'histoire nous révélera que le mental humain a préféré se réduire au logos isomorphe, plutôt que de suivre la multiplicité du Mouvement.

Le *mu* a ensuite évolué en indo-européen commun en *mew* (« bouger »). Ce dernier donnera le verbe *mei-th* (« échanger »), ce qui l'apparenterait à *mutuus* (« mutuel »), ainsi que le verbe fréquentatif latin *moveō* (« mouvoir »). La signification « échanger » et « mouvoir » issue du souffle originel *Mu* se précise encore avec l'évolution en *mutare* qui signifie « changer ». L'échange primordial n'est pas du registre de l'identité et de l'homogène, mais de la singularité concrète et de l'évolution des situations. Échanger, c'est participer au changement. Penser le Mouvement comme une étendue euclidienne, plate et susceptible d'être modélisée, c'est dénaturer la pensée primordiale. L'échange capitaliste, conçu selon les normes de l'équivalence, de la mesure et du calcul, neutralise l'échange originel. Ce dernier se produit naturellement dans le flux des Mutations, sans qu'il soit besoin d'ajouter un étalon de mesure qui va égaliser et réduire les singularités. Avant d'être un don, un troc, une réciprocité, une transaction, un contrat et un taux de change, les relations découlent d'un même souffle qui se diffuse et se distribue entre chacun.

Je terminerai ce petit voyage au sein de l'archéologie du langage et de la pensée avec le sens très avancé du mot *momentum* (« moment ») qui se rapporte à « ce qui met en mouvement : poids ». De là, il prend le sens de « motif déterminant, chose qui a du poids, cause » : *minimis momentis maximae inclinationes temporum fiunt* (« les plus grandes révolutions arrivent par les plus petites causes »). L'inconscient collectif de l'humanité pressent que le Mouvement est à la base de la civilisation. Toutefois, cet inconscient a choisi de transformer graduellement cette source primordiale en un système rationnel. Le Mouvement a été séquencé en plusieurs « moments » qui s'enchaînent. Cette lente transformation a généré les trois lois fondamentales de la logique : l'identité ($a = a$), la contradiction ($a \neq b$), la causalité ($a + b = c$). Le cadre rationnel détermine non seulement les modalités de penser, de parler et d'échanger, mais aussi le temps et l'espace qui se voient réduits à la chronologie et à la géographie. La mesure, qui nous semble si naturelle, est le fruit d'une longue déviation de la source originelle. Le premier *Mu* organique, changeant, singulier et surtout uni, se trouve peu à peu fragmenté, généralisé, globalisé et homogénéisé. Nous sommes au moment d'accomplissement de la pensée rationnelle sur laquelle nous surfons encore. C'est cette unité qu'il s'agit de retrouver et qui s'est perdue dans les actes et les considérations, pour ainsi dire dissociatives et juridiques, conçus par l'homme.

C'est la même évolution que nous retrouvons dans l'univers des langues chamito-sémitiques[1]. L'Âme et l'Esprit proviennent tous deux du souffle. L'Esprit (*ruah* en hébreu, *ruh* en arabe) a la même racine que le mot « vent » (*rukha* en hébreu, *rih* en arabe), tandis que l'Âme (*nefes* en hébreu, *nafs* en arabe) est proche du mot « respiration » (*nasal* en hébreu, *nafas* en arabe). Dans le Coran comme dans la Torah, Dieu est « Esprit ». Celui-ci se meut au-dessus des eaux indistinctes et des nuées ténébreuses. C'est lorsqu'il dit « Sois ! » que tous ces éléments prennent forme et vie. Pour les trois monothéismes, le cosmos vit — encore et pour toujours — de cet impératif à la fois originel et immuable. C'est le même souffle (Esprit) que Dieu insuffle à Adam pour que son corps prenne vie. L'Esprit prend l'ascendant sur le Mouvement par une double opération. D'abord, il s'empare de la circulation la plus vitale : le souffle circulant de l'extérieur (le vent) vers l'intérieur (la respiration). Puis il donne naissance au cosmos par le truchement du verbe le plus originel (« être ») sous sa forme la plus dure, l'impératif (« Sois ! »). Subsumé par l'Esprit, le Mouvement est vidé de sa substance, tandis qu'il est formé — plus exactement défiguré — sous l'ordination du verbe. À partir du moment où l'Esprit prend le dessus sur la Matière, à travers le souffle et la formation du cosmos, le Corps passe au rang d'élément créé, sombre et inférieur, en attente du souffle divin, créateur, lumineux et supérieur. Aussi le corps d'Adam — celui de tous les êtres, et le Corps en tant que tel — devient-il ce qui est banni et ce qu'il faut contraindre.

Les Grecs — et probablement la plupart des cultures — ont suivi le même engrenage de dissociation et de recouvrement. D'un côté, les mots *pneuma*, « souffle », et *psyché*, « souffle de vie », sont devenus respectivement « Esprit » et « Âme » ; de l'autre côté, *eidos « la forme »* et *logos*, « la raison », sont utilisés pour façonner *khôra*, « la matière en mouvement ».

---

[1] Les langues chamito-sémitiques ont évolué ensemble à partir d'une racine commune comprenant plusieurs langues anciennes : l'égyptien antique, le copte, l'akkadien et le guèze. Elles sont parlées principalement en Afrique du Nord, dans la Corne de l'Afrique, au Moyen-Orient, dans le Sahara et dans une partie du Sahel.

De même, le passage de l'état de ce qui est potentiel (*dunamis*) à celui de ce qui est réalisé (*energeia*) reste subordonné au principe de l'âme démiurgique qui organise la matière et les lois de la nature selon la perfection (*entelecheia*).

Dans les religions des diasporas africaines d'influence Fon et Yoruba comme la santería à Cuba, le candomblé au Brésil et le vodoo en Haïti, l'énergie qui circule en toutes choses est nommée *aché*. Quand l'énergie prend conscience d'elle-même, elle se métamorphose en divinité suprême : Oludumaré. Ce dernier, avant de prendre congé et de se retirer de la création, crée Olofi et Olorum qui organisent l'univers. Puis vient Obatala qui donne naissance aux divinités et à leur généalogie. On retrouve de nouveau la progression qui va du potentiel à l'action, du chaos inconsistant à la conscience formatrice, de l'absence de loi à l'administration de la création. C'est en allant au Bénin que les *babalawos* (devin, prêtre et guérisseur) m'ont donné les informations qui viennent compléter la signification du mot *aché*. En plus d'énergie universelle, il signifie « souffle » et « parole ». Celui-ci renvoie notamment au dernier mot que délivre, juste avant de mourir, le parent aux enfants. *Aché* pourrait se traduire ainsi : « écoute la parole pesante transmise lors du dernier souffle ». C'est pourquoi *aché* veut également dire « Sois cela ! » ou « Ainsi soit-il ! » On reconnaît la même structure dissociative décrite auparavant : le primat de l'ordre de la conscience qui se traduit à travers le langage, et qui détourne progressivement le souffle spontané vers le mode impératif.

Tentons de formuler en quelques phrases nos découvertes étymologiques et historiques.

Le Mouvement, flux primordial en perpétuel changement, est à la fois temps, espace et relations. Il donne naissance à tout ce qui est, y compris la civilisation. Celle-ci ayant tendance à mettre à distance, dissocier, détourner et modifier le flux primordial, c'est en allant au-delà du cadre rationnel imposé par la civilisation, tout en revenant en deçà de ses origines, que l'on retrouve le Mouvement.

C'est tout naturellement que ces explorations au cœur de la langue et de l'histoire nous permettent d'extraire trois caractéristiques ontologiques : le Mouvement est continu, consistant et changeant. Il ne me reste plus qu'à définir chacun de ces termes.

Les trois caractéristiques ontologiques du Mouvement

1. *« Continu »*

Implique que le Mouvement est infini. S'il n'a ni début ni fin, il n'a pas non plus d'origine et de finalité. Il n'est pas créé par un créateur et ne s'achève pas au Jugement dernier. Étant tout depuis toujours, il ne vient pas du rien et ne retourne pas au néant. Il est ouvert dans le temps, l'espace, l'énergie et la matière. Impossible à enfermer dans une totalité, n'ayant ni périphérie ni centre, ni surface ni profondeur, ni haut ni bas, c'est un tout qui n'est pas un tout. Il est indivisible. C'est pourquoi on dit qu'il est continu. Les parties étant les parties d'une continuité, elles sont reliées entre elles intrinsèquement sans être des parties séparées, sans être confuses pour autant et sans faire partie d'un ensemble. Puisque le Mouvement continu n'a ni centre ni surface, qu'il n'est pas un ensemble et ne possède pas de parties séparées, il ne peut y avoir de contenu et de contenant, de fond et de forme, d'observateur et d'observé, de dépendance à une transcendance. Dépourvu de cause première et de fin dernière, il est à la fois cause et effet, sans cause ni effet. Il est hors de tout principe et de toute loi, bien qu'il puisse les créer à l'infini.

2. *« Consistant »*

Comprend trois significations : immanent, organique et cohérent. Immanent signifie que le Mouvement se constitue de lui-même, par lui-même, pour lui-même. Il n'est pas une étendue infinie de matière créée ou organisée par un esprit, un dieu ou un principe transcendant.

Il circule entre et dans toutes choses sans être séparé d'elles. S'il n'y avait pas de Choses, il n'y aurait pas de Mouvement, et *vice versa*.
« Organique » signifie qu'ayant une constitution, il est concret, matériel et accessible aux sens. Il s'auto-organise de lui-même, sans avoir recours à la métaphysique, aux mondes invisibles et à la pensée abstraite, pure et immatérielle. L'esprit et la matière provenant du même flux, ils n'ont pas de différence de nature.
« Cohérent » signifie que le Mouvement suit une évolution cohérente ayant ses propres rythmes, reliefs, durées, forces, variations et relations. S'il n'est pas une masse indistincte en fusion/confusion, il ne suit pas pour autant un modèle qui orchestrerait le Monde selon une forme et un ordre. Il n'est pas hors des principes de la logique, mais ne peut s'y réduire. Toute réduction logique lui fera perdre le caractère autonome de l'immanence, celui concret de l'organique et celui relationnel de la cohérence.

3. *« Changeant »*

Veut dire que le Mouvement est en évolution permanente. En tant qu'il est continu, il est toujours en activité. En tant qu'il est consistant, il est constitué par les Choses concrètes toujours en activité. En tant qu'il est changeant, il est constitué par les Choses concrètes toujours en activité évolutive. Parce que les Choses sont changeantes, elles se distinguent entre elles tout en évoluant ensemble. Si elles n'étaient pas changeantes, elles seraient toutes égales et indistinctes et si elles n'évoluaient pas ensemble, elles seraient immobiles ou dissociées. Les Choses sont à la fois singulières et communes, distinctes et reliées, éphémères et continues. Les Choses qui changent ensemble forment le Monde.

Remarques

Je préfère le mot *chose* à celui d'« entité » et d'« objet ». L'« entité » qui dérive du latin *entitas* se réfère à la Chose en tant qu'elle existe par elle-même, sans mettre en valeur les relations et la source commune. L'« objet » est le résultat de la transformation de la chose en objet par la raison.

Le mot *chose* est très singulier, car il prend deux formes en latin. Nous trouvons d'un côté *rei* qui vient du sanscrit *rayi* « richesse, paradis » et qui signifie « chose, possession », mais qui donne également le substantif « rien ». De l'autre côté, nous avons *causa* qui veut dire à la fois « chose » et « cause », dans le sens de la causalité et de l'affaire juridique. La chose condense à la fois un sens spécifiquement abstrait qui comprend le paradis et le rien, et un autre sens très concret qui renvoie au principe causal et aux affaires juridiques à débattre. Cette polysémie étendue nous permet d'élaborer une signification particulière et précise. Je conserve le caractère relationnel et concret du mot, sans en prendre l'orientation juridique, abstraite et rationnelle. Je propose donc le sens suivant : la « Chose » existe par elle-même, tout en étant reliée aux autres Choses. N'ayant pas été transformée par la raison, elle manifeste la continuité du Mouvement.

Je préfère le mot *monde* à celui d'« univers » et de « cosmos ». L'« univers », qui est composé des termes latins *versus* (« se tourner vers ») et *unus* (unique), signifie à l'origine « se tourner vers l'unique ». Cette signification, qui évoluera en « tout entier », « universel », « général », est la base de la philosophie occidentale — plus particulièrement depuis Platon, Aristote et la chrétienté — qui se fonde sur l'idée que « l'Un unit la diversité ». Nous sommes très éloignés du Mouvement qui n'est pas sous le signe de l'Un, du tout et du général, mais sous celui de la diversité en devenir qui constitue une continuité organique. Le mot *cosmos*, qui lui vient du grec « en bon ordre », a pris la signification d'« univers ordonné », au sens d'un principe universel qui organise l'ensemble des astres et de ce qui existe. Si le Mouvement n'est pas tourné vers l'Un, il est encore moins tourné vers l'ordre du Un. C'est pourquoi le terme « Monde » est le plus adéquat. Il doit être pris toutefois dans le sens antique et médiéval de « l'ensemble des choses existantes », et non pas seulement dans le sens de « globe terrestre », « système solaire » ou « univers ». C'est également une discrète référence à un des ouvrages majeurs de la philosophie moderne, *Le Monde comme volonté et comme représentation* d'Arthur Schopenhauer qui a opté pour la même signification du terme « Monde », soit : tout ce qui existe.

Grâce à ces deux remarques, nous affinons encore notre définition : le Mouvement, c'est le Monde des Choses existantes selon l'art poétique, c'est-à-dire selon le souffle créatif perpétuel.

Les quatre définitions du Mouvement

Réunissons les quatre définitions du Mouvement que nous obtenons et disposons-les selon une orientation allant du général au particulier.

1. Définition esthétique : le Mouvement, c'est le Monde des Choses existantes selon l'art poétique, c'est-à-dire selon le souffle créatif perpétuel.
2. Définition ontologique : le Mouvement est continu, consistant (immanent, organique, cohérent) et changeant.
3. Définition politico-historique : le Mouvement, flux primordial en perpétuel changement, est à la fois temps, espace et relations. Il donne naissance à tout ce qui est, y compris la civilisation. Celle-ci ayant tendance à mettre à distance, dissocier, détourner et modifier le flux primordial, c'est en allant au-delà du cadre rationnel imposé par la civilisation, tout en revenant en deçà de ses origines, que l'on retrouve le Mouvement.
4. Définition éthique : le Mouvement, c'est la continuité entre ce que l'on dit, ce que l'on fait, ce que l'on pense, ce que l'on est.

Les quatre modalités du Mouvement

Visualisation des quatre modalités

Le Mouvement ayant été clairement défini, il s'agit de le rendre concret — voire palpable. Pour ce faire, essayons de ressentir, par une visualisation, les quatre modalités (aspects, états ou attributs) du Mouvement. Pour faciliter cette visualisation, nous allons d'abord nous figurer le Mouvement par un tourbillon[2]. Celui-ci évoluera en : 1) Mutation 2) Énergie 3) Matière 4) Existence.

Fermons les yeux, laissons nos pensées divaguer sans nous focaliser sur aucune, de façon à nous dégager du mental. N'oublions pas : si nous nous mettons dans la position de l'observateur, la magie ne prendra pas. Il nous faudra recommencer la visualisation du début, jusqu'à ce que nous nous sentions suffisamment apaisé pour que la dissociation n'opère plus.

Au préalable, imaginons ce tourbillon. Il s'étend à l'infini dans le temps et l'espace. Il n'est pas composé de simples cercles concentriques mesurables, mais de motions à la fois multiples, non confuses et entrecroisées. Il se démultiplie. Les tourbillons ensemble deviennent l'infini, telle une immense toile tournoyante. Celle-ci ne peut être divisée et se déroule sur plusieurs dimensions. Chaque tourbillon a sa propre vitesse, son propre espace, sa propre force et sa propre relation avec les autres tourbillons. Aucun ne se ressemble jamais. Ils communiquent entre eux, se répercutent et se répondent simultanément. Entrons dans leur effervescence qui est la nôtre.

---

[2] G. Agamben, reprenant Avicenne et Albert Le Grand, propose de concevoir la substance de l'être comme un flux qui simplement existe. Selon lui, la forme la plus adéquate pour penser un mode de vie qui correspond à cette pensée « sera celle du tourbillon dans le flux de l'être ». Ainsi « les modes sont des turbulences dans le champ illimité de la substance, qui en s'enfonçant et en tournoyant sur elle-même se dissémine et s'exprime dans les singularités (*Homo Sacer*, Seuil, 2016) ».

I. MUTATION : ces flux ont non seulement chacun leur force, leur vitesse, leur direction et leur texture différentes, mais en plus ils en changent constamment. S'interpénétrant les uns avec les autres, ils créent des rencontres, des métamorphoses et des situations inouïes et toujours nouvelles. Des formes plus ou moins durables naissent. Mais elles finissent toujours par évoluer et disparaître pour se mêler et se retransformer en d'autres tourbillons. Suivons ces formes transitoires.

II. ÉNERGIE : la communication entre les différents tourbillons se fait par résonances vibratoires. Les flux modulent et évoluent selon des consistances et des vitesses très subtiles ; fréquences, rayonnements, fluides électromagnétiques, ondes, etc. Il n'y a pas d'émission ni d'échange d'informations, puisque tout étant uni dès la base, chaque motion est instantanément reliée aux autres sans avoir besoin d'un signal et d'une trajectoire informationnels. Laissons vibrer nos tourbillons.

III. MATIÈRE : ces tourbillons aux formes éphémères dégagent des combinaisons physico-chimiques constituées de particules élémentaires qui créent les états de matière et les systèmes cosmiques. Nous prenons conscience que cet infini continu est fait de condensations, extensions, plis et replis qui s'entremêlent en permanence. Toutes les Choses — leur naissance, leur vie, leur disparition — apparaissent dans leur continuité et leur entrelacement sans cesse renouvelé.

IV. EXISTENCE : c'est alors que cette incorporation tourbillonnaire progressive devient une intuition qui nous saisit. Cette visualisation, ce n'est ni plus ni moins que notre corps qui vibre avec ses motions innombrables et changeantes, constituées de matières aux nuances illimitées. Nous sommes envahis de sensations. Chaleur, vertige, froid, vide, stabilité, etc. Nos émotions montent. Appréhension, peur, joie, euphorie, extase, etc. Nos sentiments s'éveillent. Amour, tristesse, émerveillement, gratitude, respect, etc. Notre esprit s'illumine. Conscience, clairvoyance, idées fulgurantes, cohérence, liaisons logiques inconnues, etc.

Prenons un temps pour revenir de cet état d'inspiration et de transe.

Pour rendre toujours plus palpable le Mouvement, il ne me reste plus qu'à spécifier, de manière plus rationnelle, le contenu des quatre modalités.

Définition des quatre modalités

I. Mutation

Le fait que le Mouvement soit en perpétuel changement suppose que ses modalités — n'étant pas des phénomènes à part et isolables — peuvent muter de l'une à l'autre. L'Énergie, subtile et peu dense, peut se transformer en une masse pondéreuse et solide. Entre la subtilité d'une fréquence et la dureté d'une pierre, il n'y a pas de différence de nature, mais de dosage, d'assemblage et de variation. Selon leur vitesse, leur position, leur énergie et leur relation, les tourbillons prennent des formes diverses. Il est difficile d'accéder à cette vision, car notre mental a tendance à penser de manière fractionnée. Nous sommes accoutumés, en effet, à imaginer un espace-temps qui contient un objet qui se déplace selon une certaine information et quantité d'énergie. L'espace-temps est séparé de l'information et de l'objet, l'objet est séparé du déplacement et le déplacement séparé de l'énergie. C'est le rôle des équations de trouver des égalités entre ces différents termes discontinus. En ce qui concerne le Mouvement, il n'y a qu'un unique flux indivisible, tant et si bien que l'objet en question est à la fois espace-temps-information-déplacement-énergie-matière. Toutefois, si par exemple un élément chimique peut devenir un phénomène ondulatoire et *vice versa*, cela ne peut se faire de n'importe quelle manière, ne peut prendre n'importe quel trajet. Il y a un certain nombre de paliers pour aller d'une forme à une autre. Ces paliers varient selon la complexité de la Mutation. Chaque Mutation possède son parcours et son rythme particuliers qui restent toujours en cohérence avec le tout. Cette approche de la Mutation permet d'éviter un grand nombre d'écueils, notamment celui de la conception dualiste entre forme et matière.

En effet, soit on considère la forme comme un archétype universel qui coordonne les singularités qui sont toujours en évolution, soit on considère la forme comme reliée intrinsèquement aux singularités et à leurs mutations. Dans le premier cas, la forme est fixée et définie pour toujours, dans le second, la forme étant liée aux singularités en mutation, elle ne peut être figée dans une catégorie. On peut penser l'humain comme une forme universelle, ou le voir comme une forme éphémère participant à une évolution continue. Nous pouvons envisager notre existence comme une forme inaltérable qui naît et disparaît à un instant précis, ou bien comme constituée par de multiples éléments antérieurs à notre naissance, qui continuent d'évoluer pendant notre vie pour, après notre mort, se métamorphoser en donnant naissance à de nouvelles vies. Si nous nous identifions à la forme universelle et fixe, il nous faudra préserver cette forme contre l'indistinction (qui est un manque de forme) et contre l'intrusion (qui entraîne une déformation). L'imperfection et la disproportion côtoient dangereusement le chaos. Cette identification exige donc de consolider notre forme par des frontières externes et une unité interne, notamment en s'appuyant sur le système d'identité des personnes (ex. : nationalité), des produits (ex. : valeur d'échange), des territoires (ex. : pays), des modalités économiques (ex. : monnaie) et des organisations juridiques (ex. : entreprise). Le mécanisme de la forme figée suppose toujours une dualité fondée sur l'idée que la matière — étant sauvage et insuffisante — doit être organisée par un esprit souverain qui apporte l'essence et le sens. C'est pourquoi nos cultures estiment que l'esprit, considéré comme stable, possède la puissance de former la matière, considérée comme instable.

Si l'on envisage, au contraire, que chaque Mutation est une forme qui ne ressemble ni à une autre ni à elle-même l'instant d'après, sans avoir besoin d'une modélisation extérieure et intérieure, alors renforcer la forme à l'aide d'un système apparaîtra vain et destructeur. Avec la Mutation, nous laissons de côté la notion d'universalité et d'identité qui s'appuie sur un être immuable, formel, astreignant et hiérarchique, pour aller vers l'expérience de la singularité qui porte sa différence toujours en évolution et en relation avec les autres singularités.

Ce passage de l'identité à la singularité révèle que la mort et la vie sont organiquement associées dans leur renouvellement continu. L'accès à la continuité permet de dédramatiser la naissance envisagée comme un événement miraculeux, ainsi que le trépas comme une néantification sidérante. Les idées de justice, de punition, d'éternel retour et de karma, qui surajoutent aux transformations une menace morale, détruisent le flux des Mutations dans une fixité superfétatoire. Plus besoin du paradis et des idéalisations d'un monde d'après. Le changement s'opère ici et maintenant. Sentir que la Continuité de l'existence est le gardien de notre singularité apaise notre besoin d'affirmer notre identité, notre envie de nous rendre différent, ainsi que nos réflexes de considérer l'autre comme un ennemi, un étranger et un objet. Cette conscience de la Mutation permet de débloquer la plupart des problèmes épistémologiques, narcissiques, relationnels et identitaires.

II. Énergie

Lorsqu'il est question d'énergie du Mouvement, il s'agit toujours d'« Énergie primordiale ». Elle se distingue de la définition antique d'Aristote et de celle plus moderne de la science. En revanche, elle se rapproche d'une certaine définition orientale.

Aristote sépare l'énergie « en puissance » (*dynamus*) et « en action » (*energeia*). La finalité interne d'une entité est d'aller du potentiel en puissance à sa « réalisation complète » en action (*entéléchie*). C'est selon cette progression supervisée par l'âme qu'une entité accède à son niveau supérieur d'être. L'Énergie ne peut s'insérer dans une telle définition, car l'Énergie n'est jamais « en puissance », mais est toujours « en acte » sans aucune finalité, hiérarchie, perfection.

Pour la science, l'énergie est mesurable et demeure liée à un objet ou à un système d'objets. En ce qui nous concerne, au moment où l'Énergie primordiale est mesurée ou modélisée, et qu'elle dépend d'un système, elle perd son caractère continu, changeant et consistant. L'objectivation, la méthode et la mesure brisent la continuité. Elles fixent le changement en circonscrivant la matière par des calculs abstraits qui quantifient l'Énergie selon la croissance et la décroissance. Il s'ensuit que l'Énergie primordiale ne peut suivre les principes énergétiques de la thermodynamique. Elle ne dépend pas des principes d'entropie (désorganisation et perte d'énergie) et de néguentropie (organisation et stabilité de l'énergie), puisque le changement s'opère telle une variation organique qui ne nécessite ni principe ni organisation. La contradiction entre la loi d'irréversibilité (la flèche du temps veut qu'un système ne puisse jamais revenir à un état antérieur) et la causalité mathématique réversible (la flèche du temps peut aller dans plusieurs directions) n'a pas lieu d'être, puisque l'Énergie primordiale ne se répétant jamais, elle n'est jamais réversible. Elle n'est pas non plus irréversible — dans le sens strict d'une perte d'énergie causée par une désorganisation —, car elle se transforme toujours en une autre énergie. Par ailleurs, l'Énergie ne relaie aucun signal d'information entre émetteurs et récepteur selon l'espace-temps — que celui-ci soit relatif, quantique ou scalaire —, puisque l'Énergie est en elle-même espace, temps et relation. Elle ne produit pas non plus de l'énergie de type thermique, électrique, hydraulique, etc., qui sont des détournements techniques qui réduisent l'Énergie. Nous aurons l'occasion de revenir plus précisément sur chacun de ces points, mais en résumé : aucune forme, aucun temps, aucune organisation ne sont figés. Pas de réduction cybernétique ou technique. Ni flèche réversible ni perte irréversible. Juste une Énergie en perpétuelle Mutation.

Ce propos nous éclaircit de nouveau sur le problème de la forme, mais du point de vue énergétique. La forme conçue comme une identité universelle et atemporelle bloque le flux énergétique lié à la Mutation, alors que la forme reliée à la Mutation préserve et relance le flux énergétique. Dans ce contexte, le phénomène de la conscience peut être vu sous deux angles. Soit, comme nous l'avons examiné précédemment, il est un moment de la dynamique qui cherche à contrôler l'Énergie à l'aide des forces rationnelles, soit il est une Présence à soi qui accompagne intrinsèquement nos Mutations. Dans ce dernier cas, la conscience est un phénomène énergétique qui dépasse largement celui du système nerveux central et du langage. Le Mouvement est donc constitué d'une infinité de formes singulières qui se transforment et s'interpénètrent, chacune produisant sa propre conscience qui ne cesse d'évoluer. Dans cette perspective, une poussière a une conscience, même si elle diffère de celle d'une cellule intestinale, d'une planète ou d'un être humain.

En revanche, l'Énergie se rapproche du *Chi* oriental, mais dans le sens très précis que Lao-Tseu lui a donné. Ce dernier reste fidèle au *Tao* qu'il envisage comme une force primordiale qui, circulant indifféremment entre et dans les choses et les êtres, les relie et les transforme en permanence, sans être pour autant séparé d'eux. Cependant, au fur et à mesure, la cosmogonie chinoise a ajouté un chaos indifférencié (*wújí*) préalable à la formation du cosmos. Ce chaos se divise et se polarise avec l'émergence des principes du yin/yang et des cinq éléments. Cette évolution va permettre la formation du *Taijí*, littéralement la « poutre faîtière suprême », qui centralise l'énergie et la redistribue. Les combinaisons vont dès lors se multiplier à l'infini pour engendrer le monde des « dix mille êtres » (*wànwù)* qui peut se traduire en 64 hexagrammes (*Classique des Mutations* ou *Yi Jing*). Dès lors, il ne s'agit plus d'Énergie primordiale, mais d'énergie canalisée, classifiée et détournée à des fins taxinomiques et rationnelles. C'est en tant que manifestation du Mouvement, sans passer par le filtre d'une construction cosmique, que l'Énergie reste non produite, insécable, abondante et incommensurable.

III. Matière

La Matière, c'est de l'Énergie primordiale densifiée plus ou moins palpable qui répond, entre autres, aux transformations d'état (solide, liquide, gazeux), physiques (forme, volume, température, pression, etc.) et chimiques (atomes, molécules, ions, etc.). Elle est un attribut du Mouvement au même titre que la Mutation et l'Énergie primordiale. La Matière peut se muter en Énergie et *vice versa*. Cette possibilité de convertibilité nous amène directement à expliciter le faux conflit sans cesse reconduit entre le corps et la pensée, entre le « matériel » et le « spirituel ».

La cohérence veut qu'il n'y ait aucune rupture entre ces deux modalités. À l'égal des corps composés et des éléments premiers, l'esprit ou la pensée sont des tourbillons vibratoires qui participent au Mouvement. Il n'y a pas de différence de nature, mais des différences d'agencement, de vitesse, de texture, etc. Nul besoin de réunir l'âme et la chair, puisque leur dualisme artificiel manifeste seulement le forçage compulsif du désir mental de diviser. Les animaux, les forêts, les océans pensent, à l'instar de la conscience autoréflexive de l'être humain, mais de manière différente. Qui oserait dire que l'organisation d'une forêt, la construction d'une ruche par les abeilles, l'évolution des forces cosmiques jusqu'à l'apparition des éléments, des bactéries et du corps humain sont dénuées de pensée ? Le défi consiste à comprendre qu'il ne s'agit pas d'une pensée venue d'en haut gérant l'évolution, mais d'une pensée organique qui s'auto-invente de manière ininterrompue.

S'il y a continuité entre la pensée et la Matière, il en va de même entre le virtuel (dit « immatériel ») et le concret (dit « matériel »), entre la puissance et l'acte, entre l'intention et la réalisation. Une pensée, une prise de conscience, une intention, une information, une prière sont déjà des réalisations matérielles, bien que subtiles et souvent indiscernables. Elles peuvent évoluer en une Mutation énergétique durable, prendre une forme définie, se joindre à d'autres pensées, à un sentiment, ou encore être fugaces et nourrir le flux des Mutations. Lorsque la physique quantique découvre l'influence de l'observateur sur l'objet observé, elle ne dit pas autre chose. Le simple acte d'observation a un impact sur ce qui est observé. Cela rejoint le principe de la « pensée positive » qui influence le futur. À cet égard, le problème serait plutôt de savoir ce qu'on appelle « positif » et de découvrir les pensées inconscientes et refoulées qui influencent également notre passé, présent et futur. En tout état de cause, il n'en reste pas moins que les pensées ne sont jamais virtuelles dans le sens qu'elles s'opposeraient au concret, ni immatérielles dans le sens qu'elles seraient hors espace-temps, Mutations, Énergie et Matière, c'est-à-dire hors Mouvement.

La question de l'âme se rapproche de notre problème, puisqu'on confère à celle-ci le pouvoir d'être non seulement immatérielle, mais aussi immortelle, organisatrice et séparée du corps. Ces propositions sont impossibles dans l'optique du Mouvement. Examinons les termes un à un.

« Immatériel » : la seule réalité immatérielle est le Néant. Ce dernier étant hors Mouvement, il est toujours légitime néanmoins de se demander s'il existe en dehors de son énonciation. À partir du moment où une Chose participe au Mouvement, elle en a tous les attributs, et la Matière fait partie de ses attributs.

« Immortelle » : toute forme est mortelle, toute Mutation est transitoire. Seul le Mouvement pourrait être dit immortel. Ce serait toutefois une distorsion rationnelle, car il ne peut être détaché des Choses qui le constituent et qui sont toutes mortelles. Chaque Chose a une naissance, une évolution, une dissipation, c'est-à-dire une Mutation. À la rigueur, nous pourrions dire que toute Chose est mortelle en ce qu'elle a une forme évolutive, et immortelle en ce qu'elle participe au Monde, mais en aucun cas on ne pourra conclure à une substance immortelle en soi ou faire de la « participation » un principe immortel et transcendant.

« Organisatrice » : à partir de l'instant où l'on confère de telles qualités d'immatérialité et d'immortalité à une substance, la tentation est grande de lui donner la régence de la matière jugée lourde, mortelle et imparfaite. Mais le Mouvement étant le Monde lui-même, il n'organise rien ni personne. C'est pourquoi je dis qu'il est « organique » ; il se meut en cohérence avec lui-même sans but général ou particulier.

« Séparé du corps » : au vu de ce que l'on a dit, il est impossible d'envisager le Mouvement séparé du corps. On pourrait aller jusqu'à dire qu'il est un Corps infini ayant des Pensées infinies dans le cadre de Mutations infinies, c'est-à-dire doté d'une vie et d'une mortalité infinies.

Le problème, au fond, est que nous avons une idée dégradée de la Matière. Ou bien elle est rejetée par les religions comme une immondice à nettoyer qu'il faut contrôler, mortifier ou dont il faut se détacher, ou bien elle est réduite par les sciences à un ensemble objectif qu'il faut également contrôler, mortifier, mais qu'il est également possible d'augmenter pour conquérir des habilités infinies. Cette quête de maîtrise et de pouvoir est précisément un des lieux de rencontre entre les religions et les sciences, notamment à travers la recherche de l'immortalité. Toute séparation entre le corps et l'âme aboutira à un primat de l'âme sur le corps avec les névroses de la conscience séparée, des hiérarchies transcendantales et l'absence à soi-même. Cette dissociation est d'autant plus difficile à cerner qu'étant la première et entraînant toutes les autres, elle est profondément ancrée et prend de multiples apparences, visages et maquillages. Par exemple, l'hylémorphisme imagine que le souffle de l'âme parcourt, anime et forme le corps. Cette théorie n'implique pas forcément une mortification corporelle. Cependant, elle place l'âme — en tant qu'immortelle et ordonnatrice de la vie — au-dessus du corps qui se voit ainsi réduit à un simple véhicule. En ce qui concerne les religions monothéistes, les seuls, à ma connaissance, qui se soient dirigés, chacun à leur manière, vers l'union radicale du corps et de l'esprit, sont Baruch Spinoza, Giordano Bruno et les mystiques des premiers chrétiens et des confréries soufies. Or on connaît le destin que leur ont réservé leurs institutions : excommunication, persécution, bûcher. Le système marchand renouvelle malheureusement ce type d'inquisition et de pensée dualiste avec le scientisme qui, ayant pris le gouvernail politique, condamne, élimine ou récupère ce qui ne correspond pas à ses dogmes.

La pensée du Mouvement n'a pas pour objectif de réaliser le rêve d'une immortalité abstraite et mortifère, mais d'aider à ressentir et à comprendre, de manière unie et incarnée, qu'il n'y a pas de valeur à donner aux Choses, et que la mortalité est ce qui nous fait concrètement participer au Mouvement. Lorsque cet état de pensée — qui est une Transe — est atteint, nous sommes alors en capacité de transmettre le Mouvement, c'est-à-dire de recevoir et de passer l'essentiel de l'existence.

IV. Existence

L'existence est l'aspect le plus éloquent du Mouvement. Il est le point culminant de l'incorporation. C'est en elle que se joignent les agents tourbillonnaires pour se conjuguer dans une explosion créative d'Énergies, de Matières et de Mutations. C'est le Grand Corps du Monde où se déroule notre existence quotidienne, immédiate et vécue. C'est là que se jouent les rencontres, les conflits et les possibilités d'harmonie.

Prenons un bref instant pour rappeler que l'existence selon le Mouvement se distingue de la philosophie existentialiste. Ce courant né au XIXe siècle, qui a le grand mérite de retourner au concret, donne cependant la primauté à la liberté de la conscience du sujet. Cette liberté se donne comme but soit de rejoindre Dieu, soit de s'engager de manière responsable auprès de l'humanité. La pensée du Mouvement ne se constitue ni à partir de la subjectivité et de l'humanité, ni à partir de la conscience et de la responsabilité. La Connexion n'est pas une question de moral et de libre arbitre. L'expérience du Mouvement nous engage bien en deçà de la conscience, de la volonté et de la subjectivité. Si liberté humaine il y a, elle ne vient ni de l'homme ni de Dieu, mais de notre part indomptable et créative ; et cette part essentielle nous échappe fondamentalement. L'existence, c'est notre histoire intime pour retrouver cette part enfouie qui attend de reprendre vie.

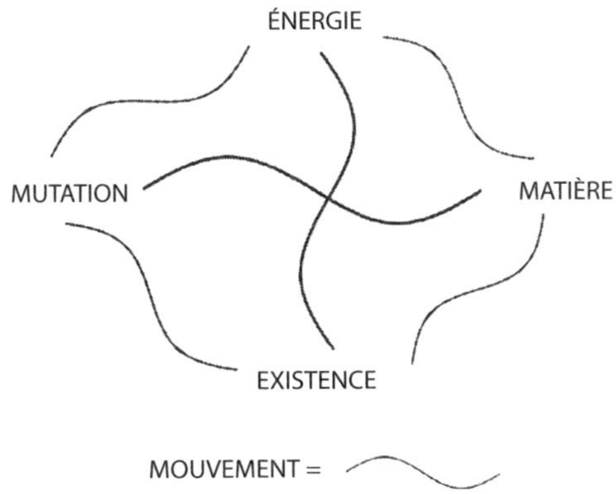

Les Cinq Corps

L'existence — ou le Grand Corps du Monde — se manifeste sous forme de Cinq Corps :

1) Soi ;
2) Autre ;
3) Groupe ;
4) Nature ;
5) Monde.

Chaque Corps comprend des domaines bien particuliers :

1) Soi
Somatique (corps, sensation, émotion, sentiment, passion), psychique (rationalité, conscient, inconscient), généalogique.
2) Autre
Couple, relations intimes et familiales.
3) Groupe
Éducation, travail, milieu social (sport, loisir, culture), politique.
4) Nature
Animalité, végétaux, minéraux, éléments (eau, terre, feu, air), environnement (du centre-ville à la nature sauvage).
5) Monde
Grandes questions spirituelles sur le sens, la naissance, la vie, la mort.

Il ne me reste plus qu'à définir le mot « Corps ». Il contient étymologiquement, et à lui seul, une variété de sens incroyablement étendue. Le Corps, apparenté au grec *prapís* avec son dérivé *prapides,* peut être animé ou inanimé, vivant ou non. Il tient à la fois de l'esprit et de l'intelligence, du ventre et du diaphragme, des affections et du cœur. Le latin *corpus* ajoute les significations de chair physique et de substance abstraite. *Corpus* vient lui-même de *creo*, « créer ». Il en ressort que le mot « Corps » a une dimension holistique et créative. Toutefois, cette dimension holistique a été mise de côté. Le corps a été ramené à une simple enveloppe, un véhicule, voire une machine biologique. La dimension créative lui a également été ôtée. Il est devenu un matériel à sculpter, à transfigurer ou à mettre en scène tel un monument de chair au service des marchands. Mettre le Mouvement au centre de notre démarche permet de retrouver la richesse et la puissance du Corps.

LES 5 CORPS DE L'EXISTENCE

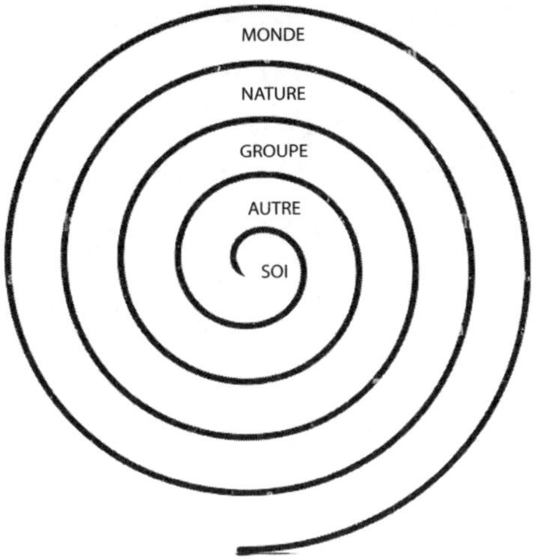

Onto-expérience

Maintenant que nous avons une idée claire et vivante du Mouvement, il devient possible de saisir quels types d'expériences nous pouvons en avoir. Le moment est venu d'aborder la structure du prochain chapitre : « L'art de vivre ». Pour introduire cet art, je vais reformuler et m'appuyer sur la notion d'« être » qui structure de nombreuses philosophies depuis cinq mille ans. Si les philosophies ont donné leurs faveurs à la connaissance, la vérité, l'éthique, la politique et l'esthétique, je m'en tiendrai pour ma part à l'ontologie ou « l'être en tant qu'être ».

« Ontologie » vient de *ontos*, « être », et de *logos*, « raison ». Depuis l'apparition du langage, l'ontologie est piégée dans un problème insoluble, dont le mot « être » est le nom. « Être » peut s'entendre soit comme désignation de l'existentiel, « cela est » ; soit comme prédication, « cela est ceci ». En toute cohérence, il n'y a aucune conciliation possible entre la présence unie de l'être et la division hiérarchique en parties de la présence où se perd la présence. L'ontologie — ou science de l'être — s'égare dans des spéculations aussi subtiles que vaines pour faire coïncider *ontos* et *logos*, existence et logique, présence et raison. Cette aporie fondamentale s'exprime de diverses manières selon les époques et les cultures — de l'Un et du multiple de Parménide à la théologie trinitaire et aux philosophies de l'essence et de l'existence du XXe siècle, en passant par le son primordial de Shiva, le *Hundun* (chaos) des Chinois antiques et l'abandon du monde par Oludumaré (le créateur) chez les Yorubas.

Cela dit, même envisagé dans son sens strictement existentiel, le mot « être » comporte une autre distorsion en relation à la pure présence. Considéré comme la généralisation la plus abstraite, la plus totale et la plus aboutie de la présence, l'être devient la catégorie de la présence et non plus la présence. Le but de cette rationalisation est de réduire graduellement le Mouvement à une catégorie, puis à une substance divisible et enfin à un lien rassemblant les parties séparées. En tant que première abstraction, l'être a comme charge de gouverner les phénomènes de manière transcendantale, à la fois par en-dessous (substance, hypostase) et par au-dessus (métaphysique, monde des Idées). La « fin de la métaphysique » ou « la mort de Dieu » — proclamée depuis peu — est en fait le dévoilement et la réalisation de ce qui agît en dessous et trône au-dessus. « Les arrières mondes » de l'abstraction sont passés ici-bas à la surface dans l'humain. Ce dernier ayant fini de s'identifier à l'abstraction prend comme seigneur et maître la raison.

Le découpage de l'être en parties et sa catégorisation se révèlent être des actes d'appropriation de la présence par le règne de la raison. Lorsque l'humain réalise ce passage de l'animalité à la civilisation de l'abstraction, on dit qu'il est un « sujet ». À la vue de ce qui vient d'être dit, le concept de sujet revêt trois significations complémentaires : l'homme devient un sujet en tant qu'il est assujetti à la raison, en tant qu'il gouverne le monde en le transformant en objets, en tant qu'il est la substance de ce qui constitue la réalité. Cette opération subjective se traduit par la disparition de la présence — qui est par essence inappropriable et inaliénable. L'orientation mentale et historique du sujet a pour effet de modifier intégralement la vie en économie de vie. La réalité économique qui envahit le réel n'est pas à opposer à la politique, à l'éthique, à la religion et au droit : tous les aspects de notre réalité — y compris le droit, la politique, l'éthique, la religion, etc. — sont devenus un calcul irréfrénable.

Ce que l'énergéticien khoroliste — ou philosophe du corps — peut faire de mieux, c'est de partir des objets inertes pour descendre dans la présence. Par cette chute volontaire, il rend inopérant l'abstraction et se plonge dans l'*ontos* simple de l'expérience sensible non médiatisée par le *logos*. Hors catégorie et hors prédication, le mot « être » trouve — si je puis dire — son être. L'être en tant qu'être n'est rien d'autre que l'être en tant qu'il existe et non en tant qu'il est dit, c'est-à-dire ayant trait à sa simple existence qui est l'aspect le plus tactile de la présence ou Mouvement. Le « en tant que » (ou « comme ») est la formule linguistique qui permet d'annuler le processus d'éloignement porté par le langage afin de ramener à l'unité la chose, la représentation, la personne qui parle et son expressivité. Le mot « être » pourrait aussi bien se voir remplacer par « ça ! », par « oh ! », par « meuh ! » ou par aucune forme de langage. Dans cette immersion qui permet à l'être d'advenir, il n'y a ni logique ni mystique, de foi ni rite, ni œuvre ni action, mais simplement un contact permanent avec ce qui existe qui nous suggère de ne rien y ajouter.

Selon notre perspective, et à l'aune de ce que nous venons d'examiner, il est préférable de tenir la raison à l'écart de l'être. Par les moyens de la prédication et de la catégorisation, l'ontologie traditionnelle enserre l'être dans la loi de l'Un, de l'identité et de l'immutabilité. Cette immobilité éternelle et centralisante s'accompagne d'un discours sur l'origine (cosmologie) et sur la finalité (téléologie), avec éventuellement un jugement dernier, un salut de l'âme ou une réincarnation méritoire (eschatologie). Nous aurons l'occasion de mettre en évidence que toute ontologie est au fond une « Habontologie », c'est-à-dire une ontologie du devoir-être qui se fonde sur la relégation de l'être et sa transformation en avoir. En tout état de cause, il serait contradictoire de façonner une ontologie en prenant pour base la multiplicité, le devenir, le changement et l'infini. C'est pourquoi j'invente, pour l'occasion, un *ontos* sans *logos*. Imaginons que l'être n'a ni commencement ni fin, ni créateur ni créature, ni cause ni effet, ni loi ni principe, ni bien ni mal. Imaginons en un mot que l'être étant relié au Mouvement, il ne cesse de changer. En toute cohérence, il est préférable de remplacer *logos* par « expérience » dans le sens précis de l'*onto-expérience* : « expérience de l'être en perpétuelle mutation sans référence à l'Un ». Tout le long des pages qui suivent, gardez en tête que l'*ontos* dont il est question ici se ramène à l'existence et à la présence relatives au Mouvement, avec toute une série de neutralisations, désactivations et soustractions concernant l'ontologie traditionnelle. L'ontologie rendue sans effet finira par tourner à vide ; et de ce vide surgiront très naturellement les éléments pour une vie unifiée, sereine et heureuse.

L'onto-expérience comprend trois expériences. Voici l'histoire : pour éprouver et affirmer son existence, le Mouvement a besoin de se mettre en péril absolu. Pour ce faire, il produit un Contre-Mouvement ; une force qui se retourne contre lui-même. Ce geste d'assaut scinde le Mouvement en deux : d'un côté, ce qui persévère du Mouvement devient une connexion au Mouvement ; de l'autre, ce qui entrave le Mouvement devient une compulsion d'anéantissement du Mouvement. La connexion est assimilée à l'expérience de l'être, la compulsion à celle du non-être, et la présence qui résulte de l'alliance des deux expériences précédentes, à l'étant. Ces expériences ne s'enchaînent pas forcément. Le plus souvent, elles cohabitent dans des proportions et des degrés différents selon les moments. Plus que des étapes, ce sont plutôt des dispositions (ou modes) qui s'entremêlent de manière diverse selon les personnes et les phases de la vie — voire selon chaque instant de la journée. Elles animent notre vie jusque dans ses aspects les plus viscéraux et insondables, mais aussi les plus quotidiens et triviaux. Le sens de la vie et de la mort, notre sentiment d'existence et toutes les questions qui se posent à nous se rapportent à ces trois expériences. Elles ne concernent pas seulement notre existence singulière : c'est toute la civilisation qui oscille entre ces trois expériences.

Chacune de ces expériences peut être décrite selon trois perspectives. La première perspective se penche sur les structures profondes de l'expérience en question, la deuxième dévoile l'activité humaine qui se développe à partir de ces structures, la troisième décrit le type de monde auquel l'expérience aboutit.

Voici les trois expériences avec leurs trois perspectives :

1) L'expérience de l'être, du réel, de la khôra.

2) L'expérience du non-être, de la réalité, du nihilisme.

3) L'expérience de l'étant, de l'existence, de la transe-mutation.

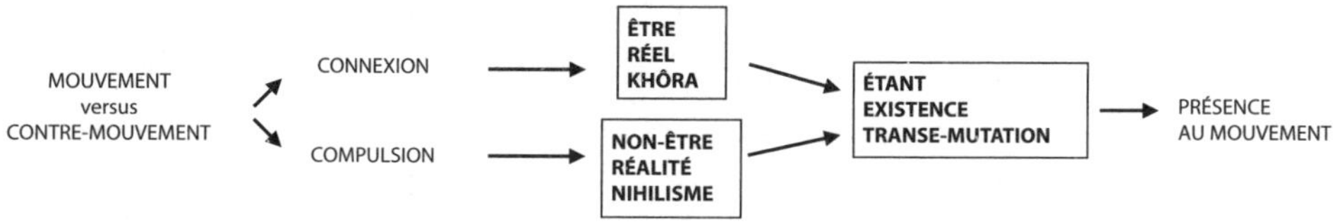

Je vais maintenant définir chacun de ces termes, afin d'en révéler la nature profonde et l'étendue des enjeux.

Les trois expériences du Mouvement

— 1 —

Être

Le premier terme du premier rapport concerne l'être en tant qu'être, c'est-à-dire le simple fait d'être. La question « Pourquoi quelque chose plutôt que rien ? » n'a pas de sens face à ce qui est. *Tât wat sim*, « Cela est », représente, pour les hindous, l'illumination la plus élevée. Nul besoin de commentaire ; l'évidence de l'être suffit. La médiation mentale et rationnelle perd l'évidence de l'être. C'est ce qui peut donner à la philosophie et aux raisonnements en général — des mathématiques à la théologie — une allure de futilité. Comme je le mentionnais auparavant, cela rappelle les disputes auxquelles se livraient les Byzantins concernant le sexe des anges[3]. L'expérience directe de l'être découle du simple fait que nous sommes. « Nous », et non pas « je » ou « on ». L'être est accessible dans sa continuité. « Je suis, les autres sont, le monde est : nous sommes. » Descartes hésita longtemps entre « Je pense, je suis » (*Cogito*, *sum*) et « Je pense, donc je suis » (*Cogito*, *ergo sum*). Lorsqu'il décida d'introduire l'opération déductive dans le déroulement de l'autoréflexion en insérant *ergo* (donc) entre le *cogito* (je pense) et le *sum* (je suis), il rendait incontournables les principes de causalité, de non-contradiction et d'identité. Il confirmait ainsi la volonté de rompre avec l'immédiateté de l'être en imposant l'intercession de la raison entre la pensée et l'être. L'expérience directe de l'être est une expérience indépendante de la raison, de la métaphysique et de la foi. Si vous ne la vivez pas, l'être n'existera pas pour vous.

---

[3] L'expression est née à la suite d'un débat scolastique au Moyen Âge autour du sujet épineux, et toujours d'actualité, de savoir si les anges ont un sexe, et si oui, de genre féminin, masculin ou les deux. On raconte qu'en 1453, la ville de Constantinople assiégée par les Turcs serait tombée parce que l'empereur, les prêtres orthodoxes et les gens de la cour étaient uniquement occupés à discuter de cette question théologique.

Réel

Le « réel » se réfère à l'être, non plus seulement comme le simple fait d'être, mais comme ce qui se déroule concrètement dans le temps et l'espace de la vie quotidienne. Nous accédons au réel quand nous ne fonctionnons plus selon le dispositif de médiation installé par la césure cognitive qui déploie le voile de *Mâyâ*[4] et nourrit la société du spectacle. Le domaine psychique, qui produit à foison les fantasmes, les projections et les imaginaires, se retire ; il a atteint son maximum d'extension. Le retour au réel, c'est revenir à la présence simple et concrète du quotidien, au sens le plus banal du terme. Ce nouvel ancrage — hors jeu, hors les murs, hors la loi — va permettre de se défaire de la logique du trauma.

Khôra

À la fois extérieure et intérieure, la *khôra* manifeste les aspects les plus sensibles du Mouvement : rythmes, textures, matières et reliefs, mais aussi élans, intuitions, émotions et sentiments. Étant ce qui prodigue accueil et protection, elle est l'exact contraire de ce que l'on entend par chaos. Et pourtant, la confusion entre chaos et *khôra* est entretenue depuis des millénaires. Décryptons ce montage historique.

Le mot *chaos* serait étymologiquement apparenté à *khôra* par le radical indo-européen *ghei* qui signifie « sauter, bondir, jouer, inciter, mettre en branle, avoir un mouvement ». *Ghei* est un des plus anciens noms pour Mouvement. Il a donné le mot grec *tragos*, « chèvre » ; cet animal à la fois indomptable dans son mouvement et abondant dans son engendrement. La « tragédie » grecque, issue de *tragos*, est la métaphore du sacrifice du Mouvement sur l'autel du logos. La tragédie rejoue, lors des rites mythiques et divinatoires, le sacrifice de la chèvre qui représente

4 Le mot *mâyâ* vient d'une racine sanskrite *ma*, mesurer. Délimitant et découpant des formes dans l'unité infinie, elle nous plonge dans la dualité. *Mâyâ* est illusion au sens où nous perdons de vue l'unité.

le passage de l'animalité à l'humanité. Pour comprendre ce sacrifice fondateur, il nous faut revenir à l'origine.

Avant que la *khôra* ne soit humiliée, exilée et enfin sacrifiée, il en subsiste des traces dans la *Théogonie* d'Hésiode, poète grec du VIIIe siècle av. J.-C. Cet auteur évoque la *khôra* sous le nom de Chaos, comme un lieu de vallées et de rivières où les êtres naturels et les éléments sont en harmonie, sans être réglés pas l'horloge cosmique. Les jours et les nuits s'enchaînent dénués de cycles répétitifs, tandis que *philotês* « l'amour amitié » inspire les unions. Puis naît Gaya la terre, qui donne par elle-même naissance à Ouranos le ciel. Pour supplanter Chaos, ils enfantent ensemble Chronos le temps. Celui-ci a pour charge d'ordonner les cycles selon la linéarité passé/présent/futur. Sous l'influence de sa mère Gaya, Chronos émascule son père Ouranos afin de prendre le pouvoir. Puis Zeus, le propre fils de Chronos, écoutant lui aussi les conseils de Gaya, jette son père dans les abysses. Pour que l'histoire ne se répète pas pour lui-même, Zeus avale Métis[5], de manière à surveiller, anticiper et déjouer toute tentative de prise de pouvoir. Il pervertit l'ingéniosité naturelle de Métis en logos systématique et armé qui sera représenté par Athéna.

La *khôra* est par quatre fois défigurée, éloignée et mortifiée. La première fois par le simple fait de la nommer « Chaos ». La deuxième fois par la naissance de Chronos qui impose la linéarité du temps aux

---

[5] Métis est une nymphe de l'océan. Les nymphes ont un statut particulier dans la mythologie : en tant que divinités de la nature, elles sont présentes avant la naissance des dieux. Hésiode décrit Métis comme « celle qui sait plus de choses que tout dieu et homme mortel » (littéralement, en grec ancien, « le conseil, la ruse »). La *mêtis* est cette forme particulière d'intelligence qui se rapporte tantôt à l'intuition suprême, tantôt à la ruse absolue. Gaïa prédit à son fils Zeus qu'un fils de Métis sera appelé à le détrôner. Zeus avale donc l'Océanide pour que, du fond de ses entrailles, elle lui donne les conseils pour conserver le pouvoir. Le logos, c'est l'intelligence de la métis mise au service du pouvoir. En déliant la métis du logos, la pensée du Mouvement permet de se dégager du système du pouvoir et de retrouver l'intelligence primordiale.

fluctuations libres de la *khôra*. La troisième fois quand Zeus précipite Chronos dans le Tartare[6] : Chronos, lui aussi issu du radical *ghei*, est encore trop proche du Mouvement. La quatrième et dernière fois, par l'emprisonnement de la Métis qui entérine l'éloignement final et intronise une transcendance sous le nom de Zeus (qui donnera plus tard le nom de « dieu »). Le passage du Chaos au Cosmos s'achève par la mise en détention de la Métis et la forclusion du *ghei*. Sous le jugement fulminant du logos, la *khôra* a pris les apparences de la sombre nuit du trou noir antérieur qui, dans un bâillement, pourrait avaler le monde. Éjectée hors espace et hors temps, la *khôra* va alimenter un imaginaire hanté de chèvres et de boucs prêts à se métamorphoser en Cyclopes, Titans et Léviathans.

Du point de vue de l'espace, la *khôra* est impossible à modéliser. Elle s'oppose au *topos*, espace géométrique qui donnera la topologie. La *khôra* sera rejetée par les tenants du logos dans la partie qui, se trouvant en dehors de la ville et s'opposant à elle, se réfère aux *eschatiai*, « marges », « espace sauvage », « l'en deçà des confins inhabités ». Ces zones floues d'obscures alchimies, incultivables et impropres à toute civilisation, provoquent l'effroi de la raison ; elles sont animées de forces indomptables susceptibles de rappeler le *ghei*.

Pourtant, même les cultures les plus avancées ne peuvent se développer sans la *khôra* puisqu'elle est la base et la possibilité mêmes de l'existence. La question devient : comment la récupérer, la maquiller et la normaliser ? La *khôra* sera donc conviée à Athènes, à condition qu'elle soit ritualisée. Elle s'incarnera en un dieu (Dionysos, l'hybride égyptien), aura une date dans le calendrier (le printemps), défilera en une

---

6 Son père lui ayant annoncé qu'un de ses enfants le chasserait du trône, Chronos dévorait tous ses enfants dès leur naissance. Rhéa sa femme, au lieu de lui remettre le sixième enfant Zeus, lui donna une pierre enveloppée de langes. Plus tard, sur les conseils de Métis, Zeus fait boire à son père Chronos un émétique qui lui fait vomir la pierre, ainsi que ses frères et sœurs dévorés avant lui. Après une longue guerre, Zeus précipite son père au Tartare, la partie la plus profonde des Enfers d'où nul ne peut ressortir.

procession contrôlée (par la préfecture) et devra se vêtir de symboles et devenir une représentation formalisée (la tragédie). La *khôra* passe ainsi dans le domaine du mythe, de l'évocation, de la trace mnésique. L'orchestra chantant rappelle le hurlement profond de la bête sauvage que l'on sacrifie, les danseurs virevoltants rappellent l'ivresse des dithyrambes, le chœur entourant la scène rappelle la périphérie inquiétante des zones de l'entre-deux. Orchestra, chorégraphie et chœur, tous proviennent étymologiquement de la *khôra*, c'est-à-dire du *ghei* qu'il s'agit de circonscrire.

Il est risqué de donner une définition stricte de la *khôra*. Platon, dans le *Timée*, relève le défi. Néanmoins, il est forcé d'admettre, bien que cela soit « difficilement croyable », que la *khôra* est impossible à circonvenir. La raison s'embrouille dans des « raisonnements bâtards » qui n'aboutissent qu'à des impasses. Démuni, il en conclut qu'« en la voyant, on la rêve ». Il vaut mieux ne pas approfondir ce sujet dangereux qui peut rendre folle la raison et lui faire littéralement perdre la tête. Inaccessible et indomptable — mais demeurant incontournable —, il la réduit à un matériel sur lequel les idées vont imprimer mesure et proportion. Avec la philosophie, ce n'est plus le mythe, mais la raison qui opère la grande sublimation : la *khôra* est transformée en cosmos bien réglé. En toute logique, Platon dans *La République* finit par expulser par-delà les remparts de la cité les poètes et les joueurs de flûtes qui exaltent les dissonances. L'inspiration qui ravive le *ghei* est en état d'arrestation. Le message est clair : soit les poètes se font géomètres, soit ils seront jetés aux *eschatiai*, les marges infâmes de l'innommable.

Faire l'expérience de la *khôra* demande au préalable de tout inverser. Elle est concrète et non point floue, bienveillante et non point terrifiante, protectrice et non point menaçante. Son intelligence n'est pas logos systématique, mais Métis ingénieuse. Elle semble inconnaissable dans la mesure où quand on veut la saisir, elle échappe à l'entendement. Elle invite au lâcher-prise, au non-agir, à l'accueil et au partage.

— 2 —

Non-être

La deuxième expérience concerne le refus de l'être. Ce refus est soutenu par la compulsion qui se dissocie de l'être et se dirige vers le rien. Cette poussée originelle n'est ni un instinct ni une pensée. Elle pousse la pensée vers le nihilisme avec la force de l'instinct. Cette expérience limite est — avant tout et seulement — une expérience de pensée. Elle est la pensée ayant été radicalisée. Elle est l'arcane profond qui bat au cœur de l'idéologie. Avant de se manifester au travers du langage, c'est une expérience intellectuelle sans langage. Le monde ne se présente plus à l'individu selon les variétés vivantes et entrelacées de l'être en devenir, mais comme une vaste étendue infinie de noir. La pensée efface l'être. Nous plongeant dans l'irreprésentable du non-être, la terre se dérobe sous nos pieds. Nous restons suspendus dans le vide éternel. Arrêt du temps et de l'espace. Neutralisation du flux. Évanouissement dans le rien. Plongée dans l'épouvante sans contenu. Ce n'est pas que nous suffoquons, c'est que nous n'avons plus besoin de respirer. Ce n'est pas que nous sommes enfermés, c'est que nous avons disparu. L'expérience de la pensée pure se traduit physiquement. Le corps est envahi par une anatomie paradoxale : « Je sens que je ne sens plus rien. Je suis happé par une immensité sans corps. Je suis vidé de mes organes et de mon énergie. Je tourne en noirceur et deviens néant. »

Il ne faut pas confondre le néant avec l'infini, le vide, la mort ou le chaos.

Pensée neutralisante qui se répète en boucle, elle n'est pas à proprement infinie, mais immobilisation : le néant pétrifie le Mouvement. Le vide est un espace entre les pleins qui permet la communication. Il est relatif : l'élément eau semble vide pour les animaux aquatiques, il est plein pour les animaux terrestres. Si l'air semble vide, il est plein par rapport au vide interstellaire. Même le plus grand vide est parcouru d'ondes et de particules. Quant à la mort, elle est indéféctiblement liée à la vie : seul ce qui est en vie peut mourir. Ce sont deux moments interdépendants qui s'enchaînent et se produisent mutuellement. Le chaos, qu'il soit le point de vue distordu de la raison sur la *khôra* ou une matrice de toutes les potentialités, demeure un moment du réel.

La pensée du rien provoque l'effroi. Non point seulement l'effroi devant le néant qui s'étend, mais plus encore, l'effroi devant ce qui reste et ne disparaît point. L'individu est effrayé par ce qui n'est pas encore neutralisé ou pire, ce qui pourrait ne jamais être neutralisé. L'être apparaît d'autant plus violent à l'individu nihiliste que l'espoir de ne plus le subir semble une possibilité : quand on sait que l'emprisonnement sera éternel, on accepte sa condition, mais quand on sait qu'il est possible de sortir de la prison, l'attente est accablante. L'être est un cauchemar. La pensée du néant ne voit dans le monde sensible qu'aléas affolants, montées vertigineuses, descentes spectaculaires, rythmes infernaux, motions incontrôlables, cataclysmes permanents. La pensée n'a qu'un désir : remettre un peu d'ordre dans ce monde de fous, nettoyer l'univers de cette agitation incoercible, annihiler l'être dans son intégralité.

Après avoir éprouvé l'effroi et le désir de conquête, la pensée pure se convertit en un principe psychique. La psyché est ici entendue comme un moment de la compulsion qui correspond à un stade prélogique ayant trait à la structure mythique, religieuse et à la recherche de sens (le terme de « compulsion » sera précisé au cours du texte, notamment par rapport aux psychothérapies). Après avoir traversé la *khôra*, après avoir affiné son désir d'aplatissement, après s'être rendue capable de modifier le cours des choses, bref, après de longues ruminations dans son noir infini, la psyché invente la raison. Cette dernière établit une équivalence et une valeur entre les choses. La valeur, c'est la référence absolue pour décider ce qui vaut d'être et ce qui doit ne pas être. Paladin de la juste cause, la raison envoie valdinguer le tout au néant sans l'ombre d'une hésitation.

Sous la bannière de la simplicité, la guerre est déclarée : « Pourquoi quelque chose plutôt que rien ? », « Être ou ne pas être ? », « La vie a-t-elle un sens ?» La question du sens émerge à partir du non-sens. Avant le coup d'État de la raison, la tête ne s'était pas entièrement expurgée du corps. Or, plus le mental ratiocine, plus éclate l'absurdité de l'être. Et lorsque la nécessité d'une réponse s'impose à l'esprit, la rupture est consommée : la compulsion métamorphosée en pensée, psyché puis raison, a déchiré la continuité du Mouvement. L'esprit s'est définitivement disjoint de la matière. Il est naturel que ce soit à l'adolescence que se brise l'individu. Lorsque le corps physique finit de se constituer avec la possibilité de relancer la vie, l'esprit se demande « Est-ce que ça vaut la peine de continuer ? » C'est le moment où l'individu fait les comptes avec l'être et le néant.

Réalité

La réalité est la modification du réel par le processus. Le processus, c'est la raison scrupuleuse qui modifie les moindres détails du réel. C'est la rationalité appliquée. Ce mot indique qu'il s'agit d'un *process* inéluctable et constant qui joue à toutes les échelles. Nous sommes ici à un niveau profond et collectif auquel l'individu ne peut que se plier.

Nous parlons communément de « principe de réalité » pour rappeler à chacun que « tout n'est pas possible », qu'il faut « se rendre compte de ce qui nous entoure ». L'expression est fort bien choisie. La réalité est un principe mental. Une loi qui avance sans considérer les différences et qui s'applique à tous sans exception. La mission du processus n'est pas de respecter les singularités, les nuances et les situations, mais de mettre l'individu et le collectif au pas quoi qu'il en coûte. Édicter, filtrer, surveiller. Les relations entre les individus sont médiatisées par une mentalisation panoptique qui ébranle et raidit le corps social. La saturation, le découragement et la nervosité deviennent la norme. Et même si nous voulions sortir — par un impossible miracle — de cette grande roue, elle continuerait sa giration à l'intérieur de nous-mêmes. Le forçage de l'être a pénétré jusque dans la mémoire des cellules.

Modifier intégralement le réel n'est pas une mince affaire. Aller à contre-courant du Mouvement exige la mobilisation de toute l'énergie individuelle et collective. Le processus de modification s'appuie sur la fragmentation (analyse) et la recomposition du réel (synthèse). La fragmentation permet d'affaiblir le réel ; la recomposition d'assembler les nouveaux fragments de façon à créer et maintenir la contrainte. Si la tension baisse, les fragments reprennent leur cours naturel et le Mouvement revient. Impératif pour la fabrication de la Réalité : concurrence généralisée, embrasement global, guerre totale et permanente. La broyeuse ne laisse vacant aucun lieu, aucun temps libre, aucune trêve pour le cerveau et pour le corps. Le processus génère et multiplie les paradigmes de plus en plus rapidement : âges de pierre, de bronze, de fer, agriculture, élevage, détournement de l'eau, du vent, industrialisation, urbanisation, digitalisation, cybernétisation, etc. Cette inlassable activité aboutit à rendre invivable notre milieu humain (psychosphère) et naturel (mondocide).

Nihilisme

Derrière la réalité, examinons de plus près l'enjeu ontologique : en se détachant de la continuité du Mouvement, la compulsion instaure un commencement. En brisant l'indivisibilité, elle souffle aux hommes le mythe d'un créateur. Ce dernier a la capacité miraculeuse de produire quelque chose *ex nihilo*, ou à partir d'un matériel informe. L'homme se sent toujours plus misérable et sans défense à mesure qu'il attribue un pouvoir omnipotent au créateur. Plus il se met en bas, plus il place le créateur en haut. Rêvant des pleins pouvoirs, il finit par prendre le créateur omnipotent comme idéal. Le désir tendant vers cet idéal a pris diverses appellations, « démesure », « orgueil », « hybris », etc. L'homme bâtit donc son destin sur trois erreurs par lui-même imaginées : un créateur omnipotent, un humain impuissant, un idéal régulateur. N'ayant pas le pouvoir de créer ce qui est (le donné), l'idéal de toute puissance (omnipotence) se porte sur la façon de détruire (terreur) ce qui est (le donné). L'anéantissement absolu étant impossible, il devient un idéal. L'intérêt de l'idéal est que ne se réalisant pas, on tend vers lui de manière permanente. Quelle force peut soutenir une pression constante ?

Alimenter un désir perpétuellement insatisfait ? Mettre en place une contradiction qui aille contre l'être, pour le désaxer et le tourner vers le nihilisme ? La compulsion invente le devoir-être. Celui-ci exerce un détournement délétère qui exténue l'être jusqu'à une inertie qui, par la neutralisation du Mouvement, se rapproche du néant. La loi nihiliste, c'est le devoir-être, c'est-à-dire la tension inflexible et douloureuse vers l'anéantissement. Cette dynamique ontologique (ou habontologique) se traduit par une manière d'être au monde qui dégrade systématiquement le sentiment d'existence et s'applique méthodiquement à pourrir ce qui est. Ainsi la civilisation du mal-être.

— 3 —

Étant

Le terme *étant* se réfère aux philosophies fondées sur l'être inaccessible, mais capable de se manifester concrètement à travers ses étants. Pour ces ontologies, l'Être est considéré comme une entité invisible, immobile et éternelle, tandis que les étants en seraient la partie visible, changeante et mortelle. Selon le Mouvement, il n'y a pas de séparation entre le visible et l'invisible. Tout est changement. Les Mutations sont mortelles dans leur forme, mais immortelles dans la continuité : l'être, c'est l'étant. L'étant évoque de façon grammaticale l'évolution de l'infinitif vers le participe présent, ou pour mieux dire, une intensification de la participation à la présence. « Étant » signifie approfondissement de l'expérience du Mouvement. Les expériences de l'être et du non-être ayant été intégrées, elles se conjuguent vers le redéploiement du Mouvement. Il ne s'agit pas du bonheur, du nirvana ou du paradis. Il n'y a pas de disparition du plaisir et de la douleur, ni de réussite particulière, ni la venue de la bonne fortune ou celle d'un messie. Aucune proposition d'annulation du désir ou d'une vie sans souffrance. Nous avons besoin de toutes les émotions et motions pour la métamorphose. Accueillir ce qui arrive. Fin des calculs. Abandon du sacrifice et de la rétribution, du châtiment et du mérite, du fardeau et du bénéfice. Dégagement des valeurs pour un cheminement vers le rythme profond. Présence, qui s'étant extirpée du fantasme, des projections et de l'imaginaire, ressent avec vivacité ce qui est en train de se passer pour soi-même et dans le monde.

Existence

Le terme *existence* se réfère aux philosophies fondées sur l'essence dite « potentielle » qui se manifeste concrètement dans l'existence dite « en action ». Comme nous l'avons éclairci auparavant, selon le Mouvement, il n'y a pas de séparation entre la puissance et l'acte : l'essence, c'est l'existence. Lorsque nous sommes dans la présence de l'étant, notre sentiment d'existence s'étend et s'approfondit à la fois. La perception s'ouvre à la continuité du temps, de l'espace et de la singularité. Sentiment de présence qui excède les scissions entre la vie et la mort, entre les frontières, entre l'émotion et la raison. Histoire, territoire, situation ; tout apparaît de manière immédiate et intuitive. L'esprit accède à la cohérence des choses en deçà des catégories.

Une des grandes leçons du Mouvement est de faire ressentir que l'individu est, dans son existence même, lié à l'altérité. « Je est un autre. » Plus nous accueillons le flux continu, plus l'autre prend sa place en nous-mêmes. De manière concomitante, notre place dans l'autre et dans le monde émerge. Nul besoin de « se recentrer sur soi-même » ou de « faire du lien » entre l'autre et le je. Exister, c'est quand l'autre, soi et le monde apparaissent simultanément. Cette existence ne porte pas seulement l'altérité humaine, mais toutes les altérités. Étant issus de l'univers, nous sommes constitués de ses éléments. Le terme *existence* englobe tout ce qui existe sans discrimination ; animé et inanimé, humain et animal, végétal et minéral, onde et corpuscule. La véritable cohérence — et l'empathie qui l'accompagne — ne consiste pas seulement à s'écarter de l'anthropomorphisme, de l'immobilisme et de l'individualisme, mais consiste à abattre tous les murs qui divisent l'existence.

Transe-mutation

C'est ainsi que notre dernier terme est celui de *transe-mutation*. Nous plongeons dans l'alchimie. Toutefois, le « e » que j'ai ajouté à « trans » donne un autre éclairage. L'alchimie, aussi ancienne que l'homme, n'est pas un long fleuve tranquille. Elle porte plusieurs tendances complexes et contradictoires. La science considère l'alchimie au mieux comme une proto-chimie, au pire comme un obscurantisme. Pourtant, nous retrouvons tous les idéaux visés par la technoscience moderne : médication absolue, surhomme, clonage, immortalité, technocratie, élitisme, maîtrise, méthode, pouvoir. Rappelons en effet les grands buts alchimiques : 1) Maîtriser les transformations de la matière grâce à la fabrication de la pierre philosophale devant mener au Grand Œuvre à travers plusieurs « phases » ayant pour objectif de transformer le plomb en or. 2) Guérir de tous les maux grâce à la Panacée. 3) Transformer l'humain en surhomme à l'aide de l'Ars Magna, et créer de petits Homoncules ou des Golems géants pouvant servir d'esclaves. 4) Obtenir la vie éternelle accompagnée de l'éternelle jeunesse grâce à l'Élixir d'immortalité. 5) Pénétrer les lois universelles de la matière à l'aide de la théorie hermétique fondée sur les symboles.

Parallèlement, l'alchimie propose une véritable approche énergétique. Les alchimistes constatent que la matière est une énergie qui se métamorphose. L'énergie est un continuum en mutation qui donne une variété infinie d'éléments. Lavoisier, le père de la chimie, ne dit pas autre chose quand il reprend du penseur Anaxagore le principe de conservation de l'énergie : « Rien ne se perd, rien ne se crée, tout se transforme. » Si nous laissons de côté les idéaux de pouvoir, ainsi que le système rationnel d'analogie entre le microcosme et le macrocosme, nous voyons se dessiner une ébauche de Mouvement. C'est ici que le « e » prend tout son sens. Le mot ne se rattache plus à *trans* signifiant « aller au-delà » qui renvoie à la sublimation alchimique et spirituelle, mais à *transire* signifiant « mourir, passer ». Nous passons du registre de l'idéal à celui de l'existence. Nous avions parlé de la transe comme un état d'inspiration. Précisons cet état : la transe reconnecte au réel, mais à travers la réalité. Cette reconnexion va interrompre le processus rationnel à l'intérieur de la personne en transe. Cette mort sera suivie d'une résurrection. Non pas celle de Jésus qui vient nous laver de nos péchés anciens, mais celle du phénix qui renaît et retrouve ses forces vitales en mutant la matière non biologique (les cendres) en matière biologique (le corps vivant). La personne en transe passe les étapes vertigineuses de l'ontogenèse ; de l'animé à l'inanimé à l'animé, du plus complexe au plus simple au plus complexe, de la vie à la mort à la vie, etc. La transe — comme expérience inspirée par la continuité du flux — réceptionne les forces du changement et retrouve la vitalité. Se délestant des perversions mentales, des angoisses de la distinction et de l'effroi qui voudraient que les cendres et le cadavre soient abjects, elle reconnaît en toutes choses l'agent vital du changement.

Si l'existence abrite en elle-même toutes les altérités et que celles-ci sont en interconnexion, alors la transformation de soi a naturellement une résonance dans le tout. Il n'est plus nécessaire de suivre les commandements de la compulsion et de s'entêter dans le forçage de l'être. Fin du devoir-être, du travail, du stress et de la volonté. Transe-muter veut dire se départir de l'intention de changer quoi que ce soit. La transe-mutation, c'est la connexion au Mouvement sans rien y ajouter. Cela se rapproche de ce que les anciens Chinois taoïstes nommaient *wu wei* (« non-agir »). Cette notion ne suggère pas un simple détachement, mais une attitude de disponibilité qui permet de rejoindre sans effort les fluctuations de l'énergie et de la nature (le *Tao,* « la voie »). Ce n'est pas qu'il faille ne rien faire, c'est qu'il faut mourir au devoir-être qui somme de faire toujours plus. Ce n'est pas qu'il faille se retirer du monde, c'est qu'il faut cesser de chercher à maîtriser le monde par son intervention. Onto-expérience : s'extirper du nihilisme pour se réengager au monde. Retrouver la poésie de l'existence en suivant l'écoulement de l'action créatrice.

ENTRACTE

La science, la religion et la philosophie sont tombées d'accord : le sens commun n'a pas accès à la vérité. Selon elles, il faut se distancier de la perception qui est trompeuse. Ces siècles de dissociations répétées ont fait que l'instinct, le bon sens, l'évidence, la spontanéité sont devenus suspects. Cette démarche nous a précipités dans un univers où la vérité s'est confondue avec le virtuel, et où toute personne se rapprochant du Mouvement est considérée au mieux comme pathologique, au pire comme terrifiante. Ce livre est, de ce point de vue, sans aucun doute, un acte barbare. Mon professeur de français, latin et grec au lycée donnait une origine particulière à ce mot, que je n'ai retrouvée nulle part, mais qui convient parfaitement à mes propos. Il disait que le barbare désignait chez les anciens Grecs les peuples qui n'appartenaient pas à la civilisation. Indifférents au logos, ces étrangers n'étaient capables que de charabia, d'onomatopées, de bruit et de grognements. Les Grecs avaient donc assimilé le langage incompréhensible de ces étrangers aux cris des oiseaux qui faisaient *bye bye* à leurs frontières, d'où le mot *blabla* puis *barbar*. Le mot *barbare* — et qui sait, tout mon texte — n'est peut-être au fond que le gazouillement espiègle d'un petit oiseau qui nous rappelle à nous-mêmes.

Au terme de ce chapitre, l'« Art de la pensée », tout est déjà dit. Du moins en surface. La suite de l'ouvrage déploiera ce qui vient d'être dévoilé. Pour ce faire, nous suivrons les trois expériences ontologiques (être, non-être, étant) à travers les Cinq Corps (Soi, Autre, Groupe, Nature, Monde). Je vous réserve cependant deux surprises.

En premier lieu, les Cinq Corps ne se seront pas abordés de manière conceptuelle, mais à travers de courts récits de la vie quotidienne. Cette chute dans la « réalité » est le meilleur moyen pour ressentir si la pensée du Mouvement est une lubie métaphysique inutile, ou si elle peut nous parler de notre quotidien *hic et nunc*. Le cinquième Corps (Monde) se présentera sous forme d'un vade-mecum qui donnera les clefs de l'expérience ontologique en question.

En second lieu, contre la logique philosophique qui voudrait que nous ouvrions le bal avec l'expérience de l'être, nous ferons nos premiers pas de danse à partir de la réalité abrupte, celle dans laquelle nous nous trouvons tous plus ou moins enlisés : l'expérience du non-être. Cette dernière évoluera vers celle de l'être, puis s'épanouira avec celle de l'étant.

N.B. : *Je mettrai progressivement une majuscule aux termes fondamentaux de la pensée du Mouvement. Les mots étant polysémiques, les Majuscules seront omises lorsqu'il n'y a aucune référence à cette pensée en particulier, ou lorsqu'ils sont employés autrement que comme des noms communs. Par exemple : avec majuscules, « Les Cinq Corps du Monde qui sont de nature continue sont liés au Mouvement et à ses Mutations de l'Énergie » ; sans majuscules, « Avec une énergie intense, ils commencèrent leur combat dans un corps à corps tumultueux devant un parterre plein de monde qui semblait opérer une mutation entre des personnes normales et un public enragé ».*

ART DE LA VIE

L'EXPÉRIENCE DU NON-ÊTRE, RÉALITÉ, NIHILISME

Absence du Mouvement : comment le refus du Mouvement nous rend malheureux, fous et destructeurs

PREMIER CORPS : SOI

Misère dans la nuit

Sarah se réveilla brutalement au milieu de la nuit. Elle transpirait et éprouvait un mal de crâne insoutenable. C'était toujours le même rêve qui revenait depuis l'adolescence — plus exactement depuis que sa mère s'était remariée avec cet horrible énergumène. Elle rêvait d'une ombre qui s'approchait d'elle et qui, sans même la toucher, l'étouffait par sa seule présence. Toujours la même sensation de mourir. Elle en parlait depuis des années à sa psy. Elle n'avait toujours pas trouvé la figure que représentait cette ombre. Ils y étaient tous passés : son père, sa mère, son grand-père, sa grand-mère, sa sœur, son frère, son oncle, sa tante, son professeur, ses copines, tous… même Zoé. Elle reprit ses esprits. La douleur des bleues sur son épaule se fit sentir. Quand Zoé partait en *live*, elle avait appris à se recroqueviller pour se protéger le visage. Après une dispute mémorable, Zoé avait foutu le camp au milieu de la nuit en claquant la porte de toutes ses forces, sans même prendre son portable. Depuis qu'elles avaient décidé d'avoir un enfant et de déménager, les conflits dégénéraient de plus en plus rapidement. Qui allait porter l'enfant ? Fallait-il déménager hors de la ville, ou dans la ville ? Un jour, à cause d'une plainte commune des voisins, la police était venue sonner à leur domicile, « on a un signalement ». Elles avaient compris qu'il faudrait essayer de se calmer, autrement il y aurait une pétition dans l'immeuble. Sarah n'en disait rien à ses amies. Elle savait qu'elle aurait droit à des leçons de morale et à des conseils juridiques à qui mieux mieux. Sa psy avait le mérite de rester silencieuse. Sarah était prise dans un conflit intérieur particulièrement contradictoire. Elle ne supportait pas la violence de Zoé, et en même temps, cette violence à son égard, ça la rassurait. C'était le signe qu'elle avait un impact sur Zoé ; une preuve de non-indifférence. Et puis, elle voyait que sa compagne souffrait. Elle voyait l'enfant que les parents n'avaient jamais regardée, l'enfant qui ne savait plus comment exprimer son désespoir. Cette enfant sur laquelle les parents projetaient leurs désirs de reproduction sociale et qui croyaient « contribuer à l'amélioration du caractère colérique » de leur « fille adorée » en la couvrant de cadeaux, d'argent et de propriétés. Sarah avait une compréhension, une empathie, un amour qui lui faisait tout accepter. Elle avait le sentiment de sauver Zoé d'une malédiction. Toutefois, elle sentait qu'elle-même expiait une faute. Elle avait l'impression de mériter cette violence qu'elle prenait comme une punition. Elle n'en disait rien à Zoé qui lui aurait immédiatement hurlé à la face qu'elle faisait « encore sa victime », afin de rester au centre de l'attention et de prendre de l'ascendant. Il est vrai que cette tendance s'était envenimée depuis qu'elles avaient testé le « couple libre ». Sarah avait accepté cette configuration pour faire plaisir à Zoé, et aussi parce qu'elle était convaincue que « ça pourrait être cool », d'autant plus que c'était devenu une mode. Le « polyamour », le « non-binaire », le « pansexuel », la « non-possession » étaient devenus presque des mots d'ordre. Mais quand elle vit sa compagne embrasser une autre, Sarah s'écroula au milieu du bar, emportée par un moment de panique qui dégénéra en crise d'épilepsie. Après une période trouble, elles suivirent une psychothérapie de couple. Elles réussirent à « résilier », notamment grâce au projet d'enfant et de déménagement. Mais rapidement, Sarah partit en roue libre. Elle imaginait Zoé dans toutes les situations et positions, plus horripilantes les unes que les autres. Elle était rongée par la jalousie et la possession. Son amour-propre en prenait un coup ; elle détestait se voir ainsi. Elle en connaissait tous les ressorts, puisqu'elle avait subi de la part de son ancien mari le même genre d'obsession de la surveillance — ce qui s'était soldé par un divorce. Et voilà que maintenant, c'était elle qui se mettait à regarder les messages dans le téléphone, à écouter la moindre parole pour déceler des mensonges, à scruter le comportement pour flairer le changement. C'était intenable de se retrouver dans tous les rôles selon les moments : inquisitrice, victime, sauveuse. Elle qui était aux premières loges pour dénoncer « l'oppression masculine », c'était angoissant de retrouver les mêmes névroses dans son couple. Résultat des courses : elle était là, toute seule, en sueur, au milieu du lit, avec un énorme mal de crâne, en train d'imaginer à chaque seconde ce que faisait Zoé. Elle décida de prendre des médicaments. Au moment où elle étendit sa main, le mal de tête redoubla. « Mince », se dit-elle, « Trop de drogue… maudit tournage… impossible de tenir sans les substances… stress… partout, tout le temps… je ne veux plus faire la productrice exécutive… fin… pourtant j'ai lutté dur pour ce poste… pas possible… il nous faut du flouze… surtout avec la maison… et cette production qui ne veut rien lâcher… la réal' complètement mégalo… les autorisations qui prennent du retard… les techniciens qui exigent leurs salaires… » Sa résolution fut prise : un somnifère, un anxiolytique, un antidépresseur, « pas de chichi : j'ai la bénédiction de mon médecin ». Elle eut un instant d'hésitation. Elle se leva pour se diriger vers le filtre à eau high-tech dernier cri, « quatre mille euros pour avoir de l'eau pure, sans branchement électrique, autant en profiter ». Elle avala les pilules, s'affala dans son lit et attendit que Morphée daigne l'emporter.

Une nuit de misère

Zoé courait au milieu de la nuit. Elle s'en voulait à mort. À mort, comme chaque fois qu'elle sortait de ses gonds. C'était plus fort qu'elle, cette montée de violence. Comme si elle s'évanouissait. Elle aurait voulu avoir la placidité de Sarah qui vous tuait avec des insinuations, des sourires narquois, des haussements de sourcils. C'est avec une terrible jalousie qu'elle se disait, « c'est grâce à cette maîtrise du politiquement correct que Sarah a obtenu son poste de responsabilité et d'argent dans le cinéma ». Mais pour Zoé, la colère venait de trop loin. Le contrôle devenait impossible. « Et encore, j'ai de la chance, se disait-elle, si j'avais été un homme, elle m'aurait dénoncée direct. Remarque, ça n'a pas empêché les voisins de nous signaler : "on bat une femme" qu'ils ont dit à la police… comme ça… sans rien savoir… juste parce que de temps en temps… on vient troubler le silence des ménages… bande de lâches. Quand leurs mômes se sont mis à hurler, j'étais bien contente de leur crier : "eh, on tue un bébé !" Évidemment, Zarah n'a pas apprécié… on s'est encore pris le chou… on est trop stressées en ce moment. » Elle courait de plus en plus vite, mais avec une parfaite régularité. Elle avait eu le temps d'enfiler sa combinaison totale en fibre végétale recyclable, de prendre une bouteille d'eau et de mettre son Apple Watch. Pas de portable. Elle savait que Sarah voudrait l'appeler, « le silence est la meilleure punition que l'humain ait trouvée », se dit-elle. « Elle va se faire des films… très bien… j'ai quand même du mal à avaler la monogamie obligatoire… quand je lui ai dit qu'il faudrait mettre en grosses lettres dans notre contrat de mariage "liberté !", elle a commencé ses jérémiades : "Tu me blesses, tu massacres mon narcissisme déjà si fragile, s'il te plaît, fais ce que tu veux, mais pense à moi", y a de quoi devenir folle… » Elle en était déjà à 8 330 pas. Depuis qu'elle était punk-vegan-hardcore, elle s'entraînait tous les jours. Il fallait prouver à tous ces mangeurs de viande morte et pleine de souffrance qu'une femme vegan pouvait enchaîner les triathlons. C'était réussi. Tous respectaient la discipline de fer dont elle était capable. Sauf ses parents, qui y voyaient une critique de leur mode de vie qui en était resté au végétarisme. C'était vrai, cela faisait partie de la claque qu'elle voulait leur mettre depuis petite, en espérant les réveiller de leur confort égoïste. Le pire, c'est qu'elle ne pouvait plus s'en détacher de ce confort. Ces parents l'avaient coincée en la rendant dépendante. Elle n'arrivait pas à partir de ce milieu qu'elle détestait. Elle avait conscience de cette emprise. Ce piège familial, dans lequel elle croupissait, la mettait hors d'elle — avec de nombreux moments d'abattement et de tristesse sans fond. Elle accéléra le pas. Elle passait sur les grandes avenues. Sa respiration était toujours régulière. Ça, au moins, elle maîtrisait. « Mais aussi… », se dit-elle, « la situation est pourtant simple… la plus jeune porte l'enfant… la plus jeune, c'est moi, donc : je porte l'enfant… point final ! Et après, elle me sort toujours les mêmes trucs… fascisme, famille persécutée, jeunisme, inégalité, conscience de soi, victimisation… et mon prétendu infantilisme… faut arrêter… c'est pas éthique tout ça… c'est biologique ! » Elle accéléra encore le pas, toujours avec un contrôle parfait de sa cadence. 10 500 pas. Elle allait dépasser son record de temps/distance. Pour faire descendre la bile, elle enchaînait les gestes de boxe qu'elle avait appris dans son nouveau cours de sport pour femmes. « Et puis cette maison hors de la ville… facile… elle travaille comme une tarée… faut voir dans quel état elle revient… drogue et médocs à gogo… bon… j'ai dû faire appel au Xanax dernièrement… aucune possibilité de m'arrêter trois mois… tous les jours l'entreprise, l'équipe, l'écran… avec ces idiots qui se croient uniques et qui donnent des leçons… parce que nous sommes “*start-up*, *flex office*, *coworking*, murs végétaux et qu'on prend les nouveaux marchés”… et dire que c'est moi qui aie lancé l'idée de convertir notre plateforme médecine douce en plateforme pour gérer les assistances familiales… même pas une belle prime en plus ! » Elle avait dépassé son record. Elle se sentait belle, forte, inspirée ; en pleine maîtrise d'elle-même. Elle s'engouffra sur le pont avec un intense sentiment de libération. « Ça ne lui suffit plus la belle maison, les beaux quartiers, le tourisme périodes creuses… il faut que madame sorte de la grande ville… “les gens” sont incivils, irrespectueux, individualistes… pour le futur bébé, il faut du calme, des écoles alternatives et des sentiers pour randonner… mais Sarah… la vie, c'est total guerre… c'est sauvage… faut être au top… tu le sais en plus… la nature ça va compliquer les choses… » Elle se sentit glisser sur le trottoir au milieu du pont. Son corps partit violemment en arrière. Elle tenta de se rattraper, mais son pied se coinça dans une bouche d'égout. Il y eut un horrible craquement. « Putain, merde, je me suis cassé la cheville ! » Elle regarda autour d'elle : elle aperçut une personne au loin. Après avoir filmé la scène, celle-ci disparut en mode furtif. Zoé mit la main dans sa poche : aucun portable. Son Apple Watch avait volé et s'était perdue dans les eaux noires du fleuve. Elle eut un sentiment d'immense injustice. Pas le choix : elle commença à ramper sur le pont. Elle passa le reste de la nuit à claudiquer pour rentrer chez elle.

DEUXIÈME CORPS : L'AUTRE

Une dure négociation

Au milieu du salon, Zoé broyait du noir. Triple fracture du pied et de la cheville. Deux mois sans bouger. Elle détestait être immobilisée et dépendante de quelqu'un — fût-ce de Sarah. Elle subissait le rythme des voisins, notamment des bébés en bas âge qui lui cassaient les oreilles. Elle se retenait pour ne pas envoyer des salves de mauvaise humeur et se réfugiait dans le smartworking *avec un casque sur la tête. Sarah entra dans l'appartement.*

SARAH — Bonjour ma chérie, j'ai pris de quoi manger, les antidouleurs avec quinze jours d'avance, les somnifères, et tout plein de Xanax spécialement pour toi. Et surtout, je t'ai acheté un beau gilet, une statuette indienne du XVIIIe siècle et une jolie plante verte.

ZOÉ — Tu te rends compte que ça fait quinze jours que tu remplis la maison de plantes vertes ? Bientôt il n'y aura plus de place pour nous.

SARAH — Le vrai problème, ce ne sont pas les plantes, c'est qu'on n'a pas assez de place.

ZOÉ — Je te vois venir, « ce serait tellement beau de déménager à la campagne dans une grande maison où il y a assez de place pour nous plus les plantes vertes ».

SARAH — Tu travailles trop, ma chérie. En fait, depuis que tu es alitée, tu travailles de plus en plus sur les écrans. Tu donnes trop de ton temps à l'entreprise. Tu dors trois heures par nuit, alors que tu ne devrais même pas travailler parce que t'es malade ! C'est une drogue. Tu fuis dans le virtuel.

ZOÉ — C'est toi qui ne veux pas voir en face la réalité biologique !

SARAH — Écoute, mon cœur, on a toutes les deux envie de faire l'expérience de la maternité. Pourquoi seulement toi ?

ZOÉ — Tu sais très bien pourquoi. Même sur le don de sperme, on n'est pas d'accord. Il n'est pas question de porter l'enfant de ton vieil ami Marc. Tu fais trop dans le sentiment. On va à la banque, comme tout le monde. On choisit, on féconde. Je prends les hormones nécessaires. Je porte, j'accouche. Simple. On est heureuses. *End of the story*.

SARAH — Marc est le seul homme en qui j'ai confiance. Il nous connaît depuis longtemps. C'est chic de sa part de proposer cela. En plus avec Antoine, ils adorent l'idée de faire les papas de temps en temps. C'est quand même mieux que d'aller dans une froide banque capitaliste.

ZOÉ — Tu vois des problèmes dans le capitalisme seulement quand ça t'arrange… Et Marc, c'est ton ami, pas le mien : je me sens colonisée. Tu dois toujours envahir l'espace de l'autre.

SARAH — Tout doit être selon ton envie, ton bon vouloir, ta vision ! Tu es une grosse égoïste. On a qu'à prendre une mère porteuse, au moins là, on sera à égalité !

Zoé eut un violent mouvement dans le corps. Instinctivement, elle essaya de se lever de son fauteuil. Sarah recula et se protégea le visage.

SARAH — Les voisins vont porter plainte ! Et tu vas te casser l'autre pied.

ZOÉ — Toi aussi quand ça ne se passe pas comme tu veux, tu es odieuse ; tu respires la frustration !

SARAH — En même temps, c'est pas rassurant de te voir sur la nouvelle appli genre Tinder.

ZOÉ — Quoi ! Tu regardes dans mon téléphone !

SARAH — Pas du tout, je suis tombée dessus par hasard… je voulais regarder l'heure pour la cuisson et j'ai vu des messages apparaître… des messages d'hommes… en plus des hommes… mince Zoé… pas ça…

ZOÉ — Ahahah… t'es pas bien dans ta tête… ce sont des pseudos, ahahah… et je n'ai pas de justification à te donner ! C'est incroyable comment tu retournes les situations !

Sarah — Tu me trompes, Zoé ?

ZOÉ — Oui, depuis quinze jours… je vais gambader dans les prés… en tout cas, j'en rêve !

Sarah — Tu es méchante, tu ne cherches même pas à me rassurer ! Tu n'essayes même pas de me comprendre ! Rien… tu es dure… comme ta mère !

ZOÉ — Va te…

SARAH — Les voisins !

ZOÉ — Voilà pourquoi je préfère la compagnie de mes écrans !

SARAH — De toute façon, le bébé : c'est moi qui paye, c'est moi qui décide.

Il y eut un grand silence. Sarah savait que la soudaine froideur de Zoé signifiait qu'elles entraient dans la zone de rupture.

ZOÉ — Je crois que tu vas faire un bébé toute seule.

Sarah partie en courant dans la cuisine. Après un long moment, elle revint.

SARAH — Excuse-moi, je suis désolée. J'ai une proposition. Bon, OK pour que tu portes l'enfant. Mais en échange : on prend le sperme de Marc, on part de la ville, et le prochain, c'est moi qui le porte.

ZOÉ — Ah… enfin un peu de bon sens… Alors : Marc, c'est pas possible. La banque ou rien. OK pour la campagne, mais pas en dehors de la région.

SARAH — Ça marche. Alors le père doit avoir un très bon CV. Ça doit être une fille. Et je choisis la couleur des yeux et de la peau. Et pour le prochain, c'est d'accord ?

ZOÉ — Une fille évidemment, le bon CV OK, de toute façon, c'est toi qui raques comme tu dis si bien, la couleur des yeux et de la peau, ça se discute.

SARAH — Et pour le prochain ?

ZOÉ — Oui, mais à condition qu'on revienne en ville.

SARAH — C'est d'accord ! Je vais me renseigner sur toutes les cliniques et les procédures ! Youpi !

L'atmosphère se détendit. Zoé remit son casque et Sarah fila acheter de nouvelles plantes vertes.

Résultat des courses

Zoé en tenue de sport est recroquevillée sur le sofa. Sarah, qui revient du travail, entre dans le salon.

SARAH — Nouveau tournage... du fric mais avec l'enfer... ça va être dur... qu'importe... c'est notre jour à nous, Zoé ! Comment s'est passée l'insémination ? Mais... qu'est-ce que tu as ?

ZOÉ — C'était horrible. Je ne me fais pas aux piqûres. Mais cette fois, j'ai compris pourquoi.

SARAH — Ah, et pourquoi ?

ZOÉ — Ça me ramène au fait qu'on nous prend pour des objets, surtout nous, en tant que femmes. Nous étions dix femmes à attendre. Du début à la fin, j'ai eu l'impression d'être du bétail, et pourtant la doctoresse était super rassurante.

SARAH — Nous sommes des animaux fragiles qui ont besoin du coup de pouce de la science. Et vu ce que la science nous fait gagner, ça vaut bien les désagréments. Et encore, c'était pire avant.

ZOÉ — Je partage... mais ça n'enlève pas mon sentiment de bétail... du coup... ça m'a ramenée à cette horrible histoire... quand je me suis fait harceler au lycée par les mecs de ma classe... tu te souviens, je t'ai raconté... et tu sais jusqu'où c'est allé... et la proviseure qui a couvert cette sale affaire pour ne pas entacher la réputation de son lycée. Tout ça a ravivé la sensation du viol.

SARAH — Ah mince, c'était pas le but. Mais regarde, nous c'est tout le contraire : libre, éclairé, consenti et désiré.

ZOÉ — Je partage… mais ça n'enlève pas ma sensation… du coup, ça m'a ramenée encore plus loin… et ça, c'est la première fois… J'ai compris que ma mère, en me couvrant de cadeaux pour justifier ses achats compulsifs, de cours particuliers pour me former, de pistons pour réussir dans ma vie professionnelle, de conseils pour bien me conduire et éviter les mauvaises fréquentations, ça avait contribué… à effacer mon père.

SARAH — Qui l'a bien voulu…

ZOÉ — Oui, je sais bien… et je lui en veux à mort pour ça… Sauf que j'avais pas vu l'autre côté : que ma mère faisait, et fait encore, tout pour m'éloigner de mon père. Ce sont des dynamiques malsaines de couple… des jalousies larvées… des revanches non dites… non seulement ma mère s'en fout de qui je suis vraiment, mais en plus elle fait écran avec mon père… Elle le méprise en le considérant comme un enfant handicapé.

SARAH — Ce qu'il est…

ZOÉ — C'est ça le pire… plus elle le contrôle, plus il s'infantilise…

SARAH — Et ça lui plaît : c'est confortable.

ZOÉ — Et voilà… on s'est tous fait prendre dans le confort… ma mère : la reconnaissance sociale et le contrôle… mon père : l'enfant roi égoïste et irresponsable… et moi : la furieuse qui s'automutile… j'ai compris que la piqûre, c'est toute cette force qui m'injecte de l'autre… alors que je ne sais même pas qui je suis…

Zoé fondit en larmes.

SARAH — Justement, ce sera l'occasion d'avancer ensemble pour dépasser ça. Et il vaut mieux des parents qui s'occupent un peu de toi, même mal, plutôt que l'autoritarisme patriarcal. Tu sais, ma mère elle s'en foutait royalement de moi, tellement elle était déprimée. Et la pauvre, il y avait de quoi avec mon père qui gérait à l'ancienne, sans se poser de questions. Facile : le meilleur pour les frères et les basses tâches pour les sœurs. Ne rien dire et obéir. Les filles, c'étaient *a priori* hystériques et aux crochets des hommes. Tout était décidé à l'avance, avec des certitudes d'acier et des mots toujours durs et méprisants. Et ça : tout le temps. Tu imagines l'atmosphère de peur et d'humiliation du trauma. Et l'homme qu'elle a retrouvé, après un pénible divorce, c'était pas mieux. Mon petit frère a fini par se supprimer. Moi, j'ai mis un temps fou pour m'en sortir, et mon mari c'était le comble de la reproduction du traume. Le pire, c'était la simulation au lit pour le faire sentir viril… des heures de simulation… quelle horreur !

ZOÉ — Tu m'étonnes. Heureusement tu m'as rencontrée…

SARAH — Oui, j'ai pu divorcer et là, je me suis dit que jamais plus un homme ne me dominerait ! Ni physiquement, ni moralement, ni financièrement. Indépendante ou mourir !

ZOÉ — Il ne faut pas qu'on reproduise ces mêmes schémas.

SARAH — Sûrement pas. Déjà on réussit à s'entendre, à communiquer. On a passé un bel accord entre nous pour les conditions de naissance. En plus, on a choisi des gènes solides. Et puis, j'ai regardé pour l'accouchement sans douleur. J'ai déjà décortiqué les meilleures nounous et les microcrèches alternatives avec un projet pédagogique fondé sur l'éveil positif du bébé. C'est cher, mais il ne faut pas hésiter pour lui donner les meilleures chances dans la vie. Tu vas être une maman parfaite ! Tiens, les déménageurs arrivent. Une nouvelle vie encore plus indépendante !

TROISIÈME CORPS : GROUPE

Pas ici pour faire de l'art

SARAH — (Au téléphone) Bonjour Agnès, comment allez-vous ?

AGNÈS — Très bien, et vous-même ? Qu'est-ce qui me vaut un appel de si bonne heure, que du bonheur j'espère ? Comment avance mon film ?

SARAH — Eh bien justement, je vous appelle parce qu'on a un problème avec la scène au Palais-Royal à Paris.

Agnès — Ah, c'est bien dommage, c'est une très belle scène pourtant… qui me compte trois cent mille euros la journée.

Sarah — Je sais bien… mais… en fait… la réalisatrice dit que la scène est… à jeter aux ordures.

Agnès — Pourquoi ?

Sarah — L'actrice aurait fait « une drôle d'expression ».

Agnès — Vous vous foutez de moi. Trois cent mille euros en l'air pour « une drôle d'expression » ! C'est une plaisanterie, j'espère, Sarah ? ! Parce qu'elle est de très mauvais goût !

Sarah — J'ai essayé par tous les moyens de la convaincre de conserver la scène et de l'améliorer en post-prod, mais rien à faire, vous la connaissez, elle préférera bouder et ralentir le film que de revenir sur sa décision. Tout ralentissement, c'est au moins cent mille euros par jour.

Agnès — Je sais tout mieux que vous, Sarah : c'est moi qui débourse ! Vous avez dû vexer notre réal', et là, c'est foutu. Vous avez géré comme une débutante Sarah, un pied nickelé ! Vous êtes inutile !

Sarah — Je suis vraiment désolée, Agnès, je sais.

Agnès — Non, vous ne savez rien !

Sarah — Oui, je sais… enfin… non… je ne sais pas… mais il va donc falloir refaire la scène ailleurs.

Agnès — Vous êtes pleine de ressources, Sarah : bien sûr ailleurs ! On va pas en refaire une à trois cent mille euros « la drôle d'expression » ! Cinquante mille je vous lâche, cinquante, et pas un de plus. On n'est pas ici pour faire de l'art, Sarah, c'est du sérieux là : il y a trente millions en jeu. Je ne veux plus vous entendre, sauf pour de bonnes nouvelles !

Sarah — Merci Agnès, mille mercis, vraiment.

La productrice avait raccroché avant même les remerciements de Sarah. Cette dernière fit un étrange soupir, à la fois de soulagement, d'abattement et de fébrilité.

Sarah — Justine ! Venez vite, il faut réorganiser la scène !

Justine — Oui, madame.

Sarah — Vous avez reparlé à la réal' pour la post-prod ?

Justine — Oui, mais rien à faire, je ne sais pas comment m'y prendre…

SARAH — Je sais tout mieux que vous Justine, c'est moi qui répartis l'argent ! Vous avez dû vexer notre réal', et là, c'est foutu. Vous avez géré comme une pauv'fille Justine, un piaf qui sert à rien ! Les gens comme vous, ils font pas long feu dans le métier, j'vous le dis pour votre bien !

JUSTINE — Je suis vraiment désolé Sarah, je sais.

SARAH — Non vous ne savez rien !

JUSTINE — Oui je sais... enfin... non... je ne sais pas... il va donc falloir refaire la scène ailleurs.

SARAH — Vous êtes d'une originalité sans pareille Justine : bien sûr ailleurs ! On va pas en refaire une à trois cent mille euros « la drôle d'expression » ! Dix mille, la productrice nous a lâchés, dix mille, et pas un de plus ! On n'est pas ici pour faire de l'art, Justine c'est du sérieux là : il y a trente millions en jeu. Vous êtes encore là Justine, mais allez donc organiser cette nouvelle scène avec la réal' ! Allez oust, je ne veux plus vous voir, sauf pour de bonnes nouvelles !

Au moment même où elle raccrocha, un autre portable sonna.

SARAH — Didier, mon chef op préféré ! On a l'autorisation et dix mille balles pour refaire la scène, mon chou !

DIDIER — Ah ben, ça c'est cool, parce que l'actrice principale vient de quitter le plateau en menaçant de ne plus revenir.

SARAH — Quoi ! C'est la meilleure celle-là : elle nous coûte sept mille par jour la princesse. Qu'est-ce qui s'est passé ?

DIDIER — Accroche-toi, parce qu'on a tous eu du mal à suivre. La fin de la scène d'amour où l'héroïne s'assoit, et qu'on voit son épaule se dégager, a été confiée au premier assistant réal', et c'est un homme, tu sais.

SARAH — Compliqué.

Didier — Eh bien, ça n'est pas bien passé entre l'assistant et l'*intimacy manager*[1] qui demandait à tout le monde de se mettre de dos pour

[1] L'*intimacy manager* est un membre d'une équipe de cinéma qui veille à la protection de l'intimité des acteurs et actrices qui participent à des scènes de sexe ou à d'autres scènes intimes.

détourner les yeux et regarder la scène d'amour sur les écrans. Sauf que l'assistant a dit qu'il ne pouvait pas se rendre compte de la scène en regardant sur l'écran, et qu'il ne pouvait faire passer aucune émotion si l'*intimacy manager* s'interposait chaque fois en faisant l'aller-retour entre lui et l'actrice pour passer les recommandations scéniques.

SARAH — Compliqué.

DIDIER — Ça ne s'arrête pas là, Sarah. Le *covid manager*[2] demandait chaque fois à l'*intimacy manager* de mettre un nouveau masque pour éviter les risques de contamination, car on a eu des cas déclarés avant-hier. Du coup, l'*intimate* s'est pris le chou avec le *covid*.

SARAH — Compliqué.

DIDIER — Le *green manager*[3] est venu dire au *covid manager* qu'à ce rythme-là, avec tous ces masques non recyclables, on participait à la dégradation de la planète et qu'il en parlerait à sa direction, si on ne changeait pas d'orientation.

SARAH — Compliqué.

DIDIER — L'actrice, qui était à moitié dénudée, a eu le malheur d'éternuer. Tout le monde s'est immobilisé en la scrutant. Et là, elle s'est rhabillée et elle est partie en hurlant, « vous êtes tous des malades ! Je me tire d'ici ! »

SARAH — Compliqué. OK Didier, je te rappelle dans cinq minutes.

Quand elle raccrocha, elle se mit à rire nerveusement pendant cinq minutes. Elle appela son médecin pour avoir une « ordonnance costaud » et Marc pour avoir « de la bonne, de la très bonne ».

---

2 Le *covid manager* est un membre d'une équipe de cinéma qui supervise la bonne gestion des normes anti-Covid et l'état de santé de l'équipe de tournage.

3 Le *green manager* est un membre d'une équipe de cinéma qui contrôle si les principes du développement durable sont suivis.

Investissements éthiques

Zoé était arrivée plus tôt sur son lieu de travail. Leur petite équipe attendait une nouvelle importante. Après avoir salué les stagiaires, les employés et les prestataires, elle arriva dans la salle de ses trois associés : Albert, un jeune homme de 30 ans, Johnny et Carla, un couple d'un âge incertain, tant ils avaient modifié leur aspect par des interventions de chirurgie esthétique.

JOHNNY — Ah parfait : vous voilà tous. Je tenais à vous dire que notre boîte ne fermera pas : nous avons obtenu le plus gros marché des nounous avec l'Ukraine !

Tout le monde sauta de joie en applaudissant. Johnny fit taire son public.

JOHNNY — C'est une très bonne nouvelle, mais il y a encore plus important : écoutez-moi bien, je vais vous dévoiler l'avenir !

Il regarda Carla qui minaudait. Il se mit torse nu, en mettant bien en évidence ses muscles gonflés et ses tatouages qui couvraient presque tout son buste. Il avança ses bras dont l'intérieur des poignets était rouge.

JOHNNY — Vous voyez ces rougeurs ? Ce sont les marques du sacrifice. Johnny : J comme Jésus. Le sacrifice au progrès ! Carla et moi, nous avons enfin reçu nos doubles implants sous-cutanés ! Plus de perte de vue, plus de tendinite au doigt, au poignet et au cou, plus besoin de pianoter des codes secrets qu'on oublie : mes cartes et mes applis en moi ! Je fusionne avec l'algorithme ! Je peux tout contrôler à partir de moi-même !

Les personnes de la salle d'à côté étaient venues se joindre aux associés qui regardaient, amusés, ce spectacle.

JOHNNY — Vous vous êtes souvent demandé pourquoi Carla et moi-même nous nous refaisons tout le temps le corps et le visage. Ce n'est pas seulement une question d'esthétique, même si ma femme reste éternellement jeune… mmmh, ma chère Carla… c'est une mission ! La mission de l'humain sur Terre de s'améliorer ! Et aujourd'hui avec le paquet d'tunes qu'on va se faire avec les nounous ukrainiennes, nous avons décidé de réaliser un rêve…

Zoé — Ben justement, en parlant argent, je trouve que vous avez été radin avec ma prime, parce que je vous rappelle que c'est moi qui ai eu l'idée de passer des médecines douces à l'accompagnement familial.

Albert — Je rappelle qu'une idée en soi n'est pas protégeable, et que l'esprit de notre start-up, c'est d'être tous au même salaire, sauf les employés, les stagiaires et les prestataires bien sûr… mais en fonction des bénéfices que nous ramène ce nouveau marché, nous pourrons éventuellement y repenser. En revanche, il me semble indispensable de rendre les conditions de vie de ces femmes plus décentes.

Johnny — Tout est légal !

Zoé — J'aimerais bien qu'on ne dévie pas la conversation…

Albert — Vous êtes tous d'un cynisme… quand même ces femmes quittent leur pays, leur famille et leur culture pour venir vivre ici, avec des inconnus, et munis d'un CDD à peine au salaire minimum ! Tout ça parce qu'à la base : elles n'ont aucune ressource dans un pays dévasté !

Zoé — Depuis qu'Albert s'est acoquiné avec une de nos aides familiales, il s'intéresse à la cause des femmes…

Albert — Des femmes qui ont de vraies valeurs !

Zoé se leva d'un coup prête à bondir.

Zoé — Ah ouais parce que pour gros macho, Sarah et moi, on a de fausses valeurs ! On n'est pas de « vraies » femmes ? On est des sorcières qu'il faut brûler ou lyncher ?

Johnny — Non, non, non, mes amis, aujourd'hui : trêve. Vous n'allez pas faire tous les jours un *remake* de la guerre entre les conservateurs et les révolutionnaires… comme je vous disais : il y a un rêve en cours de réalisation !

Toujours à moitié nu, il s'élança sur la table centrale et se mit à faire de grands gestes, tels qu'il s'imaginait les rhéteurs des temps anciens.

Johnny — Carla et moi-même, nous allons fabriquer un enfant… un enfant pas comme les autres… un enfant venu de l'espace… conçu par le génial esprit humain : un enfant doublement immaculée conception ! Nos jeunes cousins nous ont offert leur sperme, sperme que nous avons envoyé en Chine pour participer au premier enfant éprouvette…

sans utérus ! Oui, mes amis, vous avez entendu : sans copulation et sans utérus ! Ça n'en est qu'au stade expérimental, mais nous sommes fiers de contribuer à cette avancée qui va révolutionner notre espèce ! C'est le *nec plus ultra* de l'éthique : plus besoin d'employer de mère porteuse, plus de conflit de couple pour savoir qui portera l'enfant ! C'est l'égalité absolue entre les hommes et les femmes, entre les jeunes et les vieux, entre les fertiles et les infertiles ! Et tout cela en conservant l'espèce, sans douleur et sans déformer le magnifique corps féminin d'une terrible grossesse ! Le projet à terme est d'avoir une espèce améliorée unique et sans sexe ! Nous passons au-dessus des valeurs hétéropatriarcales, au-dessus de l'émancipation féminine et au-dessus des inégalités… l'animal, l'homme, la femme, le genre, le bi, le tri, le trans, le fluide, tous, ils n'étaient qu'une préparation pour l'homme nouveau… comme disait… (*il se tourna vers Carla qui lui souffla le mot*)… ah oui… comme disait Nietzsche… c'est… (*il se tourna encore vers Carla qui lui souffla le mot*) le, la, lea, trans… transubstan… transubstantiation de toutes les valeurs ! Je vous propose d'y penser posément pour nos prochains investissements après les nounous. Je ne prendrai aucune prime sur ce coup-là.

À part Carla qui jubilait, ils restèrent interdits et sans voix, tous, sans exception.

QUATRIÈME CORPS : NATURE

Retour à la nature

Sarah et Zoé se trouvent sur le pas de la porte de leur nouveau domicile en pleine campagne.

SARAH — Est-ce que, pour une fois, on peut entrer avec une autre musique que de l'électro ?

ZOÉ — Oui, mon amour, c'est ton jour.

Sarah active la musique à distance. Les Variations Goldberg *de J. S. Bach accueillent leur entrée. Elles font le tour du propriétaire.*

SARAH — Parfait, ils ont bien refait… bien repeint… la cuisine… la salle de bains équipée… le salon… les chambres… OK.

ZOÉ — Il faudra quand même ajouter les humidificateurs, les variateurs et les purificateurs d'air, les purificateurs d'eau, les détecteurs de fumée et de substances toxiques, les aspirateurs pour les poils de nos chats, sinon tes allergies vont exploser.

SARAH — Faut pas exagérer, on est à la campagne.

ZOÉ — Ouais, ben justement : il y a des pollens en pagaille, de la poussière, des acariens partout, le vent et les champs là-bas, tu crois que c'est de la permaculture ? C'est de l'intensif… je n'ose même pas imaginer ce qu'ils font de l'eau… tu connais les mégabassines ?

SARAH — Par pitié, Zoé, ne commence pas à m'assommer avec les mauvaises nouvelles écologiques… déjà que j'essaye d'être végétarienne…

ZOÉ — OK, soyons positives. Alors il faut installer du solaire pour l'énergie, isoler doublement les murs pour la température, et renforcer le double vitrage pour ne pas entendre ces foutus chiens qui aboient toute la nuit.

SARAH — Ce sont de gentils animaux domestiques et de bons gardiens.

ZOÉ — Justement, il faudra construire de grosses palissades, placer des caméras à tous les coins, dehors et dedans. Indispensable qu'elles soient directement reliées au commissariat. J'aime pas la police, mais à la campagne face à l'inconnu, c'est pas plus mal. Il faut qu'on obtienne le permis pour les drones d'attaque et de surveillance.

SARAH — Et aussi nos propres caméras.

ZOÉ — Pourquoi cet excès de contrôle, y'a un message caché à mon égard ?

SARAH — Ne sois pas parano, c'est pour surveiller nos chats en direct.

ZOÉ — Il faudrait aussi se protéger des voisins. T'as vu comment ils nous ont regardées ? Genre, vieille France ici Vichy.

SARAH — C'est pour cela que j'ai choisi une maison isolée avec personne aux alentours.

ZOÉ — Ça craint pour l'empreinte carbone. On va devoir utiliser la voiture tout le temps, surtout depuis qu'ils ont supprimé les lignes secondaires de train. Je vais me sentir supercoupable chaque fois que je vais faire le trajet.

SARAH — Moi, ce qui m'embête, c'est la solitude. Quand je suis en pause tournage et que tu n'es pas là, ça va pas être facile.

ZOÉ — Il y aura plein de voleurs immigrés pour te tenir compagnie, ahahah !

SARAH — Très drôle. Par contre, il y aura la nounou !

ZOÉ — J'ai tout ce qu'il faut au magasin, eheheh. Histoire de faire une bonne action, il faudra qu'on la paye 150 € en plus, parce que quand même, elles viennent de loin et les tarifs de ma boîte ne sont pas les meilleurs.

SARAH — Tu t'es remise de l'insémination ? Comment va la petite ?

ZOÉ — Je ne sens pas encore beaucoup... alors... je dirai qu'elle va bien. Mais ce qui m'inquiète, c'est le sommeil. Tu entends ce maudit coq dès l'aube ? C'est un calvaire ! Le réveil des profondeurs... marteau-piqueur tous les matins. On pourrait aller voir le voisin pour lui demander de baisser le son du coq...

SARAH — Les coqs, ça fait partie du voisinage.

ZOÉ — L'empoisonner discrètement ?...

SARAH — Zoé !

ZOÉ — Mais... mais... c'est quoi ça... merde... une guêpe !

Zoé, prise de panique, se met à s'agiter dans tous les sens, ce qui provoque l'attaque de la guêpe.

ZOÉ — Elle m'a piquée la s... tu as la trousse de secours ? Vite, je vais déclencher une allergie... c'est une question de vie ou de mort...

SARAH — Mince, on n'a rien pris... faut pas bouger... l'hôpital le plus proche... mince, il est super loin... j'appelle l'ambulance !

Retour de la nature

Des pluies diluviennes retournent la région. Tous les voisins du coin, dont Sarah et Zoé, sont réunis chez Thierry qui subit peu de dégâts : il a construit une maison en bois sur pilotis, suivant une formule modernisée et adaptée des Indiens d'Amazonie. Les voisins se passent des jumelles à tour de rôle, pour observer de loin leurs propriétés. Une voisine regarde et s'effondre en passant les jumelles à Zoé.

La voisine — Ah non, c'est trop dur… je ne peux plus…

Zoé, observant avec les jumelles leur nouvelle maison, fait un compte rendu à Sarah.

Zoé — Olala… grave… notre voiture hybride… emportée par les eaux… et la voilà qui… défonce la véranda… les arbres fruitiés… disparus… les arbres décoratifs de la palissade tombent et… plus de palissade… ça y est, je m'y attendais… la grêle a troué nos panneaux solaires… façade nord invisible sous la gadoue et les grosses pierres… aïe, le poteau électrique s'effondre… non, merde !… Picsou… Sarah on a oublié de détacher le chien !… ah non, c'est trop dur… je ne peux plus…

Thierry — Bonjour mesdames, ravi de faire votre connaissance, malgré la situation orageuse.

Sarah — Oui, nous aussi… ça arrive souvent, ce genre d' « orage » ?

Thierry — C'est la première fois. On n'aurait jamais cru que ce type d'événement arrive chez nous. En même temps, vous savez avec le modèle agro-industriel, la déforestation, l'assèchement et le tassement : les sols ne sont plus retenus, tout devient argileux… et si vous ajoutez les détournements des eaux, le puisage dans les nappes phréatiques et les mégabassines…

Sarah — J'en étais restée au réchauffement climatique.

Thierry — Ça, c'est juste un symptôme… remarque, c'est ce qu'ils vont dire dans les médias… « à cause du climat »… pour ne pas remettre en cause le modèle… en plus, ça dépassera à peine les médias locaux : il n'y a aucun mort, le coin est connu pour ces manifestations contre les lobbies et les médias cultivent le filon russe, chinois et moyen-oriental… mais veuillez m'excuser, je vois Mme Martin qui m'appelle… elle est heureuse parce qu'elle n'a vu personne depuis la crise sanitaire…

Sarah — Tu sais ce qui me déprime, là ?

Zoé — Non ?

Sarah — C'est comme dit Thierry : rien de spectaculaire… pas de tsunami, pas d'ouragan, pas d'incendie, pas même de grosses rafales… juste une pluie qu'on attendait, mais qui dure trop longtemps… et une épaisse gadoue qui emporte lentement les choses… on a tous eu le temps de se réfugier tranquillement chez l'illuminé du coin… en attendant que ça passe… en espérant que les assurances ne nous le fassent pas trop à l'envers… pas de mort, pas de relais aux infos, pas d'empathie, pas d'entraide populaire… du gris, du marron, le bruit de la pluie triste… un gros rhume… au fin fond de la France… dans un paysage suicidaire… tout est plat… c'est complètement nul.

ZOÉ — En effet… c'est pas terrible… on aurait préféré une franche catastrophe avec des actes héroïques.

SARAH — Je viens de comprendre le sens du rêve qui revient tout le temps… tu sais l'ombre…

ZOÉ — Oui bien sûr, et alors ?

SARAH — L'ombre, en fait, c'est moi, Zoé, c'est moi qui suis étouffée par moi-même, c'est moi qui m'étouffe moi-même…

ZOÉ — Ça fait sens… qu'est-ce que tu penses de l'adoption ?

SARAH — Pourquoi tu me demandes cela ?

ZOÉ — Je sens qu'il se passe quelque chose de bizarre dans mon ventre… c'est peut-être que dans ma tête, mais je crois que j'ai pris trop de piqûres…

SARAH — C'est prématuré, tu angoisses… mais j'y ai déjà pensé à l'adoption… je ne sais… c'est dommage… ce n'est plus notre chair… nos gènes…

ZOÉ — Dommage… peut-être oui… mais… est-ce que ça vaut encore le coup de continuer l'espèce humaine ?

CINQUIÈME CORPS : MONDE

Monologue sur le Non-Être

En attendant d'en savoir plus sur l'avenir de leur maison, Zarah et Zoé se sont installées chez leur ami Marc. Elles sont toutes les deux sur leur ordinateur.

SARAH — Ça y est, je l'ai retrouvée : Yaël, celle qu'on a vue sur YouTube, tu te souviens ?

Zoé — *Nope.*

Sarah — Mais si : tu avais adoré sa conférence. Celle qui s'est spécialisée en intelligence artificielle et en économie. Elle a été dans les plus grandes institutions bancaires.

Zoé — Ah oui, celle qui a rencontré le freelance Shaman Eli Logel, le grand inspirateur de Nikola Tesla et de tant d'autres... et puis elle a abandonné les honneurs et la richesse pour suivre l'enseignement du Maître du Mouvement... Et quand ce dernier a soudainement[4] disparu, elle a décidé de partager son expérience sous différentes formes, dans toutes sortes de lieux, pour tous les publics et dans des situations parfois extrêmes.

Sarah — Exactement. J'ai acheté la première partie de son nouvel e-book. Cette femme a fait de l'exil sa demeure. Ça me fait du bien de lire ça, surtout en ce moment.

Zoé — J'arrive. Ne fais rien. Depuis que nous sommes SDF, j'adore ce genre de lecture. Je te lis tout à haute voix.

Sarah, ravie de cette proposition, s'allongea sur le lit et ferma les yeux pour se concentrer. Zoé commença la lecture :

Origine

Tout commence par l'expérience nihiliste du Mouvement. L'expérience nihiliste, c'est quand le Mouvement se retourne contre lui-même pour éprouver sa propre existence. C'est comme s'il se disait : « Pourquoi quelque chose plutôt que rien ? Si je suis, je pourrais aussi bien ne pas être. Suis-je vraiment ? Continuer à vivre ou ne plus vouloir vivre ? Être ou ne pas être ? » Avant de se métamorphoser en un désir, une intention, une volonté, un projet, cette épreuve contre l'Être est une poussée irrépressible ; une Compulsion qui se jette au Néant avec persévérance.

---

[4] Cf. les archives sonores *Freelance Shaman, il n'y a plus d'ombre dans la nuit*, 2009, éd.Transe-Mutants.

Le but de celle-ci est donc d'annihiler ce qui existe. L'Être produit son propre Non-Être, sans savoir si sa propre existence sera réaffirmée, ou s'il sera anéanti. L'expérience nihiliste n'est pas d'aller au bout de la destruction pour aimer le Mouvement, l'Être et le Réel, comme on détruit l'amour pour voir s'il est résistant et digne de confiance. Il ne s'agit pas de ressentir l'inconnu de l'amour en le mettant à l'épreuve. Il n'y a, ici, aucune perspective de soulagement. L'objectif de la Compulsion est aussi simple que radical : détruire l'amour que l'on sent. C'est un « fait » que chacun individuellement peut ressentir dès son plus jeune âge — dès sa naissance qui sait ? C'est aussi la marche collective de la Civilisation, dont la détermination autodestructrice apparaît de plus en plus clairement.

Le fondement originel étant posé, donnons la structure générale de la fabrication de la Réalité.

Structure générale

Le premier acte de la Compulsion étant de se dissocier du Mouvement, celui-ci se scinde en deux parties : Connexion au Mouvement et Compulsion au Néant. Cette Dissociation originelle est un Trauma qui se traduit par une polarité entre le tremblement d'Effroi et l'appétit de Pouvoir. Cette polarité engendre une seconde dissociation, celle du Corps et de l'Esprit. Le Corps se relie à l'Effroi, l'Esprit au Pouvoir. Fusionnant avec l'Esprit du Pouvoir, la Compulsion assimile toute Connexion à l'Effroi du Corps. Dès l'origine, le destin du Corps — en ce qu'il est lié au Mouvement — est d'être outragé ; celui de l'Esprit — comme instrument du Néant — est d'être glorifié.

Malgré l'effort intense d'anéantissement, la Connexion et le Mouvement lui-même (ou l'Être) ne disparaissent pas d'un coup de baguette magique. Même en saccageant, en décimant, en humiliant, il reste toujours quelque chose, ne serait-ce qu'une minuscule parcelle élémentaire. La Compulsion se pose. Dans son laboratoire invisible, elle invente le Devoir-Être. L'opération ontologique consiste à expulser l'Être pour lui substituer le Devoir, jusqu'à ce qu'il devienne l'unique référence. Il ne sera plus question de suivre ce qui est, mais d'obéir à la Loi. L'impératif de cette Loi est simple : détourner l'Énergie primordiale et lui ôter le maximum de Mouvement. Cette dématérialisation se concrétisera par l'Objectivation de tout ce qui existe. Autrement dit : vider les Choses de leur Énergie primordiale en les faisant Objet.

Voici le projet : le Devoir-Être réduira le Corps jusqu'à ce qu'il devienne inerte ; amplifiera l'Esprit jusqu'à ce qu'il se substitue à l'Être. Celui-ci sera grand dans la mesure où celui-là sera petit. La première dialectique (dite Dialectique du Mal-Être) sera ainsi évolutive et dynamique. Son paradigme : domestication du Corps et de l'Esprit, domination de l'Esprit sur le Corps, division de toutes les Choses selon ce modèle de la dualité Corps/Esprit. Cette alchimie violente créera une ambiance délétère, une pathologie universelle, une guerre totale ; une sorte de jouissance du mal. En un mot, la disparition de l'Être dans le Non-être s'effectuera par le Devoir-Être grand convertisseur de l'Être en Mal-Être.

La première opération de la Dialectique du Mal-Être est d'aggraver la négativité de l'Effroi du Corps, tout en célébrant la positivité du Pouvoir de l'Esprit. Le premier inspirera la Terreur, le second l'Omnipotence. Plus le Devoir-Être instiguera la Terreur, plus il pourra déployer l'Omnipotence. Le Mouvement du corps étant neutralisé sous l'Effroi modifié en Terreur, il s'agira d'édifier sur ces ruines une architecture sublime au nom de l'Esprit.

Ce travail d'Objectivation du Monde, la Dialectique va le confier au Processus. Celui-ci transformera méticuleusement tout ce qui existe. Pour ce faire, le Processus aura recours à un double traitement : d'un côté, l'analyse qui dévie, déconstruit, fragmente et réduit l'Énergie primordiale ; de l'autre, la synthèse qui canalise, rassemble, reconstruit et amplifie les énergies analysées.

L'Intelligible qui englobe la Pensée, la Psyché et la Raison seront coordonnées ; le Sensible qui contient les sensations, les émotions, les sentiments et les motions passionnelles seront ordonnés. En disséminant le Mal-Être, cette modification de l'Existence réalisera progressivement la dématérialisation du Monde. Le Mal-Être se manifeste dans nos vies quotidiennes sous forme d'une lente dégradation de l'Existence, dont le destin est de nous porter jusqu'au dégoût de notre propre existence. Tel est l'état émotif et physiologique requis pour rendre désirable la disparition.

Il est difficile de déterminer si la Compulsion commence avant, pendant ou après l'apparition du genre humain, mais ce qui est certain, c'est qu'à partir du Néolithique, elle s'impose progressivement à travers le système organisé que l'on nomme « Civilisation ». Pour achever la description de la Réalité, qui semble aujourd'hui atteindre une forme d'apothéose du Mal-Être, j'ai créé trois néologismes : l'Habontologie, la Psychosphère et le Mondocide. Le premier dévoile la base ontologique profonde de la Réalité, le second analyse notre mode de vie au sein de cette Réalité, le troisième expose les conséquences de notre mode vie.

Hab-ontologie, qui vient du latin *habeo*, « avoir, posséder », et du grec *ontos-logos*, « connaissance de l'être », signifie « la connaissance de l'être transformé en avoir ».

Psychosphère, issu du grec *psyché*, « souffle de vie », et de *sphuron*, « mouvement circulaire qui se répète avec brutalité », veut dire « le souffle de vie enfermé violemment dans l'éternelle répétition du même ».

Mondocide, composé des termes latins *mundus*, « ensemble des choses existantes », et *caedo*, « tuer », signifie « le meurtre du monde ».

Pour résumer, la Compulsion, en transformant l'Être en avoir et le Mouvement en pouvoir, enferme notre souffle de vie dans l'éternelle répétition du même, ce qui entraîne l'effondrement du Monde. L'ontologie de la « possession » doit donc être entendue dans le sens matériel de « posséder », et dans le sens magique d'« être possédé ». L'efficacité de ce sortilège mécanique tient en ce qu'il se fonde et entretient un cycle délétère infini : en détruisant ce que l'on possède, la volonté de posséder se relance dans de nouvelles conquêtes qui, à leur tour, seront détruites…

Compulsion

Examinons à présent la Compulsion avec plus de précisions.

La Compulsion n'est ni une « impulsion » ou un « élan » dans la mesure où elle est une force insistante et organisée ; ni un « instinct » puisqu'elle lutte contre la nature (l'Être ou le Réel) ; ni un « désir » ou une « volonté » car elle préexiste et fabrique la conscience accompagnée de l'ego, l'inconscient accompagné des fantasmes, et tout ce qui est de l'ordre de l'intelligible.

Le terme « Compulsion » vient du latin *pulsio* signifiant « action de pousser ». Cette action est renforcée par le préfixe *com*, « avec », soit « poussée irrépressible et répétée ». Ce terme est lui-même dérivé de *pellere* qui veut dire « mettre en mouvement » et qui vient de l'indo-européen *pel* qui se traduit par « conduire, être cause de ». Cela correspond parfaitement à notre sujet. Selon l'étymologie, nous pouvons traduire « compulsion » ainsi : « poussée irrépressible et répétée conduisant le mouvement selon une cause ». Dès l'instant que le Mouvement procède d'une cause, il perd ses trois caractéristiques ontologiques (continuité, changement et consistance), il émane d'un début et implique une fin, il se répète, il tombe sous la dépendance d'un principe extérieur et transcendant. La Compulsion n'est donc pas le Mouvement, mais le principe qui détourne le Mouvement. En déviant le Mouvement et ses modalités (Mutation, Énergie, Matière, Existence), la Compulsion prend l'ascendant sur le Mouvement. Cette brisure originelle lance l'expérience nihiliste.

Après cette bifurcation originelle et radicale, la Compulsion se retourne contre le Mouvement, telle la conscience qui, en naissant, se révolte contre ce qui la fait naître. La Compulsion est l'épreuve de l'Être envers lui-même ; elle est rage originelle. L'emprise réfléchie et sans frein qui en résulte a comme objectif l'anéantissement et comme méthode la maîtrise. L'anéantissement n'est pas la conséquence ignorée et regrettable de la maîtrise : la maîtrise est le meilleur moyen de pousser au Néant. Pour en finir avec l'Être, la Compulsion va le torturer en le forçant à ne plus être lui-même. Qu'il soit dégoûté de lui-même, qu'il ne veuille plus Être. Voici le projet : imposer de telles entraves au Mouvement, à la possibilité de Connexion et à l'Être, qu'ils s'éteignent d'eux-mêmes. Tel est le premier sens de *compulsio* en latin : « contrainte ». Ce forçage de l'Être prendra comme nom : Devoir-Être.

Profitons-en pour faire un détour par la psychanalyse, qui s'est également penchée sur la structure humaine avec une acuité et une modernité sans précédent. Cet écart nous permettra d'apporter encore quelques lumières à notre sujet. Rappelons que la « pulsion » est, pour cette science, la représentation psychique d'une excitation somatique. En donnant une représentation à l'énergie, elle indique à cette dernière l'objet à investir. La pulsion est, dans ce contexte, l'exact contraire de l'instinct. Elle est à la base du mécanisme d'Objectivation. Cependant, les cultures estiment qu'un certain nombre de pulsions doit être interdit — par exemple l'inceste, le meurtre, le vol. Bien que présentes, elles doivent être inhibées et réprimées. Ces pulsions refoulées constituent un réservoir qui s'appelle l'inconscient. La conscience n'est plus définie sur les bases de l'autoréflexion, mais comme le réceptacle de l'ensemble des pulsions autorisées par la culture. La conscience devient inséparable de l'inconscient. Ce sont les deux grands pôles qui émergent, s'opposent et se complètent, lors de la gestion psychique de l'énergie et des représentations. Mais à partir de 1920 jusqu'à sa mort, Freud va plus loin. Il se rend compte, suite aux deux guerres mondiales et aux résistances des analysés à la cure, que la pulsion ne s'élabore pas seulement à partir d'une excitation somatique. Il y a quelque chose qui dépasse le principe de plaisir et de douleur. Cet « au-delà » semblerait même déterminer le système conscience/inconscient. Il en vient à spécifier deux types de pulsions : pulsion de vie et pulsion de mort. La première lie les éléments entre eux et la seconde les délie. Tant que ces deux pulsions se combinent, la vie et la mort peuvent se générer et s'équilibrer. Mais la lutte entre elles est sans merci. Si la pulsion de mort prend le pas, c'est l'extermination de masse et la paralysie des individus dans la répétition traumatique.

Avant de mettre en perspective cette théorie avec la Pensée du Mouvement, il est important de rappeler que Freud et son groupe ont eu le courage de se plonger, d'examiner sans concession, et au risque de leur vie, les forces obscures qui menaient les peuples au massacre. Le sentiment d'angoisse, qui parcourt l'œuvre de Freud, témoigne de cette exigence vitale de lutter contre les motions mortifères que sécrétaient les enjeux de pouvoirs en cette période. Il est sidérant de constater qu'après un tel exemple, les psychothérapeutes sont devenus aujourd'hui un parangon d'embourgeoisement, de conformisme et de suivisme culturel. Il faut croire que c'est face à l'adversité, à la persécution et à l'effondrement des cultures que les grandes visions émergent.

Si l'on prend comme optique le Mouvement, il apparaît que la pulsion — telle que la psychanalyse la définit — est déjà le produit de la Psyché. Si la pulsion modifie l'énergie selon le cadre de la représentation et que la Psyché donne le cadre de la représentation, on peut considérer la pulsion et la Psyché comme un ensemble œuvrant à la réduction de l'énergie. Plus précisément : la Psyché élabore la représentation pendant que la pulsion, organe de la Psyché, façonne l'Énergie en fonction de la représentation imaginée. La Psyché trie ensuite ces représentations en fonction de ce qui est interdit et légitime. Ce qui nous intéresse n'est pas tant la relation entre Psyché et pulsion, ou bien la partition entre conscient et inconscient (qui reste valide), que le mécanisme qui leur est commun. Ce mécanisme nous le décrirons en détail : c'est le Processus. Cette mise au point a une conséquence énorme. Les pulsions de vie et de mort ne sont pas intrinsèquement différentes, ni en opposition profonde : elles sont toutes deux des pulsions, et donc, des éléments de la Psyché. Et en tant qu'éléments de la Psyché, les deux pulsions proviennent de la même Compulsion, dérivent de la même Dissociation originelle et alimentent le même Devoir-Être. Le projet demeure le même : quand la pulsion de mort délie et la pulsion de vie relie, c'est avec la même charge nihiliste. La première délie pour que la seconde relie, de sorte que la Réalité s'écarte de plus en plus du Réel, afin de mieux l'abolir et le recouvrir. Éros (pulsion de vie) et Thanatos (pulsion de mort) sont unis dans un même combat avec le même objectif de victoire nihiliste. Au fond, l'inconscient commun de la dialectique des pulsions, c'est le Néant.

Il me semble que cette vision dialectique des pulsions ne fait que tirer, de manière cohérente, les conséquences ultimes de la théorie freudienne. La question est : pourquoi personne, à ma connaissance, ne prend en compte ce principe qui les unit ? Parce que cela reviendrait à déplacer la lutte. En étayant l'antagonisme entre Éros et Thanatos, on consolide l'appareil psychique — avec l'espoir que la force érotique remportera la partie. Illusion, puisqu'à partir du moment où la dialectique des pulsions est lancée, la partie est gagnée d'avance par le Néant, sorte de Thanatos absolu. Le verdict est sans appel : il n'y a aucune chance pour que la Civilisation se relève par l'intermédiaire des pulsions, étant donné qu'elle les a créées pour actualiser sa propre décadence. Dès lors que le moteur de la Psyché est de mener à la dislocation totale, la « victoire » ne peut être « remportée » sur le terrain psychique. Il faut passer sur un autre terrain hors Psyché, avec ce que cela signifie d'abandon du contrôle et de logique de désarmement. Alors il sera possible d'établir l'individu loin du champ de bataille. La seule victoire devient celle de sortir de toute logique de guerre imposée par la Compulsion.

À l'aune de cette considération, le délicat travail de psychothérapeute devient insuffisant et peut devenir pernicieux. Au lieu de sortir du champ de bataille, les psychothérapies y portent l'estocade avec une ferveur toute particulière, puisqu'elles sont persuadées qu'elles pourraient remporter une victoire. Je ne souhaite pas « descendre » la psychanalyse, comme il est de bon ton de le faire depuis qu'elle est née. Au contraire, elle a le mérite d'enquêter sur les puissances aliénantes qui gouvernent l'être humain, et de collaborer à une solution. Ce qu'il est fondamental de comprendre ici, c'est que l'effet de perversion n'est pas particulier à cette discipline. Toutes les disciplines qui ont pris comme base et référence la rationalité nourrissent le Processus, donc la Compulsion. Cette captivité par le Processus ne se circonscrit pas au champ scientifique, mais enserre l'intégralité de notre mode de voir et de penser. Nous ne cessons de chercher du sens, d'observer soi et les autres avec un œil critique, de disséquer et interpréter notre environnement, de calculer selon nos prétendus intérêts, de prendre une position d'expert pour dominer un débat. Pas un instant, même le plus intime, où notre quotidien ne soit sous l'emprise de la Psyché. Lors de notre sommeil, le travail de censure, comme l'a montré la psychanalyse, continue de modeler nos rêves. La simple idée de s'extraire de cette structure psychique nous donne le vertige ; notre réaction immédiate est de nous exclamer : « C'est impossible, je serai perdu. Ce serait dangereux dans le monde actuel. Et par quoi pourrais-je remplacer ce mode de vie ? » En quelques phrases banales, tout est dit de l'état dans lequel nous met le Devoir-Être : impuissance, perte, peur, programme, besoin de maître. Cet état ne concerne pas seulement le domaine scientifique et l'économie individuelle, mais bien toute la Civilisation du Mal-Être.

« Le malaise dans la culture[5] » que ressent Freud ne peut être de notre point de vue ni un « malaise », ni « dans », ni limité à la « culture ». Il minimise. Comme nous tous, il tente un sauvetage de la Civilisation : « Nous gérons mal nos affects, nous ne sublimons pas assez. » En psychologie, la sublimation est le déplacement de la pulsion vers des représentations et des objets estimés « plus élevés » et socialement valorisés. La création artistique est l'exemple le plus souvent mis en avant pour expliquer et justifier cette déviation. Mais voilà : changer d'objet, le valoriser et le rendre de plus en plus abstrait répond en tous points au système de la Compulsion. Si la sublimation est nécessaire pour s'adapter à la Réalité, elle nous déracine

---

[5] *Das Unbehagen in der Kultur* est un ouvrage écrit par Freud en 1929 et traduit souvent par *Malaise dans la civilisation*. Pour comprendre la théorie des pulsions, on peut compléter avec ces trois autres livres : *Trois essais sur la théorie de la sexualité* de 1905, *Métapsychologie* de 1915, *Au-delà du principe de plaisir* de 1920.

du Réel et nous désincarne. Cette désincarnation ne fait qu'amplifier nos capacités conscientes et inconscientes de contrôle, ce qui a pour effet (escompté) de nous éloigner du Mouvement. C'est pourquoi, au contraire, la Connexion suppose une lente « désublimation », qui consiste à déjouer le détournement de l'Énergie et à réincorporer le Corps.

Ce détour par la psychanalyse nous a permis de mettre au jour quelques-unes des nombreuses ruses de la Compulsion. Voyons de plus près quelle est son origine, son but et son moyen.

Il est certes difficile à déterminer si la Compulsion existe depuis toujours, ou si elle a une origine qui puisse être datée, mais ce qui est certain : l'apparition de l'humain, il y a plus d'un million d'années, a dopé ce phénomène. Toutefois, rien ne s'oppose au fait que la Compulsion soit une composante du Mouvement, tel son négatif infini. En tout état de cause, la Dissociation originelle instiguée par la Compulsion entraîne une déchirure traumatique, au sens d'une rupture totale et irréversible dans la continuité du Mouvement. Suivant une asymptote catastrophique, toutes les émotions seront intensifiées de sorte à entretenir la Terreur, ce qui exacerbera l'Omnipotence dans son désir de contrôle. Le plan de départ de la Compulsion n'est pas de préparer une issue du Trauma — ce qui présumerait la reprise du Mouvement et l'arrêt de la Compulsion —, mais consiste à traumatiser l'Existence en son intégralité.

Comme je le disais, l'idéal de la Compulsion, qui est d'anéantir le Mouvement et de passer de l'Être au Non-Être, ne peut être réellement atteint, car même avec une explosion atomique universelle et une déflagration totale, il restera toujours de la poussière, c'est-à-dire quelque chose. Et dans le temps infini des transformations cosmiques, une poussière peut devenir une bactérie et relancer la vie. Devant cette situation, en un autre sens catastrophique, la Compulsion révise ses prétentions. Plutôt que de rêver l'impossible annihilation du Mouvement, elle décide de s'introduire au plus profond de lui. Elle imagine une ruse pour le court-circuiter de l'intérieur : le Devoir-Être, la Dialectique du Mal-Être et le Processus. Il s'agit de détourner et de contraindre progressivement le Mouvement, jusqu'à lui faire perdre son caractère infini, changeant et consistant. C'est une laborieuse et minutieuse réduction qui s'appliquera à morceler, diviser et dévitaliser le Mouvement. Ce dernier ainsi rendu répétitif, immobile et abstrait s'apparentera à un immense automatisme. L'automatisme, par une combinaison d'implosions discrètes et d'explosions soudaines, est ce qui conduit le plus sûrement à l'autodestruction.

C'est maintenant que l'Objectivation prend tout son sens : le Monde réduit à un Objet machine, unique et total, offre une inertie sans pareil. Plus aucune Mutation n'est possible. Fixation dans un stop hors du temps. La Compulsion aura poussé l'espèce à construire une existence machinale dans une ambiance anesthésiée. Les idées de karma et d'éternel retour puisent dans ce cycle de la vie perçu comme une douleur insoutenable. Les idées de nirvana et de paradis sont des propositions de dématérialisation pour s'extraire de cette boucle répétitive. Par la conception et la mise en place de cette ruse, la Compulsion aura réussi à déplacer son but pour mieux le réaliser : construire la Réalité du Mal-Être pour se rapprocher de l'idéal du Non-Être. Dans cette Réalité au plus près du Néant, la Compulsion peut se prendre comme référence, se contempler dans le noir infini du Mal-Être et se fondre dans l'immense Objet inerte. La Compulsion gagne au change : en transposant l'idéal du Non-Être dans la réalisation du Mal-Être, l'apocalypse ne s'arrête jamais. Il est toujours en cours. À chaque seconde tombe le jugement dernier. L'envie de disparaître et de s'annihiler imbibe tous les instants de l'existence. L'insatisfaction teinte nos jours et nos nuits. La vie nous semblant ironique, nous ne rêvons même plus d'un idéal qui n'existe pas. Nous avons déjà, ici bas, sombrer dans la nuit sans étoile.

C'est l'activité de transformation[6] qui va permettre de réaliser matériellement la Réalité. La transformation se rapporte à l'effort pour

---

[6] La transformation n'est pas prise dans le sens d'un changement positif, mais dans le sens littéral d'une modification de forme sous les contraintes d'une volonté compulsive ; humaine en l'occurrence.

modifier le Réel, de sorte à faire advenir ce qui n'existe pas dans les deux sens du terme. Faire advenir ce qui n'est pas encore actualisé ; faire advenir ce qui n'est pas (le Non-Être). Cette double force contre l'Être va d'une part défaire la consistance du Réel en perturbant son cours naturel et, d'autre part, lui imposer une structure au service de la grande destruction. L'activité de transformation est fondamentalement forçage de l'Être ; forcer l'Être qui existe, tout en forçant le Non-Être à exister.

Ce forçage a lieu parce que la Compulsion est fondamentalement en manque d'Être. Étant le seul moyen de pallier au manque d'être, le forçage fait partie de la poussée originelle. Il est le « mouvement » intime de la Compulsion ; qui est un Contre-Mouvement. La force s'oppose donc à l'Énergie, en ce qu'elle dévoie et contraint l'Énergie à quitter son cours pour abreuver la dynamique nihiliste. Le paradigme pour accomplir le Mal-Être repose entièrement sur cet impératif catégorique : pour naître, il faut se forcer ; pour exister, il faut transformer. Le message : il faut se forcer à exister. C'est le Devoir-Être.

Devoir-Être

Le Devoir-Être existe à travers trois préceptes : un impératif à être, « Sois ! », une condition d'apparition, « tu ne peux être que par devoir », une manière de vivre, « le devoir pour être, l'être comme devoir ». Cela revient à faire de l'existence un devoir, « le devoir m'a créé, j'existe par devoir, le devoir c'est ma vie ». Bien entendu, le Non-Être étant par essence toujours en manque d'Être, le forçage par le Devoir-Être est exponentiel. Il se démultiplie à l'infini : c'est l'*hybris*[7].

Toutefois, on ne peut parler de « devoir » sans faire référence à une loi et à l'obéissance envers cette loi. À quelle loi le Devoir-Être se réfère-t-il ? À celle de la Compulsion qui intime de réaliser son manque d'Être

[7] *Hybris* : du grec ancien ὕβρις, *húbris*, « excès, démesure, orgueil, arrogance funeste, violence ».

par le Devoir-Être. Étrange circularité : la loi du Devoir-Être, c'est le Devoir-Être. Si la loi doit se réaliser elle-même, il faut plutôt se demander quel est le contenu de cette loi. On le sait : le Néant. La loi, dans son contenu comme dans sa forme, se réfère à l'absence. Cette autoréférence n'est pas aussi vide qu'elle en a l'air. Elle reproduit l'opération de tout principe transcendant qui consiste à s'autogénérer — « la loi de Dieu, c'est Dieu ». Elle est l'impératif tautologique du Néant. Ce commandement ne peut signifier faire du rien à partir de rien — ce qui est impossible — mais plutôt réduire toutes choses à rien. La Compulsion n'est pas créationniste, elle est pragmatique. Elle ne crée pas, elle dé-crée, elle ne sécrète pas, elle décrète. Cette manigance ontologique ne manque pas d'ingéniosité : ne pas rêver d'un impossible Non-Être, mais le réaliser concrètement par la Dialectique du Mal-Être. Ce qui plane au-dessus de notre vie, et lui donne cette ambiance de folie, c'est ce renforcement de la Loi qui adjure de faire du rien avec tout ce qui nous tombe sous la main. La Loi, désormais avec majuscule, est le premier et le dernier ordre de la Compulsion. Aucune question ne doit être posée à la Loi, aucun geste ne doit lui être opposé. On risque la peine de mort (Terreur) ; pire encore, on perd le droit d'exister (Omnipotence). La Loi du Devoir-Être recouvre *a priori* tout le champ de la Réalité. C'est pourquoi l'homme, dressé par la Compulsion, voit des lois partout ; dans la nature, chez les dieux, au sein de la communauté humaine. On assiste plus à des guerres entre des lois particulières qu'à l'émergence d'un imaginaire qui se projetterait et indiquerait un mode de vie qui ne se fonde pas sur la Loi.

Cet impératif de transformation est à la base de notre condition humaine et de beaucoup de philosophies. Les concepts de « nécessité », « désir », « vouloir vivre », « volonté », « volonté de représentation et de puissance », qui ont commencé officiellement durant la période socratique et ont pris autant d'importance depuis le siècle des Lumières, renvoient à ce forçage qui consiste à obliger la nature à ployer devant les forces de la volonté humaine. Ces concepts mènent invariablement à la fabrication de la Réalité, c'est-à-dire au Réel modifié par l'activité humaine.

Dans la vie de tous les jours, le Devoir-Être prend un autre nom : travail. Reprenons les trois préceptes du Devoir-Être et amusons-nous à remplacer le terme « devoir » par « travail ». Ce qui peut sembler abstrait va devenir d'un coup extrêmement concret :

« Le Devoir-Être a trois préceptes pour exister : un impératif à être, « travaille ! », une condition d'apparition, « tu ne peux être que par le travail », une manière de vivre, « le travail c'est être, l'être c'est du travail ». Cela revient à faire de l'existence un travail, « le travail m'a créé, j'existe pour travailler, le travail c'est ma vie ».

Le commandement de la Loi se condense en trois mots : « Sois, travaille et obéis ! »

Le Dieu de la Bible ne s'y était pas trompé en donnant comme châtiment un travail, aussi bien à l'homme qu'à la femme : l'accouchement et le labour. Le travail est douleur, car la douleur au travail est la preuve que s'effectue le forçage du Devoir-Être[8]. Ce supplice n'est pas une souffrance naturelle. Au contraire : il est le dissolvant de la nature, la jouissance de la destruction. Souffrir au nom de la Réalité pour neutraliser la douleur du Réel. Le système marchand pousse cette dynamique morbide jusqu'à une drôle d'ironie. Quand on dit, « je ne veux pas travailler pour rien », on ne se rend plus compte que le travail et l'accumulation de capitaux sont précisément fondés sur le devoir au Non-Être, c'est-à-dire sur du rien. Selon cette perspective, la technique n'est pas un thème en soi. Elle est simplement le travail décuplé par la force des machines. Elle manifeste un moment d'accélération dans le forçage ontologique. En ce sens, la philosophie communiste est prise dans une difficulté insoluble. D'un côté, elle prône l'abolition des classes et de l'État en faveur d'une communauté humaine sans rapport de domination ; de l'autre, elle espère atteindre ce but en « accélérant l'histoire » et en

---

[8] L'étymologie du mot « travail » est incertaine. Il viendrait du latin *tripalium*, un instrument de torture à trois pieux, ou appareil de blocage imposé aux animaux, mais peut-être aussi du latin *trabs*, une poutre faîtière qui soutient, limite et hiérarchise l'espace, qui a donné « entraver » en français, et *treaba* « labourer » en gaélique, d'où vient le mot *labour* en anglais, ou encore de *trans* avec l'idée de passer d'une forme à une autre en surmontant des résistances, à la manière d'une transformation. Dans tous les cas, il s'agit d'une contrainte, d'une douleur, d'une pénibilité qui s'appliquent au corps et à la nature.

misant sur la « transformation par la technique »[9]. Le problème se noue autour du fait que l'histoire est celle de la transformation forcée. Ce forçage est précisément la cause profonde de la domination, de la division en classes et de toutes les inégalités. On retrouve ici la même impasse qui s'est posée à Freud, à savoir que la transformation — qu'elle soit énergétique ou historique — a pour conséquence inévitable la destruction du Réel. Pour la psychanalyse, il s'agit de la transformation psychique par les pulsions ; pour les communistes, il s'agit de la transformation « matérielle » de l'homme et de la nature. Cependant, il est salutaire, en ces temps de « pensée unique », de rappeler que l'analyse de Marx est une des meilleures grilles de lecture de la Réalité, notamment pour qui veut comprendre la réification (Objectivation) de l'humain.

Processus

Si l'irruption brutale de la Compulsion disloque l'homéostasie initiale et que le Devoir-Être trace la voie du détournement, c'est au Processus qu'il revient de modifier minutieusement chaque élément. Il s'appuie sur deux mécanismes imbriqués : l'analyse qui déconstruit l'Énergie primordiale pour la préparer au cadre de la Réalité ; la synthèse qui reconstruit cette Énergie fragmentée selon le cadre de la Réalité. L'analyse s'occupe de la forme ; la synthèse de faire correspondre les contenus à la forme. C'est ainsi que le Processus restructure les chemins collectifs et intimes. Pas un système corporel n'échappe à son œil d'horloger. Voyons de plus

[9] C'est le fameux dépassement qu'opère Marx : « Les philosophes n'ont fait qu'interpréter le monde de diverses manières, ce qui importe c'est de le transformer. » Il ne faut pas voir dans cette formule une opposition entre interprétation et transformation. Marx savait très bien que renouveler la représentation du monde, c'est déjà le transformer. C'est pourquoi il se consacre à démanteler brillamment les idéologies. Le problème tourne autour de la transformation liée à une téléologie. Les événements ne sont plus vécus pour eux-mêmes, mais hiérarchisés en fonction d'une progression vers une fin à réaliser. En nous tirant hors de nous-mêmes, cette tension nous fait rater la beauté du présent. Ce volontarisme nous plonge dans le Devoir-Être. La critique du travail ne doit pas en rester à l'abolition de l'exploitation, mais s'étendre à celle de la transformation et du progrès.

près comment cet agent rationnel s'applique sur les flux énergétiques de l'Intelligible et du Sensible[10].

L'Intelligible

La Compulsion conçoit d'abord la Pensée pure. Celle-ci a pour fonction d'appréhender les flux d'énergie qui se diffusent dans le corps. Cette mise à distance permet de transformer l'Énergie primordiale, libre et cohérente au départ, en un « matériel énergétique ». Le terrain est alors prêt pour l'intervention de la Psyché. Cette dernière identifie chaque énergie pour en élaborer des représentations. Ces représentations sont réparties selon les mécanismes d'analogie[11], d'équivalence et de symbolisation. Ces mécanismes sont notoires dans les rêves, les mythes, les images, les figures, les symboles, les fétiches. La Psyché fait passer le « matériel énergétique » au stade de « matériel psychique ». La Raison continue l'opération à l'aide de la logique — principes d'identité, de non-contradiction et de causalité. À partir de ce « matériel logique », la Raison construit les valeurs, avec lesquelles elle peut comparer, valoriser, évaluer, mais aussi calculer, mesurer et conceptualiser. En filtrant progressivement l'Énergie primordiale, le travail de l'analyse a transformé l'intériorité de l'individu en un immense Objet fonctionnel. La structure interne est prête à recevoir la synthèse qui élèvera le « matériel logique » au niveau d'un prochain « matériel idéologique ».

Les énergies ayant été filtrées et séquencées, la synthèse se charge de les réagencer dans chaque individu et dans chaque culture. Les contenus

---

[10] L'Intelligible renvoie à la structure interne de l'Esprit et le Sensible à la structure interne du Corps.

[11] Une analogie (du grec ancien ἀναλογία/*analogía*, « analogue, proportionné ») est un mécanisme rationnel qui réunit des choses distinctes sous un rapport d'égalité. Selon les définitions de Platon, Aristote et Euclide, ce troisième terme permet de relier le multiple sous l'un proportionnel, c'est-à-dire de participer à la standardisation de ce qui existe. Par exemple, réunir deux objets sous la couleur rouge implique de séquencer les couleurs, de simplifier les gammes de rouge, de réduire les objets à leur couleur et de diriger sa perception selon toutes ces opérations. Ce qui semble aller de soi est en fait une longue habitude d'homogénéisation qui n'a rien de naturel.

particuliers se voient normalisés selon le cadre formel. Il en ressort un «matériel idéologique», qui constitue les croyances collectives d'une époque et d'un territoire, mais aussi les croyances personnelles et intimes. La confiance — qui paraît si irrationnelle et qui détermine nos comportements — est en grande partie l'aboutissement de cette imperturbable activité de transformation. C'est lors de la synthèse que sont mis en place les circuits de censure et de validation des contenus. Ce qui est dévalué sera éliminé, ce qui est évalué sera canonisé. L'inconscient prend forme à l'ombre de la conscience. Celui-là garde dans l'obscurité ce qui est inacceptable, tandis que celle-ci expose ce qui est légitime. Ce qui était légitime une fois peut ne plus l'être une autre fois. Ce qui est permis ici peut être interdit ailleurs. La nouvelle architecture intérieure se complexifie au fur et à mesure du temps : elle multiplie les découpages, les assemblages, les canaux secondaires, les barrières, les stockages de surplus, les effets de décharge. L'observation de soi-même à travers les contenus permet une distanciation encore plus grande. Cela entraîne une transformation des énergies de plus en plus complexe et frénétique. Si la synthèse offre une diversité culturelle et personnelle, ce chatoiement ne doit pas nous tromper : le fond commun de l'espèce humaine et des cultures est l'impératif de réduire le moindre élément du Réel pour le mettre au service de l'avènement de la Réalité. À ce point, le Devoir-Être a pris les habits d'une loi naturelle.

Grâce au travail du Processus, la Réalité devient de plus en plus abstraite. Au bout d'un moment — propre à chacun et chaque époque —, l'espace intérieur, n'ayant plus de référence avec le Réel, est remplacé par une immense fiction. L'abstraction s'est substituée à la chose, le cerveau au Mouvement, le spectacle[12] au Réel. Se prenant lui-même comme référence, l'Esprit se combine à l'infini avec de nouveaux

[12] La dynamique du «spectacle» advient lorsque le Réel est entièrement remplacé par la sublimation. Celle-ci a détourné suffisamment le Mouvement pour faire de l'intimité un objet esthétique, ou, comme le dit Guy Debord, «le spectacle est le capital à un tel degré d'accumulation qu'il devient image».

contenus, mais toujours selon la même logique et avec la même fin. Cela donne l'impression d'un changement, alors que la répétition naturalise l'éternel retour. La sophistication de la construction devient telle qu'elle accroît le sentiment de fragilité et le délire des grandeurs. Faisant en sorte que la réponse à la fragilité (Terreur) soit automatiquement celle d'un surcroît de délire des grandeurs (Omnipotence), la Dialectique du Mal-Être accélère et intensifie la réduction des énergies. Le remplacement de l'Énergie primordiale par des circuits énergétiques à flux tendus a pour effet d'épuiser la structure interne de l'individu. Sous la multiplication des contraintes du Devoir-Être, l'individu explose en crises et implose en effondrements.

Le Sensible

À l'instar de l'Intelligible, le Sensible est détourné. Il se voit progressivement réduit par le Processus jusqu'à former un objet quantifiable et manipulable. La réorganisation de l'Énergie primordiale a pour mission de subsumer et de figer les courants énergétiques, les sensations, les émotions, les sentiments et les passions. En revanche, la violence, qui hante notre intimité, n'est pas une affection particulière. Elle est la marque du forçage mutilant le corps. Elle donne la coloration de l'ambiance générale, dont les degrés de violence varient selon les intensités des transformations énergétiques. Quand l'Esprit est soumis à la Loi, le corps est envahi par la violence. Notre intériorité est le champ ravagé par la violence de la Loi et par la Loi de la violence[13].

---

[13] W. Benjamin (dans *Pour une critique de la violence*) et F. Fanon (dans *L'an V de la révolution algérienne*) ont mis en lumière la violence intrinsèque de la Loi. Contrairement à ce que prétend le droit, la violence de la Loi ne garantit pas la paix, mais vise à se fonder, se conserver et se légitimer elle-même. Ces auteurs envisagent une forme de violence vitale — ou plus exactement de puissance spontanée — qui, s'affranchissant de l'institutionnalisation et de l'instrumentalisation, permettrait un type de relation qui ne reproduise pas la complicité entre le pouvoir, la violence et la Loi.

Le premier rouage, et non des moindres, consiste à réduire la pluralité des courants énergétiques à la sensation douleur/plaisir. Cette première réduction des courants et de la sensation évolue vers les émotions de peur/bien-être, puis vers les sentiments de haine/amour, pour culminer avec les passions d'horreur/jouissance. Les deux termes antagonistes se complètent dans un balancement en vue de l'Objectivation du Sensible. Une fois que le corps a profondément intégré cette dialectique du Mal-Être, l'artifice ultime peut opérer. Il consiste en ceci : faire de l'horreur une jouissance et de la jouissance une horreur. Un rythme incoercible s'ensuit. Il s'appuie sur la logique suivante : en accentuant la menace, on suscite le contrôle. De manière ontologique : en provoquant la Terreur, on exalte l'Omnipotence. De manière simple : on crée le problème pour imposer la solution. De manière réaliste : multiplier les humiliations et les agressions pour stimuler la domination. Toute domination se construit à l'aune de l'humiliation. De l'esclave à l'élite, pas un qui ne soit humilié et qui, ne souhaitant prendre sa revanche, augmente son pouvoir de domination. Saisi par l'escalade de la violence, il est difficile de s'apercevoir que le choix est truqué. Accepter la lutte, entre d'un côté le plaisir, le bien-être, l'amour, la jouissance ; et de l'autre, la douleur, la peur, la haine et l'horreur, c'est opter pour la Dialectique du Mal-Être.

Cette logique binaire, déjà en elle-même addictive, l'est rendue plus encore par le truchement d'un double dispositif : d'une part, la Sensibilité — devenue « système sensible » entre-temps — a oublié les autres modes de sentir ; et d'autre part, le système sensible a besoin d'un apport de plus en plus pressant d'énergie afin d'alimenter la dépendance. Le Sensible, devenu monomaniaque dans sa sensation comme dans son besoin, passe premier pourvoyeur du détournement de l'Énergie primordiale — autant dire principal fossoyeur du Mouvement. Sans les ravitaillements d'énergie détournée, l'individu sera en proie à la sensation et à l'angoisse insoutenables de ne plus être. Au fur et à mesure de l'ascension, le Sensible se réduit à de l'automatisme passionnel. La fin de partie est sans surprise : anesthésie générale. Le sentiment d'existence se trouve vidé de son Énergie primordiale. Jamais le Mal-Être n'avait été aussi proche du Non-Être. La vie ainsi blessée, contrainte et humiliée, vaut mieux d'être quittée. Toutefois, le suicide n'est pas le mode le plus répandu pour cette abnégation. La néozombification est bien plus commune. Ce ne sont pas des morts-vivants, mais des vivants anéantis. Ayant méthodiquement effacé son rythme intérieur, le néozombi suit hypnotiquement son double numérique. Se disant « la vie à quoi bon », il se laisse aller au précipice — avec lenteur ou vélocité — sans vraiment savoir comment il en est arrivé là.

Le Passionnel

Le Passionnel est l'état extrême et pathologique d'une passion. Aussi surprenant que cela paraisse, ce qui relève du Passionnel, loin d'être instinctif et spontané, est ce qui porte la plus grande quantité d'énergie et de procédés de transformation de cette énergie. Bien que le Devoir-Être normalise le Sensible différemment — en fonction des époques, des cultures et des individus —, l'ascension passionnelle des êtres civilisés reste similaire. L'idée de « faute originelle », qui se retrouve dans toutes les Civilisations, exprime parfaitement le paradigme universel du Passionnel. Celui-ci jumelle horreur et jouissance à travers une structure qui détermine les sentiments les plus profonds. Que la faute soit inscrite dans le marbre de l'écriture, transmise à travers les mythes et les récits, manifeste dans les rituels pour éloigner le mauvais œil, ou tout simplement murmurée dans le cercle restreint des familles, elle tourmente toutes les âmes. Face à l'injonction nihiliste, la culpabilité d'être, matrice de tous les complexes, se double de la volonté d'être toujours plus, matrice de toutes les arrogances. La honte et la culpabilité qui envahissent l'individu sont les marques de la Loi du Non-Être. Entre l'épouvante et le miracle, l'anxieux reconnaît la Loi, et se soumet volontairement — avec délice, crainte, dévotion et vénération — à son évaluation. La faute originelle n'est pas subie : elle est la passion dissimulée au cœur du Mal-Être. Ce qui est « mal, méchant, mauvais » renvoie toujours à la sexualité, à la sensualité, à la sensibilité, et finalement à la nature et au Corps qu'il faut cacher et dégager. Le paradigme passionnel de la faute bannit le Corps considéré comme le mal absolu. Cette expulsion à la base de la dynamique compulsive octroie aux méritants un accroissement de pouvoir sur l'homme et son milieu : la Terreur face à la nature augmente proportionnellement l'Omnipotence pour la dominer. Voilà comment la dynamique passionnelle commence par la faute originelle qui, considérant l'Être comme infâme et superfétatoire, aboutit au Devoir-Être qui exige que nous disparissions.

À partir du moment où l'Être et le Corps sont éprouvés comme indignes et décrétés comme néfastes, il faut les corriger. Toute punition — qu'elle soit juridique ou morale, individuelle ou collective, intérieure ou extérieure, consciente ou inconsciente — suit le programme du redressement de l'Être. Pourquoi reproduisons-nous continuellement la torture, les colonies et les guerres ? Parce qu'elles sont punitives. C'est en punissant le Réel que la Réalité advient. Les horreurs sont légitimes, désirables, nécessaires. Tout châtiment octroie la jouissance de l'expiation de la faute originelle, et celui de la réparation en faveur d'un Monde futur. Aucune condamnation éthique, propagande ou solution technique ne pourra s'opposer au sentiment profond que la punition est une expiation positive, une conjuration de l'immonde et une contribution au prochain royaume des cieux — ici bas ou au-delà. L'obéissance atavique aux Institutions (privées ou d'État) n'est compréhensible que si elle est mise en perspective avec le fait qu'elle incarne la Loi du Devoir-Être. Cette dernière se branche d'autant mieux sur l'intériorité des individus qu'elle en est la manifestation extérieure et collective. Ce n'est pas un combat des bons contre les méchants, des peuples contre les élites, du Nord contre le Sud, c'est une complicité universelle des peuples et des individus. Face à l'empire du mal qu'est l'indomptable, les différends de chacun sont mis de côté. Résigné au Mal-Être, le chœur des angoissés se donne rendez-vous au tribunal de la Raison passionnelle. Contre l'indomptable, nous vociférons d'une seule voix : « Coupable d'exister ! »

L'holocauste du Monde, du Corps et du Mouvement, qui équivaut à sacrifier la partie de soi qui est sauvage afin d'établir la Civilisation, s'avère être du registre du lien « sadomasochiste ». Le sadisme, c'est la punition qui va de soi vers l'autre ; le masochisme, c'est la punition qui va de soi vers une autre partie de soi considérée comme étrangère. Cette punition n'a pas seulement la valeur négative du sacrifice, elle est également le don de soi à la Loi. L'existence étant ressentie comme une altérité hostile, la punition s'étend à tout ce qui existe. La Civilisation est un ensemble de parties qui ne cessent de se supplicier et de s'attaquer entre elles. L'inévitable sadomasochisme qui s'étend ne peut produire que la guerre et les camps. Le soldat et le gardien se sont déjà largement punis eux-mêmes avant d'abattre l'autre. Le bon citoyen est un bon soldat et un bon gardien. Le robot devient le modèle du citoyen. La désensibilisation et l'embrigadement ayant fait leur œuvre, la recette du « bonheur » universel et homogène est délivrée : avoir créé, dans l'unanimité, les conditions du malheur cybernétique. La rétribution apocalyptique n'est plus loin. Les destructions réglementées et les régiments du massacre sonnent notre réussite commune sous les trompettes des souffles canalisés[14].

---

[14] Comme le rappelle G. Agamben dans *Homo Sacer*, le sacrifice est du domaine du « sacré ». En effet, dans la juridiction romaine archaïque, celui qui avait fait une faute grave était déchu de ses droits de citoyen et pouvait être tué n'importe quand, par n'importe qui et sans encourir de sanction. Il devenait alors « homme sacré », condamné à errer hors de la cité. Dans cette configuration, le sacrifice implique la mise au ban du sacrifié, de sorte à le soustraire de la protection de la Loi. Sauf que cette exclusion est au fond ce qui fonde la possibilité et le pouvoir souverain de la Loi : en assimilant le sacrifice au bannissement, la Loi délimite une zone hors d'elle et en même temps y étend son influence en poussant au crime. Cette excommunication serait à mettre en perspective avec le mythe d'Antigone qui s'oppose jusqu'à la mort au roi qui avait interdit d'ensevelir son frère pour des raisons politiques ; le cadavre du frère est « sacralisé » en tant qu'il devient intouchable. La Loi exile le corps de la ville et des rituels, ce qui met en exergue le pouvoir absolu de la Loi sur la cité, la vie et la mort. Aujourd'hui, la banlieue correspond à cette zone de non-droit où les individus sont soustraits à la protection de l'État et où la vie est réduite à une simple survie, mais où, néanmoins, les divers trafics sont indispensables aux revenus inavouables de l'État. Comme on le constate pour notre propos, le sacrifice du Corps implique le bannissement et la dégradation totale de celui-ci, donc son accaparement sans limite. On reconnaît la logique nihiliste de la Compulsion qui, ne pouvant ni produire le Mouvement ni le maîtriser, inspire l'effroi et trouve sa jouissance en réduisant les cinq Corps et le Mouvement à un objet inerte et sans valeur. Cependant, il faut voir dans cette punition absolue l'impuissance de la Loi à créer et à contrôler l'indomptable — Loi qui, au bout du compte, prend les allures d'un naufrage ultraviolent mais dérisoire.

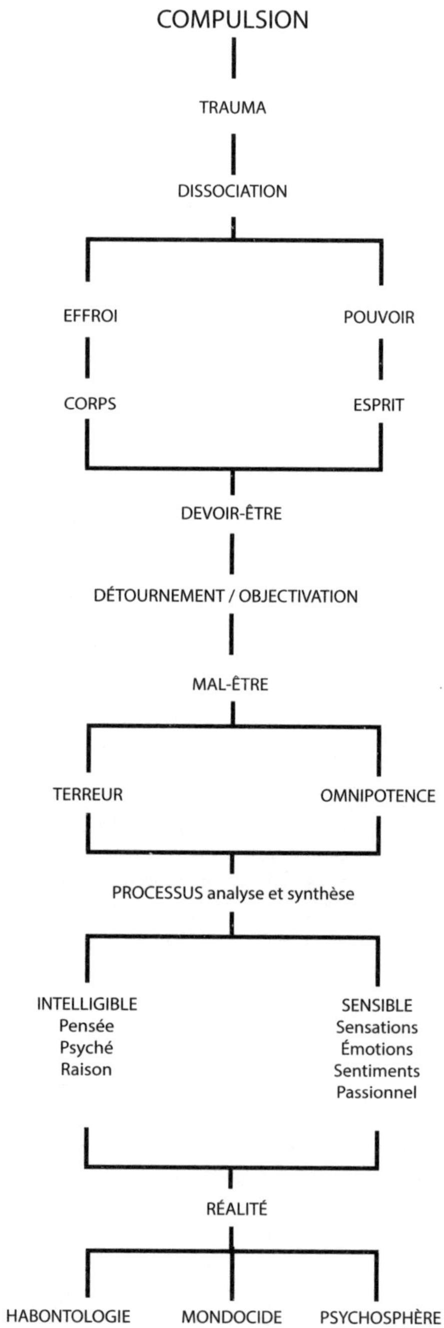
COMPULSION
TRAUMA
DISSOCIATION
EFFROI
POUVOIR
CORPS
ESPRIT
DEVOIR-ÊTRE
DÉTOURNEMENT / OBJECTIVATION
MAL-ÊTRE
TERREUR
OMNIPOTENCE
PROCESSUS analyse et synthèse
INTELLIGIBLE
Pensée
Psyché
Raison
SENSIBLE
Sensations
Émotions
Sentiments
Passionnel
RÉALITÉ
HABONTOLOGIE
MONDOCIDE
PSYCHOSPHÈRE

Histoire du Mal-Être

Maintenant que la structure profonde a été pénétrée, prenons de la hauteur et observons comment la Compulsion façonne la Civilisation.

J'entends par « Civilisation » l'ensemble de l'évolution humaine : histoire collective et individuelle. Les « cultures » sont des moments particuliers dans le temps et l'espace du cours de la Civilisation. La vision de la Civilisation, comme agent du Mal-Être, pulvérise toutes les catégories et antinomies ; public/privé, individu/collectif, bien/mal, gauche/droite, etc.

Prenons un exemple. Certains pensent que l'État doit partager égalitairement, ou du moins équitablement, les biens et les richesses. D'autres défendent l'idée que les biens et les richesses doivent se répartir selon le mérite, la force et le talent. On remarquera que, dans tous les cas, les biens et les richesses sont considérés comme une propriété, avec ce que cela implique de configuration hiérarchique et de contrôle. Que la propriété soit commune ou individuelle, que les relations obéissent à une élite ou à une administration collective, que le contrôle soit public ou privé, il n'en reste pas moins que nous avons là quelques ingrédients essentiels — certes répartis différemment — d'une structure commune de la Civilisation : la propriété prend possession des corps, la hiérarchie prend possession d'autrui, le contrôle prend possession des relations.

Cependant, à la suite de certaines conversations, j'ai été amené à faire une distinction entre les « civilisations du capitalisme » et d'autres qui ne seraient pas assujetties au Capital. « Capital » vient du latin *caput*, « la tête », et renvoie à la fois au chef de cheptel et à ce qui est mortel (« crime capital »). Avant d'être assimilé à l'idée de stocker et d'accumuler, « Capital » fait référence à la tête séparée du corps. Le chef commande au corps comme le berger dirige son bétail. L'Esprit domine le Corps comme l'intelligence humaine dompte l'instinct animal. Nous retrouvons dans l'étymologie la dynamique compulsive qui commence par la division originelle entre Esprit et Corps, se poursuit avec la relation de domination du premier sur le second. Dans ce contexte d'hypervalorisation de l'Esprit, il est logique que la vie soit réduite à la tête ; on insiste sur le danger de mort par décapitation, et non quand on vous arrache le cœur ou les intestins. En ce sens anthropologique, « Capitalisme » est un mot qui traduit correctement l'activité et l'effet politiques de la Compulsion. Je n'ai, jusqu'à présent, pas encore eu vent de Civilisations hors du Capital. Il existe, en revanche, de très nombreuses effervescences, tentatives et réalisations à l'intérieur des cultures, qui nous indiquent d'autres rivages que ceux du Capital.

Les ruses de la Compulsion étant aussi infinies que le Mouvement sur lequel elles s'appliquent, je vous propose de décrypter, à grandes lignes, le cours de la Civilisation. Ce sera l'occasion de mettre en lumière la Dialectique nihiliste qui anime et détermine ce qui semble un progrès.

Les confins chronologiques de l'histoire et de la préhistoire restent problématiques à définir, d'autant plus que le développement des différentes cultures est variable selon les zones. Est-ce que la Civilisation commence à partir de l'apparition du genre humain, à partir de la sédentarisation, à partir de l'écriture ? Le récit sera toujours mouvant sur le passé en fonction des découvertes archéologiques et des idéologies. En ce qui concerne la dynamique nihiliste, il n'y a aucune raison de la faire commencer par le genre humain. Sans doute les minéraux, les plantes et les animaux contiennent déjà cette dynamique ; peut-être l'univers lui-même. Cela demanderait un autre travail de fond de déchiffrer la Compulsion sur des milliards d'années. Dans cette optique, il n'y aurait plus de « préhistoire », mais une longue « histoire » qui recouvrirait l'intégralité du développement cosmique, et non pas seulement celui de l'homme. Mais il est de la nature même de la Compulsion d'ériger des limites identitaires qui permettent une distinction entre un avant et un après, entre nous et eux, entre l'animal et l'humain, et finalement entre ce qui est digne d'entrer dans l'« Histoire », avec un grand « H », et ce qui ne l'est pas. Laissons de côté les débats autour des dates et des narrations autorisées. Ce qui compte ici, c'est de retracer comment la Compulsion organise progressivement le Mal-Être au travers de la Civilisation.

Il y a sept millions d'années apparaissait le primate hominidé commun aux humains et aux chimpanzés.

Il y a quelque trois millions d'années, plusieurs espèces d'hommes se développent sur Terre : l'Australopithèque, *Homo erectus*, *Homo habilis*... et beaucoup d'autres encore à découvrir. Vivant essentiellement de chasse et de cueillette, à la fois proie et prédateur, rien ne semble les différencier radicalement des autres animaux.

Sauf qu'il y a environ 1,3 million d'années, le genre *Homo* se met à regarder les pierres différemment. Il va en faire des outils. Il les taillera pour leur donner une forme efficace. Leur usage sera essentiellement consacré à la guerre et à la chasse. On peut parfaitement imaginer, à la suite de la plupart des philosophes, que ce premier geste technique qui consiste à détourner un objet pour en faire un instrument vient du fait que l'humain, se trouvant relativement faible dans son environnement, invente un nouveau rapport qui lui permette un accroissement de pouvoir. On trouve déjà l'alliage originel entre la Terreur face à la nature et le vertige de l'Omnipotence dont l'« utile » sous forme d'outil ouvre les portes d'un prochain empire. Cette dialectique psychoénergétique rend manifeste la Dissociation originelle entre l'humain et la nature, entre le Corps et l'Esprit, entre l'Objet et le Sujet. Précisons. Utiliser la pierre exige d'*Homo* d'effectuer un effort psychique de distanciation qui est absolument prodigieux. Cette distance requiert une observation mentale d'une telle ampleur qu'elle provoque une rupture capitale entre la nature et l'humain (« capitale » au sens où nous l'avons défini). On a probablement affaire à la première « sortie de corps » et au premier coma volontaire, avec ce que cela implique de Trauma irréversible. Ce n'est pas seulement la pierre qui devient un Objet, mais toute la nature qui se trouve objectivée sous le regard de l'humain : ce dernier devenant par ricochet un Sujet. Par voie de conséquence, cette distance psychique entraîne une distance avec les corps qui passent également du côté de l'outil. La nature, la pierre, la main et le corps sont tous objectivés.

Le mot « Objectivation » ne doit pas éclipser le fait que cette appréhension a quelque chose de l'ordre de l'envoûtement et du sortilège. L'observation du Monde par l'Esprit, qui induit la main qui saisit, est le premier acte de magie noire. Ce n'est pas un hasard si les outils primitifs sont, pour la plupart, conçus dans un but belliciste. Il ne s'agit pas de boire l'eau pour étancher sa soif, de dévorer sa proie pour se nourrir, de dépouiller un arbre pour se guérir. Ceux qui taillent la pierre ne sont plus dans la simple survie : ils ciblent le dressage de la Matière, cette consistance mouvante qui inspire l'Effroi et qui exalte le Pouvoir. La modification, c'est le geste de possession qui efface ce qu'il s'approprie. L'Esprit qui forme la Matière a déjà entrepris de la désertifier. Ce destin prendra quelques centaines de milliers d'années — une pichenette du point de vue cosmique. Le geste de la main qui saisit la pierre pour la dresser contre la nature est le fondement du défi originel : le Réel doit être réduit à un lointain souvenir, tel un fantôme errant entre les frontières et tapi dans les recoins.

Il y a cinq cent mille ans, la maîtrise du feu permet, entre autres, de cuire la nourriture, d'habiter plus commodément dans les grottes à toutes les saisons, de tenir à distance les prédateurs, d'améliorer les techniques de guerre, bref de modifier intégralement l'environnement et la manière de vivre. Au vu de la crainte que le feu inspire chez tous les êtres vivants, on peut facilement imaginer la satisfaction jouissive et le sentiment héroïque d'une telle maîtrise. Ce n'est pas pour rien que tant de rituels, tels les Védas[15], et de mythes, dont celui de Prométhée[16],

---

[15] Les Védas sont, en Inde, un ensemble de textes datant d'environ de mille sept cent ans av. J.-C., qui signifie « vision » ou « connaissance ». Selon la tradition, il rend compte de l'expérience des premiers sages védiques, les *Rishis*, qui, par l'écoute perpétuelle du cosmos, entendirent le son primordial manifesté par le Veda originel. Cette force au fondement de l'univers est unitaire, cyclique et dynamique. Cette religion se voulant lumineuse, les rituels autour du feu sont très présents.

[16] Prométhée déroba le feu à Zeus pour le donner aux hommes, qui, ayant été oubliés des dieux, demeuraient faibles et sans défense. Prométhée, condamné par Zeus, sera enchaîné à un rocher, et son foie dévoré chaque jour par un aigle. Autour du feu se nouent trois thèmes de la Dialectique : Terreur (sans défense), Omnipotence (feu) et faute (châtiment).

tournent autour de cet élément ardent qui fait de l'homme l'égal des dieux. Le feu est devenu symbole de connaissance, dans la mesure où sa possession a représenté concrètement un passage technique et psychologique radical. L'électricité, qui alimente l'univers moderne, est une extension de la domestication du feu. En vivant de jour comme de nuit sous les lumières artificielles, l'humanité passe un cap ; elle rivalise avec la substance ignée naturelle : le Soleil. Cette instrumentalisation a hautement contribué à décaler l'être humain de son milieu. Elle va permettre un essor crucial dans la modification.

Les premières sépultures découvertes en Israël, il y a cent mille ans, marquent une progression irréversible pour le contrôle de l'Existence. La mort étant la Terreur la plus profonde, il faut l'éloigner physiquement et mentalement. Interdiction absolue de mélanger les morts aux vivants. L'exclusion hors du campement, les différentes sortes d'enfermements des corps et les rites qui l'accompagnent sont des réaménagements qui s'effectuent également dans le cerveau humain. Le sentiment de sacré, les récits et les rituels autour des morts servent à les exiler. La dynamique nihiliste prend de l'ampleur à ce moment précis : la Terreur débouche sur une appropriation des espaces extérieurs et intérieurs. Elle reconfigure le temps selon une série d'interdits, de sentiments dramatiques et de contes imaginaires qui se transmettent avec une crainte respectueuse de génération en génération. Cette invention du sens et du cosmos est l'effet de l'Omnipotence. Plus la Terreur sera intense, plus la reconstruction du Réel sera élaborée et invasive. En brisant la transformation énergétique naturelle, et en la striant d'obstacles et de détours, c'est également avec la vie qu'*Homo* prend ses distances. Durant cette période, le sentiment de « possession » du Monde finit de se constituer. Bientôt, le temps viendra de se lancer à la conquête intégrale du Réel. C'est à ce moment qu'*Homo* devenant « *sapiens* » s'étend hors de l'Afrique australe (dans des conditions non encore élucidées), et que le langage abstrait et l'aspect cognitif se développent. Contrairement à ce que veulent nous faire croire l'ensemble des religions (dont la science fait partie), la cognition et le sacré, qui naissent simultanément de cette nouvelle relation à la mort, ne sont pas des phénomènes de protection et d'harmonie, mais des impositions énergétiques violentes qui fragmentent et reconstituent durablement l'existence. En ce sens, l'activité symbolique et rationnelle qui en résulte n'a rien d'une reconnexion au Mouvement. Elle a pour fonction, entre autres, d'apporter un réconfort spirituel face à une Terreur qu'elle maintient notamment à l'aide de l'exercice immodéré de la faculté symbolique qui participe de la distanciation avec le Monde. Ritualiser, administrer et décider du sens de la vie et de la mort sont des manières de s'en rendre maître. Sauf que plus nous essayons de les circonvenir, plus leur essence nous échappe. C'est pourquoi l'angoisse persiste malgré toutes les narrations fictives et la production d'objets techniques : la Continuité entre la vie et la mort a été rompue.

Quand les figures pariétales du Paléolithique apparaissent, il y a environ quarante mille ans, ceux qui en sont les auteurs sont déjà très proches de nous. Leur masse cérébrale, leur posture et leur configuration physique ont sans doute peu changé depuis. Au-delà de la beauté des peintures rupestres, les fameuses traces de main négative dans la couleur ocre qui parsèment les cavernes nous en disent beaucoup. On peut voir dans cette empreinte le premier signe de propriété au sens technique : « Ceci est mon territoire, j'en prends possession par ma présence et je le signale avec une figure qui va perdurer dans le temps. » La propriété n'est pas pensable sans un propriétaire, et le propriétaire sans une identité. La main sur le mur est l'ancêtre de l'empreinte digitale. Elle permet la reconnaissance et la distinction, l'appartenance et l'exclusion. *Homo sapiens* ne va plus défendre un territoire de survie borné par son urine, mais « son » territoire. Il l'a capté. Il y a planté un drapeau. Un drapeau fait de sa main, à l'image de sa main ; cette main qui avait saisi l'outil. Cette appropriation lance le mécanisme psychique autoréflexif : « Je possède donc je suis. » Cette naissance du « Je » est un geste de menace envers la nature et envers les autres. « Je » possède la nature, « Je » peux la modifier ; et « Je » fais la guerre à ceux qui voudraient s'emparer de

« Mon » bien. C'est pourquoi pour indiquer le changement de propriétaire, certaines mains sont griffées, raturées. L'émergence de l'ego indique que la prise de distance est très avancée : le soi s'est abstrait de la nature et de son propre corps. Il faut toujours entendre dans la formule « je pense donc je suis » que la conscience, l'autoréflexion et la Pensée en général supposent le pouvoir de se détacher du Réel et d'en prendre possession. La Pensée est néantisation. En toute rigueur, la devise exacte aurait été : « Je pense donc je ne suis plus. » En inventant la propriété, *Homo sapiens* immobilise, tend et déplace les flux énergétiques de la nature et des relations. Mettant tous ses efforts pour conserver, puis étendre son premier bien, il va s'oublier dans sa nouvelle identité. S'identifiant avec l'identité, il ne fait plus qu'un avec sa propriété. Il ne se considère plus comme une entité faisant partie du grand tout, mais comme une force égotique et séparée en mesure de posséder le grand tout. Ayant transformé le tout et lui-même en de simples « avoirs », le passage de l'Être à la possession de l'Être — et donc à la dissipation de l'Être — est consommé. Cette série d'identifications donnera naissance à la personne juridique, à l'identification par le nom, le chiffre et la dynastie[17]. *Homo sapiens* crée ainsi le premier homme de paille[18] qui recouvrira, par ses actes d'identification, l'Être avec lequel il a rompu. L'emblème de la main — comme première signature de l'histoire — sacralise, consacre et entérine la disjonction fondamentale, béance « signée et approuvée » à partir de laquelle vont se développer les langages, les concepts et les logiques. Les pictographies marquent l'effort d'arrachement au Réel pour fixer dans la paroi — c'est-à-dire dans le temps et l'espace de la Réalité — les prochains essors juridiques de la disruption.

---

[17] Dynastie est emprunté du grec *dunasteia*, « pouvoir souveraineté, domination », et *dunamis*, l'énergie en puissance dirigée selon la réalisation d'un but, soit « l'énergie dirigée selon le pouvoir ».

[18] L'homme de paille ne désigne pas un simple prête-nom, mais le fait de donner un nom, une identité, une entité juridique et administrative à l'espèce humain et à chaque individu.

Maintenant qu'*Homo sapiens* est entièrement constitué, nous ne serons pas surpris de constater qu'il y a dix mille ans — à l'âge dit du néolithique —, il se propage et s'établit tous azimuts. Il imagine la plupart des innovations sur lesquelles nous continuons de croître. Il étend sa maîtrise aux plantes et aux animaux avec l'agriculture et l'élevage, manipule la matière avec les métaux, contrôle le milieu avec de grands travaux de détournement de l'eau. Cela l'amène à la sédentarisation et au stockage. C'est le début de l'expansion urbaine, de l'exode rural et des mégapoles. Contrairement aux nomades, le bébé étant éloigné de sa mère, cela augmente la possibilité d'engendrement, ce qui provoque une hausse de la natalité. Cette dernière donnée est incontournable. Elle met en évidence que la Dialectique nihiliste, en poussant la Civilisation vers l'abstraction, déconnecte l'espèce de son milieu. L'équilibre des naissances est rompu. Le taux de natalité, depuis ce moment, ne va plus cesser d'accélérer. Plus l'homme cherche à maîtriser son milieu, plus il s'en écarte. Construisant un univers ayant ses propres lois, il n'agit plus selon ses besoins premiers, naturels et nécessaires. Les nouvelles lois finissent par entrer en conflit avec la nature. Ce n'est donc pas l'observation, la maîtrise et la technique en elles-mêmes qui sont délétères, mais la Compulsion qui les conçoit et les utilise pour que le conflit avec la nature — et finalement avec tout ce qui existe — aille au maximum de l'effritement.

Il est fort plausible que les premières intentions eugénistes et les premiers génocides organisés soient apparus en cette période d'explosion des naissances. L'eugénisme[19], qui prétend aujourd'hui que le dépeuple-

[19] L'eugénisme est l'ensemble des programmes d'amélioration de l'espèce humaine par le contrôle de la reproduction, l'éducation, l'éradication des éléments considérés comme faibles et la sélection artificielle. Si l'eugénisme est particulièrement connu depuis le XVIIIe siècle avec son apogée nazi, les premières conceptualisations se trouvent chez Platon et Aristote. Les eugénistes de l'Antiquité considéraient déjà les peuples comme une matière à former, coûte que coûte, selon des idéaux transcendantaux. Les courants écologistes punitifs s'accordent particulièrement avec l'eugénisme dont ils représentent l'aspect moralisateur qui légitime le contrôle au nom de la propreté, la pureté et l'hygiène planétaire. Le courant posthumaniste donne à ces théories un nouvel essor, notamment à travers les possibilités de la technoscience.

ment de la planète résoudrait tous les problèmes, refuse d'examiner la logique initiale de distanciation et de conflit avec le milieu. Sans même parler de la possibilité de nourrir toute l'humanité avec d'autres modes de production, il suffirait que l'humain reprenne contact avec lui-même et son milieu pour que la balance de la reproduction se stabilise. Étant donné que les idéologies eugénistes dès cette période ont une large part dans le développement de l'humanité, supposons que leurs buts se réalisent et imaginons qu'un génocide brutal et de grande ampleur ait lieu. Y a-t-il la moindre chance pour que ceux qui restent vivants en ressortent avec plus de sagesse ? Le degré d'anesthésie s'aggravant au fur et à mesure de l'évolution, les heureux élus se retrouveraient dans des situations encore plus insoutenables qu'auparavant. Si nous regardons d'un peu plus près cette doctrine à travers l'histoire, nous constatons qu'elle suit toujours le même schéma. Détourner l'accumulation de mécontentements, de haines et de colères vers un objet qui n'est pas la cause du malheur. Faire croire que la disparition de l'objet du malheur s'accompagnera de l'épuration morale, du rétablissement de la justice, ainsi que du bien-être écologique et social. Mettre en place un dispositif graduel qui commence par un accroissement des contraintes, la spoliation et les humiliations quotidiennes. Favoriser la ghettoïsation, le camp de rééducation, de travail. Conclure en guerres et en camps d'exterminations. Ce dispositif flexible permet une plus-value maximale en termes de rentabilité économique et psychique. Les intentions et les arguments eugénistes se révèlent être une stratégie pour propager l'obéissance, la dépression et la tendance au sacrifice, c'est-à-dire la haine de soi. L'efficacité du dispositif ne fait aucun doute : depuis quinze mille ans, le balancement entre enfantements et génocides s'intensifiant, le gouffre entre la nature et l'homme s'élargit ; la fabrication de la Réalité prend des proportions monumentales.

Nous arrivons à notre période moderne, qui commence il y a cinq mille ans. Ce qui caractérise notre époque, c'est la naissance de l'écriture qui est d'abord apparue en Mésopotamie et en Égypte.

L'écriture fait accéder à une abstraction jamais atteinte jusqu'alors. Elle permet l'essor de la logique et des mathématiques, les actes juridiques, symboliques et philosophiques et, bien sûr, les manuscrits et les monnaies qui vont fluidifier les échanges techniques, culturels et commerciaux. Chaque période de l'histoire aime à se qualifier de « révolutionnaire ». Cependant, l'industrialisation et la digitalisation ne sont que des conséquences techniques et cognitives récentes de l'abstraction qui s'amplifie. Le code algorithmique est une extension inévitable de l'écriture sur un support numérique. L'algorithme et la grammaire suivent la même logique formelle. L'écran plasma délivre une information plus rapide que le support de pierre ou de papier, mais moins solide. Après tout, l'ordinateur n'est qu'un grand livre interactif. D'ailleurs, leur mode de production et leur mode de travail n'ont libéré l'homme ni de l'exploitation, ni de l'aliénation, ni de la dégradation écologique. De ce point de vue, l'écriture serait une étape dans une révolution qui a commencé il y a plus d'un million d'années avec l'usage du premier outil. On peut dire que depuis cinq mille ans, l'accélération par l'écriture entraîne mécaniquement l'extinction massive des biotopes, la diminution de la variété des espèces, la pollution des éléments, l'homogénéisation des cultures, le conformisme des individus et la militarisation générale.

Que notre période voit émerger les empires, qui regroupent et assèchent la variété naturelle et culturelle dans des ensembles toujours plus vastes, n'a rien d'une surprise. L'homogénéisation (ou massification) fait partie du mécanisme de refroidissement du Mouvement. La Civilisation a comme destin d'être impérialiste et totalitaire, en ce sens où tout ce qui existe doit être dévitalisé. Les travaux de W. Benjamin, T. Adorno, H. Arendt, M. Foucault et G. Agamben ont parfaitement montré comment le système occidental depuis l'Antiquité suit une logique totalitaire, notamment depuis l'avènement de la bourgeoisie marchande qui en permet une globalisation. Plus aucune dimension de la vie n'échappe à ce système de surveillance, de punitions et de dressage, tandis que l'État d'exception devient progressivement la règle permanente. Selon les termes de G. Agamben, l'objectif du pouvoir (*bios*) est de réduire l'existence à une survie dévitalisée (*zoé*). Le totalitarisme atteint son apogée lorsque la vie publique et privée, civile et familiale est en passe de devenir un camp à ciel ouvert.

Si l'on adapte les termes de la biopolitique à notre interprétation historique, on dira que la Compulsion (*bios*) réduit le Mouvement (existence) à un Objet inerte (*zoé*), jusqu'au terme totalitaire de l'autodestruction nihiliste. Immanquablement, l'impérialisme totalitaire aboutit à la possibilité concrète de l'autoextermination par de multiples moyens, notamment le nucléaire. Rappelons que cette technique est issue de la rupture en chaîne du lien atomique. La Dissociation agit à toutes les échelles, aussi bien géopolitique que microscopique. Toutefois, le Mal-Être ne réside pas tant dans le dilemme de faire usage ou non de l'arme nucléaire que dans l'état psychoémotif suicidaire dans lequel nous met cette menace. À la fois terrifiés par la possibilité de s'anéantir, et orgueilleux de pouvoir s'anéantir, nous sommes le siège biologique de l'alliance décuplée entre la Terreur et l'Omnipotence. La bombe A représente cette étape démiurgique, bien que les guerres dites « conventionnelles » et les politiques libérales occasionnent bien plus de dégâts. Et nous jouissons de ce spectacle tel un dieu, certes négatif, mais un dieu tout de même. Les termes de « progrès », « évolution », « révolution » sont à réviser selon ce contexte. Il n'y a bien entendu aucune amélioration morale, ni de bonheur ni d'harmonie. Les qualifications anthropologiques de *Sapiens*, *Habilis*, *Faber* décrivent fort bien le moyen que la Compulsion a mis au point pour produire le maximum de haine de soi : la connaissance. L'apocalypse programmée, qui semble avoir commencé au cours de la Préhistoire, apparaît tout simplement de plus en plus flagrante.

En ces temps de polémiques autour de la technique, il est bon de préciser que le phénomène technique, dont l'écriture est le développement paradigmatique de l'emblème de la main, ne signifie rien par lui-même. Il est directement issu de la Compulsion. Il ne suffit pas de dire « la technique n'est ni bonne ni mauvaise, tout dépend de l'usage qu'on en fait ». Le problème, avant d'être moral, concerne précisément celui de l'usage. Comme nous venons de l'examiner, l'événement de l'« utile » cultive un rapport de rupture avec le Monde. Interroger cette scission, tel est le point de départ. Il est déjà bien difficile de s'extraire de déterminations morales, mais encore plus de la valeur d'usage. Quand c'est toute une mentalité qu'il faudrait changer, se raconter une fable sur la possibilité d'un « usage éthique » de la technique apparaît non pas seulement comme une fourberie de l'alliance entre le Capital et la bonne conscience, mais comme faisant partie de la domestication nihiliste.

Géographie du Mal-Être

Je vous propose de prendre une vue d'ensemble sur ces cinq mille dernières années et d'en saisir la photo. Nous mettrons en lumière le système du pouvoir qui s'appuie sur la domination du Corps, de l'Esprit et des Échanges.

La conduite des corps

Trois axes pour dominer le Corps : travail, guerre, apprivoisement.

Travail

Comment le travail permet-il de dompter un corps ? Tout d'abord en le réduisant à un objet utile. Le corps n'est plus vécu comme une présence unique et singulière au monde, mais comme un instrument fonctionnel de transformation devant générer de la plus-value. À partir de cet objectif, le système du profit impose au corps un rythme de vie, un déplacement dans l'espace et le territoire, un environnement socioculturel et une dépense calculée d'énergie. L'esclavage, le servage et le salariat, qui sont différents systèmes de travail, obéissent néanmoins aux mêmes principes de transformation, de fonctionnalité, de profit et de contrainte faites aux corps. C'est ce que les esclaves noirs avaient chanté avec ironie lors de l'abolition de l'esclavage : ils rappelaient qu'au fil des siècles, ils avaient fini par obtenir le couvert, les vêtements, le gîte et parfois même un pécule, mais que depuis la « libération », ils erraient comme des clochards sur les routes à la recherche d'un travail. D'esclave au minimum vital, ils se retrouvaient chômeurs misérables. Et pour les « chanceux » qui avaient trouvé du travail, le salaire servant à assurer justement le minimum vital, il devenait difficile de faire une nette différence avec l'esclavage, d'autant plus que le marché du travail concurrentiel tendait à baisser les salaires et à augmenter le coût de la vie. Rien n'a changé aujourd'hui. Les conditions de pauvreté sont telles que nous en venons à désirer être mis au travail, de sorte à pouvoir survivre.

Toutes les couches sociales dépendent du travail. Le paysan, l'ouvrier, l'artisan, le prestataire, le fonctionnaire, etc. Les nouveaux jobs autour du digital ne doivent pas faire illusion. Être sur son écran est au moins aussi aliénant qu'être à la chaîne dans l'usine. Ces métiers étant encore peu régulés, les entraves faites au corps sont particulièrement extrêmes concernant l'ergonomie, l'impact cérébral, le temps, le déplacement et la socialisation. Les start-up, l'autoentreprise et les professions libérales demeurent dans la logique du travail. Être son propre employeur ne change rien quant à la dépendance à la rémunération, à l'administration et surtout au Marché, qui dicte la valeur et les nouvelles formes et temps de travail.

Ce qu'on appelle « l'ascenseur social », qui permet d'obtenir plus de richesses financières et symboliques grâce à son travail (et à la chance), ne signifie pas que l'individu se soit débarrassé des contraintes. S'il est assurément moins dans la survie, son corps a dû s'adapter à une longue série de domestications pour obtenir ce genre de bénéfices. C'est pourquoi les nouveaux riches, obligés de passer par le mécanisme — souvent inconscient — de normalisation, ont oublié au passage leurs conditions de départ, au grand dam de leurs anciennes connaissances.

Profiter du travail des autres pour s'enrichir et prendre du bon temps ne suffit pas à s'extraire de la dynamique laborieuse. Le rentier, dépendant justement du système de travail, sera d'autant plus attentif à ce que les travailleurs lui rapportent les bénéfices. Il est particulièrement dépendant du rapport de domination qu'implique le travail. Aussi cette personne est-elle assujettie au système du travail dans son rapport aux autres, dans son attention et sa structure psychique et dans le temps consacré à cette organisation rentière. Les actionnaires et les PDG sont souvent de grands angoissés avec de forts handicaps affectifs et psychologiques.

Quelles que soient les classes sociales, le travail anéantit les motions du corps et donc la présence à soi. C'est ainsi que la maladie est trop avancée quand dans l'urgence nous en prenons conscience. Nous essayons d'effacer les souffrances physiques et mentales à l'aide d'addictions qui exacerbent certaines fonctions chimiques, tout en étouffant notre sensibilité. Les liens sociaux deviennent fragiles et discontinus. Le plaisir de vivre s'éloigne à chaque corvée. Le temps se restreint à « l'emploi du temps » et à la pénibilité. Nous ne savons plus ce que nous voulons et qui nous sommes. Les épuisements, les dépressions et les suicides se succèdent. Avec notre corps déformé, malade et triste, nous essayons par tous les moyens d'oublier — mais jusqu'à quand ? — que nous avons perdu notre vie à travailler.

Guerre

La guerre développe un large panel d'appropriations des corps. Tout d'abord, rappelons que le guerrier est un soldat qui reçoit une solde, c'est-à-dire dont la survie dépend de l'institution. Il n'est pas un combattant qui lutte pour une cause hors institutionnelle — et souvent contre elle — et qui retourne à la vie civile lorsque le combat est terminé. La guerre comme métier implique une concession sans réserve de son corps et de son esprit au système de pouvoir. Or cette concession se fonde sur un unique principe : s'abstraire du corps. L'armée est logiquement prise comme paradigme, surtout en temps de crise, où le formatage disciplinaire de la société civile et la mobilisation militaire deviennent un passage obligé pour la citoyenneté. Avec les empires, la guerre est devenue de plus en plus cruelle et totale. Cruelle, parce que la distanciation grandissante — notamment depuis l'industrialisation — fomente l'indifférence aux souffrances et augmente la quantité de massacres ; totale parce qu'elle étend la soumission militaire à tous les domaines. La digitalisation, l'IA, les drogues et les nouvelles technologies accentuent encore l'insensibilité. Les drones sont savamment dirigés depuis l'écran pour procéder au dynamitage des populations et des infrastructures, jusqu'au point où il ne reste plus aucune végétation. Les groupes et les individus se comportent comme des machines à tuer et prêtes à être sacrifiées. Les soldats ayant été vidés de leur corps et de leur mémoire, la guerre peut recommencer ailleurs. Parallèlement, la logique belliciste déploie des embargos économiques, des déstabilisations internes et une « couverture médiatique » qui couvre des atrocités. Réalisant le comble de l'inhumanité à travers un homme « post-Internet », la propagande assèche l'expérience réelle et la possibilité d'empathie. Le corps et les réactions sensorielles sont diffractés sous les chocs émotifs et médiatiques. Dans une ambiance d'agression et d'insécurité permanentes, il n'y a plus que des différences de degré — et non de nature — entre périodes de paix et périodes de guerre.

C'est ainsi que la vie civile continue la logique d'agression. Reprenant la pensée de Hobbes, Spinoza, Clausewitz, Marx et Foucault, on parle dorénavant — et à raison — de « guerre indirecte ». Le Marché est le terrain de violentes compétitions. Il impose aux champs et aux pratiques professionnels des attitudes et des modèles militaires. Il s'agit de ruser, de calculer, de prendre d'assaut son concurrent, pour prendre des « parts du Marché » — sous peine de se retrouver sans le sou. Ce qu'on appelle « les morts économiques » ne cesse d'augmenter à mesure que les politiques libérales accélèrent la privatisation, l'inflation et la dégradation du milieu et de la vie. Il n'est plus un endroit sur la Terre qui ne soit pollué et dont la survie ne dépende des flux financiers. L'insécurité, la misère, le découragement et la colère sont les conséquences délétères de ce système en roue libre. Face à ces réactions, les pouvoirs gouvernementaux renouvellent les stratégies de *monitoring* des populations avec les nouveaux moyens biologiques (immuno-stérilisation, perturbateurs endocriniens...), financiers (aides de l'État, accès à la propriété, taxations, dérégulation, réquisition...) et idéologiques (catastrophisme, climatologie, conflits identitaires...). Perpétuer un état d'urgence devient la priorité : le Devoir-Être s'en trouve renforcé. La déclinaison quasi infinie des différentes formes de guerres maintient un état de peur et de vigilance. En rendant le corps insensible et abstrait, l'état d'exception peut organiser une suite intemporelle de chocs. Ceux-ci immobilisent les émotions, désensibilisent aux nuances, dépouillent du sens critique, réduisent les relations à une polarité allié/ennemi. Cet état, qui épuise impitoyablement le métabolisme et dévore les organes, incite à produire toujours la même réponse à cette situation dégradante : accroître le contrôle et la militarisation. Il est nécessaire de préciser que la prédation, l'accaparement, l'ingestion ne sont pas nihilistes en eux-mêmes. Ce qui distingue l'instinct animal de l'homme civilisé, c'est précisément la Compulsion. L'animal tue pour sa survie, l'*Homo sapiens* promeut les camps pour anéantir toute vie. Le combat animal fait partie de l'évolution énergétique naturelle, la guerre humaine fige cette évolution dans l'horreur éternelle.

Apprivoisement

Parallèlement aux forces directement aliénantes du travail et de la guerre, une troisième force finit d'accaparer l'Énergie de l'humain en dérivant le temps qu'il reste, mais de manière plus subtile. C'est le temps libre du loisir, du jeu, du sport, de l'art et du divertissement, mais aussi celui de l'éducation. En anglais, l'ensemble des techniques qui utilise cette façon de faire a été nommé *soft power*. En français, cette expression est généralement traduite par « puissance douce ou persuasion ». Il manque à ces termes la dimension anthropologique de cette tactique. Le mot le plus juste serait celui d'« apprivoisement ». « Apprivoiser » signifie « rendre plus docile un animal sauvage, afin de le faire entrer dans la sphère privée de la civilisation ». Apparemment moins violent que la domestication et le dressage, l'apprivoisement est encore plus efficace en ce qu'il est progressif, invisible et implique un certain consentement de la part de l'animal. Cependant, le but reste le même : normaliser les individus selon les règles du jeu dictées par la Réalité.

Comme l'ont compris dès le début du siècle dernier Marshall McLuhan (in *The Massage is the Message*) et Edward Bernays (in *Propaganda*), puis Noam Chomsky (in *Manufactoring Consent*) et Naomi Klein (in *The Shock Doctrine*), l'éducation ne se limite plus à la sphère parentale et scolaire. Les idées, les rêves, les valeurs et les comportements passent à travers les médias — de manière imperceptible et continue. Dans ce contexte, on pourrait penser que les moyens financiers permettent d'échapper au formatage. En fait, au lieu de relâcher le contrôle et la discipline, ils permettent l'insertion dans des milieux restreints encore plus contrôlés. C'est pourquoi plus on escalade l'échelle sociale et culturelle, plus on dégringole dans le conformisme. Les parents, qui sont conscients de cette élévation dégénérative, ont le plus grand mal à transmettre un autre rapport au monde, déjà pour la simple raison qu'ils n'en ont plus le temps.

Le sport réduit l'activité physique à la décharge d'énergie, la beauté de la forme, le besoin de se rassembler dans une société atomisée et la compétition narcissique, pendant que le pouvoir le transforme en un spectacle à des fins lucratives, de propagande et de glorification.

L'art, depuis au moins la tragédie grecque, jusqu'au ministère de la Culture, en passant par les institutions religieuses, a bien du mal à sortir du rêve éveillé synthétique (évasion) de la bien-pensance, ainsi que de la valorisation de soi à travers le business et le spectacle. Le produit artistique, conçu pour fuir la Réalité qui est elle-même une fuite, et pour reproduire un rêve qui n'en est pas un, participe à l'aliénation du temps intime.

Le divertissement est certainement plus « éducatif » que les écoles. L'objectif d'embrigadement est atteint avec plus de sûreté en passant par des activités apparemment ludiques, des émotions euphoriques et la conjuration collective hallucinatoire. Le jeu vidéo franchit un cap dans le rétrécissement des corps. Le formatage s'introduit dans l'infiniment petit. Il devient organique, cognitif, neuronal. La petitesse de l'écran et l'interactivité globale permettent le branchement perpétuel sur la sphère intime. Le son, l'image et l'écriture, passés sous forme électronique, captivent et dérèglent le cerveau. L'interactivité, qui construit une réalité virtuelle intégrale, aura fini d'isoler les personnes, de les enfermer dans un imaginaire coupé du Réel et d'induire de nouveaux réflexes physiques, relationnels et psychoaffectifs.

La sexualité, qui est censée être une des plus grandes opportunités pour rencontrer son propre corps, découvrir celui de l'autre, éprouver l'union, devient un lieu de stress. Rarement un moment de spontanéité, de relâchement et d'inspiration, elle est plutôt une performance, une étape pour des calculs inavoués, un moment d'absence ou un quart d'heure sous pression. Si on ajoute l'inflation d'images virtuelles qui hante l'imaginaire, la rencontre sexuelle réelle a tendance à devenir une intrusion perpétuellement traumatique. Les corps hypnotisés deviennent incapables d'accueillir et de comprendre la multiplicité et l'amplitude des sensations et des émotions — encore moins la profondeur des rapports qui se jouent. Ce n'est plus de la sursensibilité, mais de l'allergie à la sensibilité. Face à cette situation, les comportements sexuels sont de plus en plus stéréotypés, portés à l'extrême, surjoués, détachés, voire contractualisés.

Dans cet univers d'acharnement pédagogique, les drogues, l'alcool et les psychotropes vont ouvrir la voie à l'évasion comme ultime recours avant le suicide — ou telle une lente disparition programmée. Avec la dépendance chimique, la domestication atteint son paroxysme. En finissant de modifier intérieurement et chimiquement le métabolisme, la Compulsion habitue les corps à la prochaine étape de la Réalité : déflagration du vivant, et plus généralement, réduction de la Matière au plus proche de l'inertie nihiliste.

La conduite des âmes[20]

Élitisme et eugénisme

À partir du moment où la Compulsion se dissocie de l'Être et qu'elle crée la Civilisation fondée sur la séparation entre l'Esprit et le Corps, il est inéluctable que le premier domine le second, tel le berger qui décide du destin de ses bêtes. Pour installer cette domination, la Compulsion va inverser la cohérence ontologique, « le Non-Être est, il est même plus que l'Être, donc il vaut plus ». L'invention de la valeur va permettre un nouveau degré, « moi l'Esprit, je vaux plus que le Corps, donc je peux l'utiliser à ma guise ». Voilà comment, de manière brutale et séculaire, le Corps est assimilé au Non-Être, l'Esprit à l'Être ; alors que c'est exactement le contraire ! Cette autolégitimation par la valeur fait que le Non-Être dirige l'Être et que l'Esprit régit le Corps. L'élitisme, qui est toujours l'Intelligible estimant qu'il vaut plus que le Sensible, est donc consubstantiel à la Civilisation. Les élites sont le plus souvent convaincues de leur supériorité et de leurs méthodes. C'est pourquoi l'élitisme se combine parfaitement avec l'eugénisme ; il en est même la face cachée. Le totalitarisme, qui porte cette idéologie à son sommet, se fonde sur l'idée que les humains sont une masse à diriger. Le discours élitiste à l'égard des foules est d'autant plus dangereux qu'il semble rudimentaire et banal : « les mensonges c'est pour leur bien… ils ne savent pas ce qui est bon pour eux… l'autoritarisme a du bon… il faut en éliminer beaucoup pour le bien de tous… » Ce dont les élites n'ont pas conscience,

---

[20] Cette expression renvoie à la direction et au gouvernement des âmes vers l'ordre de la justice et de la vertu. Cette doctrine, qui parcourt l'orphisme antique et la philosophie médiévale, prend son expression moderne chez Kant avec une impulsion au devoir spontanément produite par la raison qui contraint les inclinations naturelles. Dans cette section, il s'agit de montrer comment la Compulsion donne naisssance à la raison et structure l'idéologie selon un ordre, certes, mais fondé sur la volonté nihiliste.

en revanche, c'est que du point de vue de la Compulsion, elles sont également envisagées comme de simples rouages pour la propagation du Mal-Être. Cette inconscience est essentielle : le sentiment de supériorité joue un grand rôle dans la cohésion narcissique de chacun. Le système de la Réalité entretient donc la compétition narcissique entre tous, afin d'assurer une logique de domination sur l'ensemble des différents niveaux. Ce n'est pas, autant qu'on le croit, les privilèges matériels qui tiennent un individu que le sentiment d'être supérieur, légitime et d'exercer sa domination sur autrui afin de ressentir son propre pouvoir.

C'est à l'aune de ce système des valeurs qu'il faut comprendre les doctrines de l'Esprit, dans lesquelles je réunis les philosophies, les religions et les idéologies. Ils se comptent sur les doigts d'une seule main les penseurs qui ne sont pas élitistes. Ce n'est pas le lieu de faire la généalogie morbide de la philosophie, mais à partir du moment où l'Esprit est décrété supérieur, comment ne pas vouloir faire partie de ceux qui «pensent» ? Le ciel des Idées, la forme, le cadre, la Pensée, la Psyché ! Quelle place de choix dans le système des valeurs ! Quelle promotion irrésistible ! Les philosophes ne sont-ils pas les chantres de la Raison, les gardiens des valeurs contre les irresponsables, les garants de la Civilisation contre la barbarie ? Quel philosophe ne rêve pas de dresser les corps ? D'éduquer les masses pour leur bien ? Faire un effort continuel de chaque jour pour aller vers le meilleur ? La connaissance n'est-elle pas ce qui élève l'homme de sa condition, ce qui le distingue de l'animal, ce qui définit le bien et le mal, ce qui permet d'avoir la maîtrise sur le Monde ? Les intellectuels ont à charge de mettre au goût du jour l'élitisme fondamental, de réadapter l'idéologie de la valeur pour les personnes de leur temps. Travailler la forme, trouver les mots et les concepts à la mode qui résonneront à l'oreille des citoyens. Faire apparaître le détail qui fera resplendir l'ancien comme si c'était du neuf. Chaque époque répète la même rengaine, mais de manière différente. Confucius, Platon, Aristote et beaucoup d'autres ne sont pas corrompus avec le Pouvoir ; ils font partie du Pouvoir. La légitimation de l'esclavage, de la hiérarchie, du suprématisme, de la domination, etc., ne sont pas des erreurs de parcours ou des clichés d'époque auxquels nos « génies de la sagesse » auraient cédé. Ils pensent véritablement ainsi, précisément parce qu'ils sont des experts, des spécialistes de la Pensée.

Ayant compris que l'élitisme menait au suicide, beaucoup en ont déduit que la solution serait d'effacer la différence entre le chef et l'esclave. Tout le monde sera à la fois chef et esclave. Chef de son Corps et de son Esprit, mais soumis à quelque chose de plus grand que tous les Corps et les Esprits de tous les chefs réunis. C'est l'invention de la transcendance. Que cette dernière soit divine, humaine, rationnelle ou autres, elle prend toujours la forme de la Loi. Or la Loi, c'est de nouveau l'Esprit intelligent qui dresse le Corps sensible. Au lieu de sortir de la logique de l'élitisme, les tenants de l'égalité font de l'élitisme la Loi universelle. Nos belles âmes s'avèrent être des agents d'accélération de la Dissociation. À l'instar des chefs qui pensent dominer le système, les idolâtres de la Loi qui pensent sauver le monde ne doivent pas s'apercevoir de la supercherie ; ils perdraient leur croyance et pourraient devenir des poids lourds pour la chevauchée du Mal-Être vers l'eugénisme.

Animisme

De manière moins aristocratique et plus populaire, les religions assument le même rôle de guide auprès des « égarés ». L'animisme pose les bases. En transformant la respiration en parole, il convertit le Mouvement en signification. Le mental prend le pouvoir sur le souffle vital. Le verbe reconstruit l'univers. La représentation s'interpose entre l'homme et le Monde. La mise à distance est un véritable abîme. Cette béance originelle sera le portail des fantasmes les plus effrayants (Effroi) et des désirs les plus déments (Pouvoir). Ces forces que nous avons déchaînées, il faut les administrer. Nous inventons du sens, des rites, des prières et des formules magiques. S'attirer le bien, repousser le mal. Punir les méchants, récompenser les bons. Si ce n'est dans cette vie, ce sera dans une autre — ou dans un au-delà inaccessible. La béance s'immisçant dans tous les rapports, les commencements cosmiques séparent le haut (ciel) et le bas (terre). Les temps sont sectionnés, puis coordonnés selon un nouvel enchaînement linéaire et généalogique. Les morts sont écartés des vivants. Les forces canalisées sont nommées. Elles se muent en un panthéon riche de mythes et de dynasties qui détaille la nouvelle condition humaine empêtrée dans une loi cosmogonique. Cette dernière dresse mécaniquement les forces et les entités les unes contre les autres. Il n'est plus question que de prise et de conservation du trône.

Religions

Les religions monothéistes se spécialisent dans la psychologie de la domination. La vie est passée au peigne fin et soumise à des liturgies, des devoirs et des interdits : sexualité, travail, alimentation, habillement, loisirs, art, éducation, codes sociaux, comportement. Les alliés et les ennemis sont désignés. Vivre devient une souffrance, un pensum, une complication maniaque dans les sentiers tortueux de la faute et de l'expiation, de la honte et de la culpabilité, de la punition et de la rétribution. La charité, l'amour, le pardon viennent soulager des péchés innombrables qui s'accumulent… sans rien changer à l'affaire. La bonne conscience s'achète et stabilise la légitimité des abus. La promesse de l'indulgence plénière en est un bon exemple : en vue de la première croisade, le pape ayant promis la rémission pour tous les péchés, la population se mit à massacrer les Juifs, par fanatisme eschatologique et millénariste, mais aussi pour récupérer leurs biens.

La vie est rendue si malade que nous imaginons un détachement avec sortie sans réincarnation : nirvana, stoïcisme, ataraxie, extase. Cependant, quitter la vie dans ces conditions, n'est-ce pas une victoire du Mal-Être ?

Ésotérisme et occultisme

L'ésotérisme et l'occultisme vitupèrent contre la rationalisation, le matérialisme et le Marché. Mais s'appuyant sur l'appareil rationnel, ils proposent des instruments pour évaluer, canaliser et utiliser l'Énergie sous divers noms : corps astral, ondes, vibrations, esprits... Leurs représentants, censés délivrer des messages cachés extraordinaires, passent rapidement des étoiles aux affaires. Ces approches multiplient les interprétations à partir du « sens caché », de « la géométrie sacrée », des « rites de purification », ressuscitant les vieux ressorts des religions de la Terreur et de l'Omnipotence.

Sciences

Dans ce labyrinthe où l'on marche sur les cadavres, la science arrive avec des allures de rédemption : « Tout cela n'est que croyances et superstitions. Mettons du sens, de l'objectivité et de l'ordre. » À y regarder de près, et avec l'expérience du temps, la science n'a fait que mettre au point un autre mythe. La croyance en la Raison est toujours une croyance. Les superstitions ont pris l'allure de statistiques et d'espérance mathématique. Toutefois, il faut reconnaître qu'il y a une sorte de progrès. L'humain peut imaginer concrètement imposer la Loi à la nature. La douleur peut être supprimée, ou du moins fortement atténuée. La technique ouvre des voies innombrables de contrôle et de modification. Le « paradis » descend sur terre. L'immortalité ne semble plus si loin. Cela a un prix : monstruosités chimiques, réactions violentes de la nature (résistances et dérèglements), crime au sein du paradis, angoisse de l'autodestruction, effacement de la mémoire, anesthésie intégrale, indifférenciation globale. Le choix est fait depuis longtemps. La réduction n'est pas une option. Elle est lancée depuis belle lurette. La science est indéniablement un saut qualitatif dans la disgrâce des corps et l'hypertrophie du mental. La Raison scientifique ne se rattache pas seulement à la technique ; elle est devenue spirituelle. Depuis la Dissociation, nous sommes en carence : il est impératif de trouver du sens. La science a pris en compte notre déréliction humaine. Le sens et la spiritualité doivent être validés. Chaque produit est une réponse hautement mystique. La nouvelle étape anagogique est délicate. Tout doit être effectué de manière rigoureusement scientifique et passé au crible du contrôle expérimental. La science devient le juge suprême de la valeur. Ce n'est plus la philosophie et la religion, mais la science qui établit les nouvelles hiérarchies de la connaissance et de la spiritualité : mathématique, physique, biologique, juridique, politique, sociale, anthropologique, éthiques, humaine, etc.

La psychologie devient une affaire de neurotransmetteurs. Les affects suivent le schéma observable action/réaction, bon/mauvais, bien/mal, oui/non, 0/1. Attention : il ne s'agit pas d'une réduction de l'humain à l'animal. Considérer l'animal de manière aussi simpliste est une vue de l'esprit. Ou alors il s'agit d'un animal de laboratoire, c'est-à-dire altéré (torturé) par l'homme. Cette réduction va dans le sens de l'inertie, non point de l'animalité. Cette dernière est bien plus riche que n'importe quel cerveau humain meurtri par la Raison. Même la psychanalyse, qui s'oppose en partie aux sciences comportementales et cognitives, n'échappe pas à ce nouveau paradigme qui franchit un degré déterminant dans la dématérialisation. L'émotion, la pulsion, les affects et la pensée sont des éléments de « l'appareil psychique » voués à être « sublimés ». Le psychanalyste se fait l'éclaireur audacieux de l'inconscient. Celui-ci n'est pas cette étrangeté que l'on pensait irrationnelle, mais une construction rationnelle immémoriale à décrypter scientifiquement. Au plus profond de l'inconscient, que découvre-t-on ? La Loi. Est-ce vraiment une surprise ?

Le sens et l'abstraction ont pris une telle envergure que l'idéologie censée être la plus révolutionnaire — le communisme — a confectionné une scolastique qui défie toutes les exégèses : le « matérialisme dialectique ». Cette théorie pratique nous oriente rationnellement vers une fin lumineuse où les derniers seront les premiers. Ce providentialisme sans Dieu, ou téléologie sans théologie, s'appuie comme il se doit à ce niveau cosmique de l'abstraction sur la technoscience et le royaume des fins. L'homme, envisagé comme un « être fragile », ne peut s'extirper de « sa misérable condition » qu'en assignant un but au déroulement historique soumis à des lois rigoureuses et en transformant la nature à l'aide de la technique. Pourtant, certains courants anarchistes et libertaires — et Karl Marx lui-même — avaient rappelé que l'essentiel était de se départir de l'État, du travail, du salariat, de la propriété et des classes sociales. La Compulsion est si astucieuse que les « révolutionnaires » ont substitué ces bonnes idées par : plus d'État, du travail pour tous, un meilleur salaire, la propriété accessible à chacun mais gérée par l'État (les monopoles), l'accès au pouvoir à une frange des victimes du pouvoir (minorités, discriminés, marginalisés) et pour finir en beauté, la bourgeoisie marchande comme idéal planétaire.

Le Processus a comme tâche d'inhiber toute motion qui pourrait déranger la constitution de la Réalité. Néanmoins, la Civilisation a besoin d'une racine sauvage pour se renouveler, à condition de la détourner et de la policer. C'est ainsi que les courants alternatifs et anticonformistes, réellement libres et inspirés, sont toujours confrontés à un piège en trois phases : intégration, normalisation, reproduction. Après avoir été acceptés, les contestataires sont banalisés puis hissés aux postes de pouvoir. Le système de domination se trouve ainsi renouvelé de manière énergétique, éthique et politique. Ce qui ne pourra être intégré sera calomnié, ostracisé puis éliminé. Cette capacité de récupération fait partie du mécanisme qui permet à la Civilisation de prendre son envergure totalitaire.

Les doctrines de l'Esprit — de l'animisme au communisme, en passant par la philosophie, les religions et la science — se conjuguent, se complètent et se juxtaposent pour hisser l'élitisme et/ou l'eugénisme jusqu'aux plus hautes cimes de la spiritualité. Le Corps, la nature et la Matière ayant été évalués et jugés nuls et non avenus, il est urgent d'en réorienter toutes les énergies selon l'idéal de l'Esprit. En toute logique, cet idéal est de transfigurer l'Existence en Esprit. De cette opération rationnelle, esthétique et technique que l'on appelle « sublimation », naîtra le plus beau produit que la Civilisation puisse créer : le nouvel homme. Sauf que cet artefact n'est pas aussi parfait que l'on espérait, et rien ne laisse présager qu'il le sera. Et pour cause : l'Esprit n'est pas issu de l'Être comme il le prétend, mais de la Compulsion au Non-être. C'est pourquoi ce n'est pas une superbe créature au maximum de son potentiel que l'on voit se dessiner, mais un zombie inorganique et décharné. Ne tenant plus sur ses jambes et purgé de sa moelle, il est appareillé de prothèses internes et externes qui le font aller nulle part, mais toujours en courant.

La conduite des échanges[21]

Langage et modèle économique

Nous avons bien saisi comment le système compulsif fabrique une relation asymétrique entre le Corps et l'Esprit. Il nous reste à déterminer quel genre de communication s'établit entre les individus — constitués d'un Corps et d'un Esprit. Nous avons déjà constaté que le langage suivait la Dissociation originelle en scindant le flux entre la Chose et la représentation. Cette rupture et la représentation qui s'ensuit donnent lieu à une identification de chaque Chose. L'identité de chaque Chose ayant été définie, les Choses peuvent être confisquées, possédées, reconstituées. Cette appropriation par la désignation permet de les évaluer, de les comparer et, enfin, de les échanger. Il s'organise un réseau de noms et de significations de plus en plus complexe qui diverge du Réel. Durant cette opération, qui commence par la division pour aller vers la valeur d'échange, la Chose s'est muée en Objet.

Les échanges concrets, notamment économiques, suivent la même transformation. Le troc n'échappe pas à l'Objectivation ; il en est même un phénomène très avancé. « Ma vache vaut cinquante armes de guerre » suppose l'identification, l'évaluation, la comparaison et enfin l'Échange.

---

[21] Le terme « échanges » m'a semblé le plus adéquat pour montrer comment les relations passent sous la valeur d'usage et d'échange. Celles-ci impliquent une identité, une équivalence et une comparaison, c'est-à-dire une procédure de calcul rationnel d'Objectivation des personnes et de leurs rapports.

La cellule communautaire, qui vit selon ses besoins en harmonie avec la nature, a déjà éclaté depuis longtemps[22]. La concurrence, les monopoles et l'esclavage sont certainement contemporains au troc, voire antérieurs. Les objets qui incarnent des valeurs chiffrables et échangeables (coquillages, grains de maïs, graines...) représentent une gradation dans l'abstraction. Le phénomène monétaire accroît, de manière drastique, la mathématisation des échanges. Aristote formalisait dès l'Antiquité la fonction de la monnaie comme « valeur chiffrable qui régule les échanges ». En supprimant toute référence à des matières précieuses (or, pétrole, etc.), le numérique s'éloigne encore du Réel, ce qui favorise la dérégulation des taux et des monnaies. Ce n'est donc pas tant l'argent qui compte que la valeur qu'il représente, qui lui préexiste, et qui plonge ses racines dans la Dissociation. Le fond du débat autour de l'échange économique n'est pas tellement de savoir s'il serait bon de retourner à la monnaie, à l'or ou au troc, que d'interroger notre rapport à la valeur et ce qu'elle reflète de notre rapport au Monde.

Émotion et modèle de la valeur

Le Moyen Âge a le mérite de nous rappeler, de manière claire et assumée, que nos transports émotifs sont également organisés selon la valeur d'échange. Le mariage était un des meilleurs moyens, avec la guerre et les achats de propriété, pour étendre son domaine de servage et son pouvoir seigneurial. On disait que ce genre d'union, contrairement à la guerre, était un arrangement pacifique autour des « intérêts communs ». Mais est-ce vraiment le cas, quand il y a une telle pression sociale, politique et économique ? N'est-ce pas une forme de guerre faite aux corps, aux sentiments et aux passions ?

---

22 Si tant est qu'une telle cellule communautaire ait vraiment existé. Pierre Clastres décrit, chez les Indiens d'Amazonie, des formes de société sans État et sans échange très proches de cette harmonie, bien qu'il relève déjà des conflits de prestige, de guerre et de terreur spirituelle. David Graeber et David Wengrow estiment que « l'histoire nous restera à jamais inconnue » et que nous en ferons toujours des interprétations. En ce qui concerne le Mouvement, la véracité anthropologique est secondaire, dans la mesure où il s'agit, ici et maintenant, d'aller vers la Transe-Mutation.

La psychanalyse avait vu juste. En comprenant que notre vie intime dépend d'un appareil psychique qui gère les affects sur un mode économique, cette science a découvert que l'admissible et le spontané sont la plupart du temps le résultat complexe d'échanges affectifs. C'est pourquoi on emploie le même vocabulaire concernant les émotions et l'économie, notamment autour de la dette et de la rétribution. La valeur symbolique s'accompagne toujours d'une valeur économique et juridique, et *vice versa*.

La dette, à point nommé, est un marché qui exacerbe la culture de l'abstraction et de l'inertie. Les échanges économiques sont influencés, voire régulés, à partir d'une spéculation particulièrement impalpable et immatérielle : le crédit. Celui-ci est du paiement sur du temps non encore advenu. La confiance qu'il implique est également volatile et soumise à la séduction. De plus, les jeux d'écriture permettent de prêter avec des capitaux qui n'existent pas. Les détracteurs de l'usure avaient très bien compris qu'il s'agissait d'un moyen efficace pour s'emparer des biens d'autrui. Dès l'Antiquité, l'usure a été très réglementée. Les critiques, en particulier très dures de la part des institutions monothéistes, portaient sur le fait que l'usure permettait de dévaliser les gens à partir d'une convention mentale spéculative basée sur ce qui n'existe pas. En réalité, il s'agissait d'éviter que les marchands ne prennent trop de pouvoir. L'alliance entre les royautés et les religions, qui se partageaient la coercition des corps et des esprits, n'avait aucun intérêt à ce que les marchands deviennent une classe indépendante, en faisant main basse sur les échanges par des moyens spéculatifs. Il était plus judicieux de confier les pratiques usurières aux Juifs qui pouvaient être spoliés à n'importe quel moment. À partir du XIIIe siècle, les marchands de l'usure commencent néanmoins à prendre leur essor en Italie. À la faveur de la Réforme, elle s'étend jusqu'en Hollande, puis à toute l'Europe. Les banques, les sociétés d'assurance, les produits spéculatifs et les bourses se multiplient. Au XXIe siècle, le pouvoir est passé du côté des marchands : tous les échanges dépendent des flux économiques déterminés par le système de la dette. À y regarder de plus près, la spéculation sur ce qui n'existe pas n'est guère nouvelle. Les rois se gardaient jalousement le privilège de battre monnaie et les religieux d'ouvrir les portes sur la rédemption moyennant une rétribution matérielle et symbolique (comme les indulgences). Les premiers pouvaient s'emparer des biens sans avoir les capitaux réels, et les seconds pouvaient monnayer l'entrée dans le monde métaphysique. Toutes ces spéculations ne sont rendues possibles que parce qu'elles ont une base commune : la valeur, générée *ab origine* par la Compulsion. Ce commerce rationnel sur le rien n'est autre que la manifestation du Non-Être dans la Réalité. Aussi dérangeant que cela puisse paraître, toutes les relations se réduisent à de l'Échange, et l'Échange, c'est du rien qui grandit.

Un autre style d'échange alimente particulièrement bien la machine du Néant : l'art conceptuel. Considérée comme une « œuvre de l'esprit », l'œuvre d'art conceptuelle n'a pas de valeur fixe ; elle est plastique. Pouvant prendre toutes les valeurs, elle suit les cours de la Bourse et du Marché comme un caméléon. Spéculation pure, elle est le produit financier idéal. Prise dans le piège de la spéculation, elle est assignée à une forme sans contenus qui adhère au plus proche de la Pensée pure. La production conceptuelle ne peut avoir d'autres contenus qu'un discours sur la Loi, c'est-à-dire un discours égal à sa forme. L'aspect transgressif, qui a pour mission de donner l'illusion de l'anticonformisme, ne fait que renforcer la référence à la Loi. Cette volatilité n'est pas la manifestation de la liberté et de l'activité créatrice, mais plutôt la cristallisation du Processus qui tourne à vide dans la fabrication d'artefacts esthétiques et marchands. Or, ce que nous attendons à juste titre de l'art, c'est de désactiver le Processus et de rendre inopérante la représentation pour se connecter à ce dépasse l'œuvre, l'auteur et la représentation. La Pensée, la forme, le discours, la Loi et la valeur d'échange se confondent et ont pris le pas sur l'art et la Matière. C'est pourquoi les œuvres se réduisent à un produit financier, un instrument idéologique de régulation des comportements, une glorification embarrassante du pouvoir et une légitimation du Néant. Il n'y a plus de véritable possibilité de connexion et de communication. Le Mouvement a été recouvert par la Réalité ; il a été étouffé précisément par une « mise à l'œuvre », c'est-à-dire une « mise à mort ». Une des marques du totalitarisme, c'est lorsque l'art et la Réalité se sont intégralement identifiés et subsumés l'un avec l'autre. L'œuvre conceptuelle ne se distingue plus de la Réalité, toute la Réalité étant, en effet, une construction conceptuelle.

Réalité

À ce niveau où toutes les relations sont réduites à l'Échange, la Réalité s'autoproduit. Néanmoins, pour continuer d'exister, la Réalité détourne sans répit l'Énergie primordiale. En effet, comme le Mouvement peut resurgir à tout instant, la tension est permanente. Cette déviation globale, qui va à l'encontre du Mouvement et de ses énergies, produit ce qui est justement convenu de nommer un Contre-Mouvement énergétique. Ce Contre-Mouvement implique la création artificielle de biens et de besoins. Ceux-ci rompent les flux spontanés pour les réduire à une boucle relationnelle fondée sur la dépendance physiologique et affective aux biens et aux besoins. Le Contre-Mouvement combine donc l'urgence énergétique, l'artifice du produit et la dépendance psychosomatique. Cette combinaison porte un nom : Addiction. L'Addiction est autant la manifestation du Contre-Mouvement que le Contre-Mouvement est la racine et le développement de l'Addiction. Ils forment ensemble le mode de vie au sein de la Réalité. Il ne nous reste plus qu'à décrire ce mode d'être, ou plutôt de Mal-Être. Nous l'aborderons à partir de trois angles : l'Habontologie, la Psychosphère et le Mondocide. L'Habontologie concerne l'organisation énergétique de la Réalité : ce qu'on ne voit pas mais qui nous fait agir. La Psychosphère se rapporte aux conséquences de cette organisation dans la sphère humaine. Le Mondocide rend compte de ces effets sur le milieu.

Habontologie

Étymologie de la possession

La Compulsion n'est pas seulement une ontologie négative du Non-Être, elle produit sa propre ontologie : l'Habontologie. Le langage, encore une fois, va nous révéler ce concept de manière concise. *Hab* en latin a donné *habeo* (« avoir, posséder »), mais aussi *debeo*, riche en significations : « devoir, être endetté, payer à cause du destin, de la nécessité, de la loi ». « L'avoir », incluant tout ce qui est de l'ordre de l'expropriation, de l'appropriation, de la possession et *in fine* du « pouvoir », est intrinsèquement lié au « devoir », entendu comme « la nécessité de la loi ». Le pouvoir n'est pas un choix, il est la Loi. Creusons encore un peu. *Hab* est dérivé de l'indo-européen *ghabh* (« posséder, saisir ») qui vient du vieil indien *ghàbhasti*[23] signifiant « la main qui saisit » et surtout, « la main qui éloigne ce qui doit être éloigné absolument ». Une fois la rupture originelle établie, elle doit être renforcée. La distance doit être tenue à tout prix, sous peine de perdre son pouvoir et de passer hors la loi. On reconnaît le geste qui repousse la *khôra* (Mouvement) aux confins du cosmos pour la jeter aux oubliettes de la mémoire. D'un côté, il y a la Dénégation de la spontanéité, de l'Être et du Mouvement ; de l'autre, la Sur-Affirmation du devoir, de l'avoir et du pouvoir. La Dénégation est du domaine de la Terreur, la Sur-Affirmation de celui de l'Omnipotence. La racine *hab* contient en elle-même toute la série ontologique de la Compulsion, qui va du Pouvoir au Devoir-Être, en passant par la Loi.

Dénégation et Sur-Affirmation

La Dénégation est plus que le déni : elle refuse toute existence réelle. Par exemple, vous êtes assis à côté de quelqu'un que vous détestez. Le déni fera que vous nierez qu'il est à côté de vous. La Dénégation fera que vous nierez votre sentiment de haine et le fait même que cette

---

23 Https://web.archive.org/web/20080328185347/http://dnghu.org/indoeuropean.html, p. 409.

personne ait jamais existé. Le terme le plus juste serait « ex-négation » : la négation elle-même rejetée. Il n'y a même pas de rejet émotionnel et de construction idéologique, mais un bannissement pur et simple, une abolition non éprouvée. La Dénégation prend racine dans la Compulsion qui « sait » que la transgression fortifie la Loi, alors que le Mouvement la fait vaciller. Le fonctionnement de la Réalité est entièrement fondé sur la Dénégation du Mouvement.

La Sur-Affirmation, au contraire, permet de consolider la Loi du Pouvoir, notamment en intensifiant la concurrence. Voyons cela de plus près. En disloquant le Réel, la Compulsion crée des parties déliées entre elles. D'emblée, fragilisées, elles deviennent facilement réglables selon le cycle des biens et des besoins. Chaque partie se lance alors à leur poursuite. Pour ces entités appauvries, ces produits représentent un surplus d'être. Toutefois, ce manque d'être ne pouvant jamais être comblé — puisqu'il s'agit au fond d'un manque de Mouvement et que celui-ci est dénié —, les entités accroissent leurs biens et leurs besoins. Chacun « voulant en avoir toujours plus » (*hybris* des Grecs anciens[24]), il fait tout pour s'étendre au détriment des autres. Non seulement les autres sont vus comme des ennemis puisqu'ils désirent les mêmes produits, mais en plus l'autre en lui-même devient un produit dont il faut s'emparer. La concurrence devient totale et meurtrière. La Sur-Affirmation signifie donc à la fois que l'existence est au-dessus et déconnectée du Réel, qu'elle est toujours en surrégime et qu'il faut sans cesse l'affirmer contre les autres. Pour bâtir la Réalité, cette guerre permanente n'est pas seulement inévitable : elle est hautement désirable.

---

[24] *Hybris*, traduit généralement par « démesure, orgueil, arrogance », trouve une illustration particulièrement parlante dans le mythe de l'Atlantide, et de ce fait reprise dans la Bible à travers le Déluge et la tour de Babel. L'Atlantide continue de faire rêver : civilisation ultra-technologique, monde englouti, cité idéale ? Selon le récit de Platon, le règne des rois de l'Atlantide correspond à un âge d'or, jusqu'au jour où les Atlantes, pris d'une frénésie de conquête, envahissent l'Europe et l'Asie. Ils sont alors arrêtés par les Athéniens. Les dieux, pour les punir de leur *hubris*, déclenchent un cataclysme qui engloutit l'Atlantide.

Jouissance

La Jouissance n'est pas de l'ordre de la circulation de l'Énergie primordiale, mais une décharge énergétique quantifiable en fonction du degré de modification, c'est-à-dire d'Objectivation. Il est normal qu'elle soit la sensation la plus addictive et la plus recherchée, puisque tout le système de la Compulsion est bâti sur l'Objectivation. La Dénégation et la Sur-Affirmation, qui organisent ensemble la Réalité, s'accompagnent inéluctablement de Jouissance. Plus il y a de Dénégation et de Sur-Affirmation, plus il y a de Jouissance. Celle-ci étant le plus intense apport d'énergie détournée, elle devient à la fois la sensation la plus captivante et la plus sophistiquée. Elle est en fait purement intellectuelle en ce qu'elle diffuse le système compulsif dans tout le métabolisme. Éprouvée à chaque fois que l'humain transforme le Réel en Réalité, elle est la sensation même du pouvoir.

Droits et devoirs

En tant que manifestation physique de la Compulsion et du Devoir-être, la Jouissance est logiquement appréhendée comme un droit dans l'imaginaire juridique de la Loi. Sauf que dans ce contexte, le droit devient un devoir : tout ce qui ne va pas dans le sens du Devoir-Être n'a plus le droit d'exister (Terreur et Dénégation) et que pour exister nous n'avons pas d'autre choix que d'être selon le devoir. (Omnipotence et Sur-Affirmation). C'est probablement le Marquis de Sade qui a mis à nu les rouages de cette logique juridique, à partir de ce qu'il tient en plus haute estime, à savoir « le droit au bonheur et à la jouissance ». Ce droit implique de pouvoir utiliser à sa guise les corps, le sien, les autres et tout ce qui existe. Une fois que les barrières sociales et éducatives sont franchies, il ne reste que la nature pour limiter un tel droit. La nature s'avère être l'ennemi numéro un des droits de l'homme. Il est impératif de s'opposer à la nature pour devenir pleinement humain. Ce droit s'est ainsi retourné en devoir. Celui qui n'utilise pas ce droit sera regardé comme un sous-homme et traité de la sorte. Le destin de l'humanité étant écrit par le devoir de Jouissance, et ce devoir comprenant les principes d'utilité et d'emprise, il est inévitable que les guerres entre les humains et contre la nature s'étendent et s'accélèrent.

Toutefois, s'il y a un droit et un devoir au bonheur et à la jouissance, c'est précisément parce que le bonheur et la jouissance ont déserté l'existence. C'est pourquoi la Loi, à laquelle se rapportent tous les droits et tous les devoirs, est toujours la manifestation du manque d'Être. Et comme on l'a vu, la Loi étant celle du Non-Être qui désire Être, elle fabrique du Devoir-Être. Aussi dérangeant et radical que cela puisse paraître à nos esprits épris d'éthique et de démocratie, la logique — que Sade assume sans réserve — veut que n'importe quel appareil juridique et moral, par essence porteur du Devoir-Être, soit au fond un dispositif au service de l'expansion du Mal-Être.

Absence

Chacun ne procédant que par détournements d'énergie, accumulations, décharges et invasions, l'utilité s'impose comme condition humaine. La créativité s'évapore à tel point que les robots deviennent meilleurs en tout, puisque l'humain est réduit à effectuer des tâches cognitives et rationnelles. L'absence au Réel produit l'universel fonctionnel. La vraie vie s'est perdue dans les interminables circuits de méfiance et de calculs. L'un a peur de ses voisins, l'autre des pauvres. L'un prend comme exutoire ses pairs, l'autre les étrangers. La logique de guerre s'est immiscée dans les plus petits recoins de notre intimité. Et quand une bombe déflagre en ville, quelque chose résonne en nous : « Je connais déjà cela. » Personne n'échappe à l'avilissement de l'Existence. Pour parler de la Réalité, ce n'est pas suffisant de dénoncer la « culture du viol » : la Civilisation, c'est le viol. Je me hâte de préciser une telle phrase qui ne manquera pas d'être reprise. Je donne un exemple.

Nous considérons qu'octroyer à certaines parties de la Terre le statut de patrimoine de l'humanité, c'est les protéger de nos exactions humaines. À y regarder de plus près, le patrimoine est la modification de ce qui est donné (le Réel) en Objet (Réalité). Le patrimoine suppose au préalable d'identifier, de valoriser, de comparer et finalement de discriminer entre ce qui est du domaine « sacré » du patrimoine et ce qui reste « profane ». Or la cause de la dégradation de la planète, c'est précisément ce Processus d'Objectivation. Si le patrimoine jouit de droit et de protection, c'est justement parce qu'il est attaqué par l'Objectivation humaine. Nous pensons sauver la Terre de l'instrumentalisation par une méthode issue de l'instrumentalisation. Au lieu de chercher une union avec la Terre, l'Existence et le milieu, nous recréons les conditions de l'appropriation. Le problème est particulièrement pervers, car dans un premier temps, ces mesures patrimoniales protègent certaines zones. Mais ce sera au détriment d'autres zones, d'autant plus que ces mesures s'accompagneront de déviations de type taxe carbone permettant de protéger un site pour avoir la permission d'en exploiter d'autres, ou encore de tourisme, recherche scientifique, bonne image politique, création de ghettos pour nantis, etc., sans compter que ce genre de site protégé disparaît en fumée avec la moindre opération militaire. Ce n'est pas une question de corruption ou de mauvaise nature de l'homme, mais une question de rapport à ce qui existe, c'est-à-dire d'un mode d'être qui s'approprie ce qui est ; l'Habontologie. L'idée de « patrimoine de l'humanité » n'est pas une protection durable, mais une accélération de l'appropriation juridique, symbolique et ontologique qui préfigure la répartition et l'exploitation économique. La sauvegarde du patrimoine, c'est la devise et la signature du genre humain qui, avec un sentiment louable de protection, vandalise sa propre demeure. C'est pourquoi je parle de viol généralisé du Mouvement avec indifférence au viol et au Mouvement. Ce qui rend difficile à penser ce viol de fabrication collective, c'est que dans le contexte de la Civilisation, il est à la fois inévitable, contradictoire et impératif ; nous sommes à la fois le persécuteur, le persécuté, le sauveur et le témoin. Ce Contre-Mouvement est d'autant plus hégémonique qu'il ne s'applique pas seulement à notre environnement, mais aussi à nous-mêmes. De quoi devenir fou. Et c'est bien ce qui se passe. Lorsque la Réalité atteint le faîte de son empire objectif toujours en expansion, la Psychosphère est le génie du domaine et le Mondocide annonce la fin du spectacle : l'Existence n'y est plus.

Psychosphère

Pour illustrer l'atmosphère de folie quotidienne que nous créons et dont nous sommes victimes, je propose un court récit dans lequel n'importe qui pourra se reconnaître :

Récit en boucle

« De plus en plus… avec mes écrans… de plus en plus mal… impossible de communiquer… surtout avec mes congénères… les humains… les vrais… en chair et en os… difficile de lâcher… confort zone… de plus en plus restreinte… le nouveau, l'extérieur… quel foutu cercle vicieux… je m'isole… dans ma caboche… AUTISTE… D'un coup taux d'agressivité… ça monte… normal : je ne suis plus habitué… ma violence décuple… plus les gens s'éloignent, plus je me méfie… les signes bizarres se multiplient… même la nature me fait peur… surtout… mon corps… PARANOÏAQUE… “Le bien portant est un malade qui s'ignore”… bien dit… je ne sais plus qui… heureusement… distances de sécurité, gestes barrières, confinements volontaires… contraignant… moindre mal… multiplication des murs… frontières… codes… hygiène… suivre… m'imposer des règles… restreindre le contact… PHOBIQUE… Attention : changement de situation… vigilance… cette fois… le bateau tangue avec l'autre… mon couple, ma famille… angoisse ça monte… SOS : “femme au bord de la crise de nerf”… mais débordant régulièrement… heureusement je crie… s'il n'y avait pas la décharge… la rage, le désespoir… je me foutrais en l'air… HYSTÉRIQUE… Mon existence : absurde… nulle et non avenue… à quoi bon ?… c'est déprimant… je suis dans le noir…

substances, alcool, sucre, évasion, au secours !... ça y est... merci... plaisir, oubli, cool, *chill*... ébriété... euphorie... transe... je hurle de rire... je suis dans le rouge... le diable est sorti de sa boîte... tambour à pleine vitesse... automate... crash... abattements... knock-out... MANIACO-DÉPRESSIF... Comment je vais retourner travailler... voir l'équipe... retour au travail... retour au calvaire... masquer ma mauvaise humeur... mieux... tout passer sur l'équipe... de toute façon... juste... boulot alimentaire... utilitaire... nous sommes tous de l'utile... les gens, les gens... seulement... passer en politiquement correct... mauvaise humeur en mode éthique... filtrer ma bile... opportunisme... indirect... un vrai faux sourire... dans le couloir... maudire les gens... utiliser... utiliser détourner... pour moi... tant pis s'ils murmurent "PERVERS-NARCISSIQUE"... un de plus, un de moins... »

Syndrome addiction

Face à cette situation de plus en plus complexe, les professionnels — à juste raison — parlent de « syndrome ». Syndrome : « ensemble cohérent de symptômes, caractérisant un état pathologique ». En latin *drome* signifie « course » et *sun-dromos* « concours ». Précisons : « ensemble plus ou moins cohérent de symptômes qui s'entremêlent et augmentent, caractérisant un état pathologique s'auto-alimentant ». Le grand concours est lancé sur la planète Terre, nommée « capitale mondiale du Capital ». Nous voilà en néozombies en plein cyberg-drome. Nous enchaînons des tours sur la piste circulaire. Il n'y a plus ni point de départ ni point d'arrivée. Nous ne savons plus quand cela a commencé, ni quand cela finira. Il y a tellement de règles que rien n'est possible, mais tout est permis. Chaque personne étant arbitre de la partie, plus personne n'arbitre. Ayant un objectif ciblé, mais invisible et sans objet, nous avons un air à la fois hagard et déterminé. Sur la piste — sans qu'on sache vraiment pourquoi —, il y en a qui tombent à la renverse, d'autres s'arrêtent soudainement, beaucoup se cognent et s'entrechoquent, certains se mettent à rire ou à pleurer. Néanmoins, tous essayent de courir plus vite que l'autre, mais dans le même sens. Dans la Psychosphère, nous devenons tous des psychotiques de compétition.

Dans cet univers en boucle, il est impossible de résoudre les traumas, les névroses et les troubles. Aucune résilience ou sublimation ne donne accès au Mouvement. Tout changement est en réalité un déplacement de pathologie. On passe d'une peur à une autre, d'une dépendance à une autre, d'une expression à une autre. On essaye de rendre socialement plus acceptable son « syndrome ». Ces efforts ne sont pas à sous-estimer. L'adaptation est un compromis nécessaire pour obtenir une trêve dans l'angoisse, de façon à être accepté par le groupe, et dans le meilleur des cas, à prendre du recul pour se connecter au Mouvement. Il faut beaucoup d'expériences et de pauses pour comprendre que la sérénité ne se trouve pas dans les propositions itératives de la Réalité, mais hors d'elle. Vient toujours le moment où l'on se rend compte qu'il serait perilleux de demander à la Civilisation d'être notre garde-fou, alors qu'elle est la principale pourvoyeuse de psychoses.

Mondocide

Les exemples ne manquent pas pour illustrer la nocivité du système d'addiction. Je me contenterai d'en tirer le fil de l'agriculture et de l'intelligence artificielle (IA).

Intoxication

En suivant l'histoire de l'agriculture, on s'aperçoit que la substitution de l'écosystème naturel par un modèle artificiel ne cesse de s'accélérer. Celle-ci commence par diverses techniques de brûlis, de jachères, de labours et se poursuit avec les pratiques mécanisées que l'automatisation numérique prolonge. Le résultat sur les sols est délétère. Retourner la terre de manière excessive et massive fait disparaître les micro-organismes et rend l'humus de plus en plus stérile. L'élimination des arbres a pour résultat que l'eau n'est plus retenue et que les sols deviennent argileux et glissants. L'exposition accrue au soleil assèche les cultures et impose un redoublement de l'irrigation. Cela favorise, et même crée, des catastrophes naturelles de type inondations, tempêtes de poussière, incendies, avalanches, boues toxiques, etc. Afin de soutenir ce forçage écologique, il faut puiser dans les nappes phréatiques, étendre les terres arables, remplacer et subvenir aux besoins des machines avec ce que cela implique d'élargissement de l'exploitation des ressources (eau, charbon, pétrole, terres rares). La pollution infiltre les éléments constitutifs de la planète ; l'eau, l'air, la terre.

La transformation est telle que d'un côté, les anciennes espèces végétales disparaissent et que de l'autre, l'agrochimie soutenue par les monopoles prend de l'ampleur. Le marché des OGM et du numérique s'étend et précipite la disparition des biotopes naturels. La chimie vivante se voit remplacée par des substances industrielles. La pauvreté des sols s'aggravant, et les bactéries devenant chaque fois plus résistantes, il faut produire, en quantité énorme, des engrais et des pesticides de plus en plus toxiques. L'extension des sols cultivés redouble l'élevage intensif, ce qui entraîne un nouvel accroissement de la consommation d'eau potable, ainsi que de substances modifiées qui servent à l'alimentation et à la lutte contre les virus et les bactéries (vaccins, antibiotiques) qui développent de plus en plus de résistance. Le puisage et l'extraction de sable mettent en péril l'équilibre hydraulique, ce qui aggrave la contamination de l'eau douce par l'eau salée et la propagation des eaux insalubres. La pollution s'amplifie tandis que la modification végétale et animale s'applique avec barbarie dans les laboratoires biochimiques, les abattoirs et les batteries.

Cette transformation réagence également le travail humain. Les traditions et les organisations de travail sont constamment remodelées puis détruites selon les nouveaux modes de production. Ceux-ci doivent se réinventer en permanence pour ouvrir de nouveaux marchés, une fois que les anciens ont été épuisés. Cette course en avant promeut l'industrialisation croissante qui dissout les tissus sociaux, isole et aliène les travailleurs. Les propriétés foncières, les moyens de production et de mise en vente atteignent de tels coûts que seuls les grands groupes détiennent suffisamment de capitaux pour acheter et entretenir les propriétés. L'État, le banquier et l'industriel — structurellement coalisés — généralisent le système de la dette et de la dépendance industrielle et technologique. Le résultat est l'amplification des monopoles qui engendrent toujours plus de misère, d'esclavage et de désarroi.

Le corps humain qui ingère cette alimentation, qui travaille dans ces conditions, qui vit dans cet environnement, se voit également modifié. Son métabolisme est dérégulé, la faune et la flore microbiotiques déséquilibrées, le psychisme soumis à des variations irrégulières, les relations à l'autre toujours tendues. Les denrées sont si appauvries qu'elles doivent être enrichies par la consommation de compléments alimentaires. La vie psychique et sociale est si difficile qu'il devient nécessaire de consommer des psychotropes et/ou de l'alcool pour tenir. Les organes reproducteurs sont si diminués qu'il faut faire appel aux techniques artificielles. L'individu se retrouve dans un état émotif et chimique tellement délabré qu'il tombe malade facilement et supporte de moins en moins la douleur. L'industrie de la santé prend alors le pas, imposant aux êtres humains la même logique généraliste et industrielle que celle appliquée aux ressources minérales, aux végétaux et aux animaux.

D'un côté, il se met en place une interdépendance entre les structures industrielles agroalimentaires, agrochimiques, celles de l'automation, de la logistique, de la santé et de la guerre ; de l'autre, les individus deviennent dépendants de cet ensemble artificiel. Il en résulte l'intoxication croissante de la planète et de ses habitants. Un empoisonnement mondial est envisageable. Devant un tel système d'Addiction, il ne suffit plus de penser qu'un encadrement réglementaire de la productivité, un renouvellement technique, un investissement des gains dans des énergies dites « renouvelables », un tri et un recyclage sélectifs accompagnés d'une propagande massive puissent améliorer — un tant soit peu — le sort de la planète et des miséreux en nombre croissant. Toute démarche qui se contente d'utiliser les mêmes outils (en croyant les renouveler) techniques, juridiques, économiques et de communication, sans prendre en compte la profondeur de l'Addiction, et sans aller interroger la cause initiale qu'est la Compulsion, ne fera que relancer le système (avec une bonne conscience momentanée).

Inertie

Avec l'intelligence artificielle[25], on amorce une nouvelle étape dans la fabrication de la Réalité. L'abstraction devient le moyen et la fin. Si les Échanges sont une fin et les informations un moyen, ils fusionnent avec le support cybernétique[26] pour devenir un contenu digital. Or comme celui-ci est dématérialisé au possible, les Échanges et les informations se dématérialisent également. Le support absorbe la signification, tel le contenant qui subsume son contenu. Ce qui compte, ce n'est plus tant l'information, ou ce qui est échangé, que la manière d'échanger — ce qu'on appelle la publicité, le marketing, la communication, le design. Impliquant de moins en moins le Réel du Corps, les contenus deviennent volatils. Les enjeux autour de la « guerre de l'information » ne se portent pas tant sur la diffusion de contenus subversifs que sur le passage de tous

[25] Intelligence artificielle ou IA est une discipline réunissant un ensemble de théories et de techniques ayant pour but de construire des machines qui puissent imiter, et surtout dépasser, l'intelligence humaine considérée comme une quantité d'informations organisée selon un fonctionnement rationnel. Cette recherche est très ancienne. On la retrouve tout le long du développement de l'humanité à travers les mythes (Hephaïstos, Icare, Pinocchio, Frankenstein...) et les instruments mécaniques (automates, règles et machines à calculer...).

[26] La cybernétique est une science qui étudie les mécanismes de communication et d'informations, ainsi que leurs régulations et les possibilités d'intervention dans les systèmes naturels et artificiels, automatiques et humains. Elle a influencé des disciplines comme les sciences cognitives et humaines, Internet, la robotique, l'intelligence artificielle, la neurobiologie...

les contenus sur le support virtuel. Outre le gain en matière de facilité pour la censure et la surveillance, les contenus informatifs finissent par tous se ressembler, participant à une désensibilisation générale. Ainsi des milliers de morts en Afrique ne sont que des statistiques, tandis que la maladie de son chien touchera sincèrement. Cette maladie a le mérite d'être proche et réelle ; les morts en Afrique sont lointains et virtuels. On aura (éventuellement) un sursaut moral pour les Africains, mais on n'hésitera pas à dégager du temps et à s'impliquer financièrement pour son chien. Ce n'est pas que nous sommes incapables d'avoir de l'empathie pour le Monde, c'est qu'il est difficile d'en avoir au travers de la cybernétique.

La cybernétique nous projette dans un monde lointain en nous donnant l'illusion d'une proximité. Ce procédé, qui tient de l'illusionnisme et de la mise en scène, entretient notre Omnipotence — en l'occurrence l'ubiquité ou le désir d'être dans plusieurs endroits à la fois. Cette fiction, en effaçant le Réel et en apportant un confort moral à bas prix, alimente notre déconnexion à soi et aux autres. Au lieu d'être empathique, on devient indifférent ; au lieu d'être dans plusieurs endroits, on se trouve expulsé « hors de soi ». De plus, afin de capter l'attention, l'information virtuelle doit être choquante et continue — aussi bien dans le registre de la séduction que dans celui de l'épouvante. C'est de manière durable que l'on se trouve expulsé et indifférent. Cette circularité spectaculaire dans un monde irréel alimente le trauma personnel. Ce n'est plus les autres et les événements qui touchent, mais ce que l'information vient réveiller de soi-même. On demeure ainsi sous la captation de son propre trauma. La cybernétique en général — et pas seulement les écrans — aggrave la dépendance à la Dialectique du Mal-Être. Constamment branché sur le Trauma, on tourne à vide autour de sa propre déréliction (Terreur), avec le besoin toujours croissant de la représentation virtuelle, car celle-ci apparaît comme la solution au Trauma (Omnipotence). Les réseaux sociaux suivent la même dynamique. Par exemple, en ce qui concerne les plateformes de rencontres, on a l'impression euphorique de pouvoir choisir entre plusieurs profils et de programmer son menu parfait. Jusqu'au moment où le Réel surgit. Douche froide. Il faut tout refaire. Soit on retourne au réseau, soit on se coltine le Réel. Toutefois, comme le virtuel transforme partout le Réel — organisation du travail, de l'éducation, des loisirs, de la santé, de la vie, etc. —, même une histoire réelle se trouve rapidement diffractée par la Réalité.

La Dialectique, nourrie par le digital et l'IA, produit toujours les mêmes conséquences depuis des millénaires : dévitalisation de l'Être et du Mouvement, anesthésie générale aux Cinq Corps, dramatisation du Trauma, fuite de l'expérience et de la Pensée, perte de créativité. Dès lors que l'humain s'efforce de se réduire à un modèle algorithmique[27] qui induit des comportements fonctionnels et robotisés, les dispositifs de centralisation et d'homologation, de contrôle et de censure, de tri et d'élimination sont consolidés. Pour nos mentalités dites « civilisées », il est difficile d'admettre que la progression ne concerne pas la capacité morale, spirituelle et empathique de l'humain, mais la capacité à suivre aveuglément la matrice compulsive qui, elle, s'améliore largement avec le temps. La Civilisation n'en a jamais fini avec la guerre des tranchées, les abattoirs, les batteries, la torture, les exterminations massives et l'intoxication planétaire.

Le phénomène des objets connectés[28] est une étape supplémentaire de l'Objectivation de l'humain. Avec les nanotechnologies, nous ne

---

[27] Algorithmique : ensemble des règles logiques pour effectuer une tâche ou résoudre un problème. La méthode algorithmique qui s'étend à tous les domaines pose des problèmes de réduction des rapports à des objectifs de calcul.

[28] L'Internet des objets connectés ou IdO n'est pas une technologie, mais le système d'interconnexion entre le numérique (Internet) et les objets physiques qui permet, *via* des systèmes d'identification électronique, de pouvoir récupérer, stocker, transférer et traiter les données. L'explosion du nombre de smartphones et de connexions a créé un énorme marché qui pose de nombreux problèmes de vie privée, consentement, sécurité, centralisation des données, contrôle, censure, environnement…

sommes pas loin d'avoir un ordinateur dans la cervelle et dans le corps. Directement connectée avec d'autres et gérant notre métabolisme, cette unité centrale cybernétique deviendra l'interface de tous les échanges. La culture cyberpunk a parfaitement donné les contours de cet univers qui n'est plus de l'anticipation. Cette interconnexion globale répartira les populations probablement en deux parties. En haut, la partie spirituelle et dématérialisée ; en bas, la partie matérielle et physique — la seconde étant au service de la première. En haut donc, les élites posséderont un corps ondulatoire, afin de favoriser les inductions électriques et les décharges chimiques. Ce corps sera cybernétique, au sens où la matière organique sera modifiée et mêlée au minéral, de sorte à être plastique aux influx de l'algorithme. La structure d'en bas, chargée de soutenir celle d'en haut, se composera de robots, de cyborgs de moindre qualité et d'une masse d'esclaves humanoïdes corvéables à merci, et tenant lieu de réserve à multiples usages.

Dans cet univers où le neurone a remplacé le corps, les organes et le cerveau par un continuum électrique et quantique, tous les échanges et toutes les communications seront réduits à un code simple et homogène. Il n'y aura plus de distinction entre le dehors et le dedans, entre l'intérieur et l'extérieur, entre le soi et l'autre. Ce n'est pas simplement un « cerveau collectif », mais un continuum transparent d'énergie ondulatoire, à travers lequel l'Esprit s'observe lui-même. Fusionnant avec des boucles rétroactives[29] infinies, il se contemple dans le miroir autoréflexif sans mot ni reflet. L'onde est l'antichambre de la dématérialisation totale. Après l'onde, le Néant. La cybernétique sera dite « divine et spirituelle », dans la mesure où elle se rapproche de la pureté immatérielle, tout en formatant le Réel à l'image de l'Esprit. Ce sera le royaume du Grand Un : général et global, transparent et sans ombre.

[29] La boucle de rétroaction (rétroaction, feed-back) est l'action en retour d'un effet sur sa cause.

On pourrait presque oublier que ce nirvana sera fondé sur les détournements d'énergie à un niveau industriel, planétaire, voire cosmique. Si le Processus freinait ou se bloquait, le Réel reprendrait ses droits sur la Réalité. C'est la partie d'en bas qui maintiendra le Contre-Mouvement et le forçage de l'Être en alimentant le « paradis ». Ces bas-fonds seront ultraviolents, ultrahiérarchisés et parcourus de guerres meurtrières entre les mafias. Soumise à une propagande abrutissante et à un contrôle sévère, avec des interventions eugénistes radicales, cette partie inférieure fonctionnera grâce à un commerce des armes, de la drogue, de la prostitution et du recyclage en tous genres, intégrant les cadavres humains.

« Sacrifice ! » sera le mot d'ordre de la matrice compulsive respectée par la structure entière — même si en haut l'ordre sera plus poli et l'impact plus ouaté. Ce sacrifice obligatoire, qui s'accompagne de manipulations, de punitions et d'exterminations, sera l'ambiance quotidienne de la Réalité. Les individus vivront avec le sentiment que le déluge est imminent ; et qu'après le déluge, il n'y aura plus rien.

Ironie du destin : l'indifférenciation, la violence, le monstrueux se trouvent être du côté de l'« Ordre » et non de celui de la *khôra*, que l'on diabolisait sous le nom de « chaos ». Fusion et confusion des genres, des espaces, des différences. Barbarie faite à l'existence. Créations chimériques, hallucinations de masse, peur généralisée. Plus la Terreur est grande, plus il faut la maîtriser. Plus il y a de maîtrise, plus il y a d'Omnipotence. Conclusion : entretenir le Trauma. Cette culture du Trauma, sur laquelle nous vivons chaque jour et chaque nuit, donne à nos existences le sentiment de catastrophe. Ce sentiment, qui accapare les courants chimiques du métabolisme, finit par épuiser notre vitalité et abolir notre désir de vivre. L'idéal de la Réalité (virtuelle) est ainsi atteint : un Monde abandonné. Sans art, sans poésie, sans élan vital. Le grand Un inerte aura eu raison de l'unité artistique du Mouvement.

À ce point-là, c'est à chacun de décider de la suite. L'expérience nihiliste n'étant jamais que le Mouvement qui joue contre lui-même, as-tu encore besoin, ô lecteur, de retourner au Néant trouver quelque réponse ? Ou te sens-tu prêt à descendre dans l'épaisseur du noir pour laisser ressurgir la *khôra* et tenter l'expérience de la Connexion, voire de la Transe-Mutation ?

L'EXPÉRIENCE DE L'ÊTRE, RÉEL, KHÔRA

> *Intermittence du Mouvement : comment la Connexion au Mouvement nous fait respirer mais pas transe-muter*

PREMIER CORPS : SOI

Alice de l'autre côté du miroir

Alice s'était assoupie des centaines de fois en face de la mer sur les bancs du Vieux-Port à Marseille. Mais cette fois, au moment de s'asseoir, sa tête se fendit de l'intérieur. Était-ce la lumière ? La chaleur ? Le vent ? Le surmenage ? Impossible à dire. L'espace vibrait d'une paix inconnue et improbable. Elle pensa au récit de cet ami qui, ayant subi guerres et tortures, décida de continuer d'aller pêcher impassiblement au milieu des bombardements et des échanges de tirs. Elle sentait les passants, les nuages et les bruits comme s'ils étaient faits d'une même texture. Cette douceur imprévue captait toute son attention. Mais au lieu de se fixer sur un point, son être s'ouvrit à trois cent soixante degrés. Des souvenirs très précis, et apparemment sans rapport, émergèrent de sa mémoire. Elle laissait le passé s'écouler en elle. Elle écoutait. Venant d'une profondeur inconnue, des instants volés à chaque période de sa vie apparaissaient comme des flashs. Les photographies intérieures constituaient une chaîne magique aléatoire. Le paysage infini de la Pampa, cette course folle avec Sophie main dans la main quand elle avait 8 ans, les premières lumières de la fête, les longues marches nocturnes à Berlin, à Barcelone, à Prague, les strip-teases à New York, l'arrivée nocturne à Cotonou au milieu des lampes à pétrole, les perspectives interminables du béton brésilien de São Paulo, les forêts embrumées de la jungle indienne du Kerala, l'odeur des figues volées sur l'arbre… tant et tant, et pourtant si peu dans une vie. Les sensations arrivaient n'importe quand et dans des contextes complètement différents. Néanmoins, elle sentait que ces instants avaient une racine commune. Elle commença à comprendre. Ces instants, c'étaient des ouvertures. Des prises directes avec l'essentiel de la vie. Sa propre vie s'était corrélée avec quelque chose de plus grand. Elle était entièrement présente à elle-même. Le Monde et elle ne faisaient plus qu'un. Elle s'entendait parler. C'était comme une légère ivresse où la voix se confondait avec l'écho. Elle aurait voulu en savoir plus. Elle pressentait que son désir de savoir allié à son cerveau d'ordinateur briserait l'enchantement. Elle prit conscience de l'ampleur de la peur infantile qui animait ses amis scientifiques, quand ils imaginaient des théories et des techniques pour observer l'âme, échapper au temps et dépasser la matière. Elle prit une longue inspiration et ferma les yeux.

Elle ressentit ses frères qui combattaient encore au pays. Puis sa mère et son père morts assassinés. Ces derniers vinrent se joindre doucement à la chaîne magique de la présence. Le temps et l'espace devenaient palpables. Ils libéraient la vie de la mémoire. Elle aurait pu être prise de panique face à cette arrivée énigmatique. Au contraire, la douceur et la proximité qui se dégageaient de cette brise subtile venaient comme un apaisement. Si son mental, bien formé par ailleurs, pouvait retourner n'importe quelle certitude en doute, il ne pouvait rien contre cette sensation qui comprenait des millions d'années d'expérience. Le doute ne se posait même pas sur ce moment alchimique inexprimable. C'était plutôt le mental qui se trouvait dans une position rabougrie et ridicule face à cette immensité où les morts donnaient rendez-vous au futur. « La vie n'est un mystère que pour ceux qui veulent la définir », se dit-elle. Elle ne voulait pas sortir brutalement de l'état de rêve, comme elle le faisait depuis le lycée. Elle prit tout son temps pour revenir à elle-même. Le temps que tous les tissus de son corps s'imprègnent de ce voyage. Quand elle rouvrit les yeux, elle sentit son visage à la fois détendu et régénéré.

Le vent qui caressait son front lui rappela son rendez-vous de la soirée. « Ah oui… le danseur… il m'a invitée au spectacle… très mignon… vraiment charmant… mais c'est drôle d'être danseur et de sembler aussi coincé… je vais me préparer… »

Adam de l'autre côté de la danse

« Ce n'est pas possible qu'à mon âge, je sois encore aussi obéissant ! » Adam était exaspéré par lui-même. Mais cette fois, c'en était trop. La coupe était pleine. Le moment était venu d'aller au fond des choses. Il ne savait pas de quelle manière. Dans un premier temps, il décida de suivre le conseil de Kathy M, celle qui l'avait initié à la danse. C'était relativement simple : « Tu ne sais pas comment danser ? Va dans la salle tout seul. Mets-toi au milieu et attends. » Cela faisait trois heures qu'il attendait. Chaque fois qu'il essayait de se lever pour danser, venaient de façon automatique des pas de classique, de contemporain, de modern jazz. Il se rasseyait aussitôt. « Ce n'est pas possible ! Je suis un vrai robot ! Mon corps est conditionné ! Et dire que j'ai cru que le contemporain me libérerait... foutaise... encore de la forme, des codes, des contraintes... et mes copains qui se croient libres et inspirés... ils ont bien de la chance, eux... moi je suis coincé dans ma conscience... ma conscience d'être complètement construit, déterminé, structuré... j'ai un conservatoire à la place de la tête ! » Il se mit à hurler à tue-tête, « MAIS PUTAIN, QU'EST-CE QUE JE FOUS LÀ ! » Le cri retentit dans tout l'édifice. Les danseuses de la salle voisine firent une petite apparition discrète, « tout va bien, Adam ? Tu te prépares pour le spectacle de ce soir ? » Adam, esquissant une spirale aérienne, répondit, faussement détaché, « euh... oui oui... salut les filles... je finalise mon travail... sur... euh... les subventions... euh non... pardon... la subversion... euh... la subversion des codes... voilà... la déconstruction des genres... vous voyez le genre... quoi... » Elles hochèrent de la tête avec un sourire gêné. Elles se retirèrent sans être vraiment rassurées, et lui souhaitèrent un bon spectacle. Comme foudroyé, Adam resta immobilisé quelques minutes dans sa dernière position tel le cygne noir qui vient de se fouler la cheville. « Mais bien sûr... le problème... c'est le spectacle ! Je dois sortir de la représentation ! Arrêter le théâtre, foncer dans le décor, abattre le quatrième mur ! »

C'est alors que son regard se posa sur son ombre. Il la scruta un bon moment et se mit à la suivre. Lentement d'abord, puis de plus en plus vite. Avec les effets de lumière, elle apparaissait partout et se trouvait à plusieurs endroits à la fois. Adam allait en tous sens. Était-ce possible, mais son ombre semblait le devancer. Peut-être avait-il des hallucinations. Il fit taire ses peurs et ses doutes. Il inspira un grand coup et entra dans le rêve. Ce n'était plus sa maudite conscience qu'il suivait, mais un étrange flux onirique. Le plus fou était que ce flux lui semblait familier, comme s'il était là depuis toujours et qu'il attendait son moment pour affleurer. Adam sautait, contre sautait, filait au sol, passait sur les mains, sur la tête, grimpait aux murs, s'approchait doucement comme un chat, attaquait subitement comme un aigle. Chaque geste de l'ombre entraînait un geste du danseur. L'ombre et son danseur s'entremêlaient dans un corps à corps impétueux. Adam glissait sur sa sueur, s'étalait sur les fenêtres, marquait les murs. Après une série de tours, il s'abattit sur un objet. Un énorme craquement sonore emplit la pièce. Il avait brisé le piano. Cela ne l'arrêta pas. Son ombre mélangée au son du piano continuait de virevolter et de tourbillonner dans les airs. Les muscles se tendaient, la souplesse était mise à rude épreuve, la résistance atteignait la limite. Les chocs et l'effort physique furent tels qu'Adam perdit connaissance. Sauf qu'il continuait de danser. Il se rendait compte qu'il était sorti de son corps. Il ne savait plus vraiment où il se situait exactement. L'ombre avait pris possession de son corps. Il dansait en somnambule. Il voyait tout ce qui se passait, mais de l'extérieur. Tout était inversé. Il était devenu son ombre. Il suivait les flux de lumière, il cherchait le poids de la chair, l'épaisseur de la quatrième dimension. Il était d'une précision redoutable. Comme un funambule aveugle dans la nuit, il avançait sur un rayon de lumière. Cette légèreté lui donnait des idées insoupçonnées, des gestes inouïs. Il volait et chutait sans douleur. Il défiait la gravité, désagrégeait l'espace, pulvérisait les codes chorégraphiques, déchiquetait les comptes rythmiques. Ses pas contenaient les temps, les territoires et les cultures. Il inventait une nouvelle danse. Les tambours cubains résonnaient en lui. Il hurlait les rythmes yorubas qui avaient bercé toute son enfance et accompagnaient le chant de sa mère. L'océan vibrait en lui. Les larmes retenues depuis si longtemps coulèrent et se mêlèrent à sa sueur. Pour la première fois, son chagrin s'exprimait. Une explosion d'eau et de feu. Toutes les émotions de son corps se libérant, elles guidaient chaque geste du danseur. Jamais il n'avait senti autant de plaisir à danser.

D'un coup, dans la pénombre au milieu de la salle jonchée de débris, tout courbaturé, couvert de bleus et en sang, il se réveilla. Une seule phrase résonnait en lui, « je suis sorti de la matrice ! » Il regarda l'heure et se précipita hors de la salle. Il courut chez lui pour prendre ses affaires de rechange, son costume et se rendit sur le lieu du spectacle où il avait donné rendez-vous à cette charmante femme, Alice, qu'il ne connaissait pas.

Pour la première fois de sa vie, il arriva en retard.

DEUXIÈME CORPS : L'AUTRE

Plus vaste que nous

Quand Adam et Alice s'allongèrent l'un près de l'autre sur le sol mouillé de leur transpiration, il y eut un long silence. Ils regardaient tous deux vers le plafond décrépi, mais ils voyaient le ciel. Leur respiration se calma lentement.

Adam — Ça t'a plu ?

Alice — C'était… cosmique !

Adam — Comment ça comique ? !

Alice — Pas comique : COS-MIQUE !

Adam — Ah…

Alice — D'abord, je t'ai imaginé sous différentes formes, différents personnages, différents scénarios.

Adam — Le cosmos comme support de tes fantasmes…

Alice — On dirait.

Adam — On rêve d'être l'unique, le seul, le puissant, le vénéré, le plus…

ALICE — Ne crois pas que ce soit différent… moi aussi, je rêve d'être ton fantasme absolu ! Finalement, notre cosmos n'est pas comique : il est pathétique.

Ils rirent ensemble.

ALICE — Puis tout mon spectacle « pathéti-cosmique » a progressivement disparu… et dans un temps que je ne saurai définir… mes fantasmes ont été emportés par quelque chose d'informe… c'est ça… je me suis sentie emportée par une onde diffractant les signes, les symboles et les représentations.

ADAM — Moi aussi ! Du blanc partout ! Toute ma tête à l'essoreuse !

ALICE — L'onde changeait de couleur selon nos mouvements.

ADAM — Selon nos gémissements…

ALICE — Des souvenirs montaient en moi… des sensations… partout… une danse, une ballade, un paysage…

ADAM — Une respiration réveillant les mémoires enfouies… le plaisir intense faisant vibrer des lieux inconnus de nos corps en résonance…

ALICE — Tu n'es pas venu ?

ADAM — D'une certaine manière… oui…

ALICE — Ça veut dire quoi « d'une certaine manière » ? Ça m'a l'air plutôt simple pour vous les hommes !

ADAM — Eheheh… beaucoup moins depuis que la société a « découvert » qu'on était des êtres sensibles… et puis cette fois… c'était une fréquence très basse qui s'éternise… pas une décharge qui me détend et qui m'achève… mais un rythme qui prend et qui danse en toi comme un serpent… au-delà de la jouissance… je ne me sens plus un « post-coïtum animal triste »… mais plutôt une bête régénérée !

ALICE — De cosmique, comique et pathétique, on passe à diabolique !

ADAM — Eheheh… et toi ?

ALICE — Impossible à dire… en deçà… plaisir ininterrompu… marées montantes et descendantes… hors catégorie, hors convention, hors repère… ni orgasme ni jouissance… non répertorié au programme de la femme parfaite…

ADAM — Ça ne m'étonne pas... tu prends un malin plaisir à déplacer les curseurs, à effacer les repères et à déchirer les références.

ALICE — Déchirer les chairs surtout... ahahah... Et puis j'ai eu la sensation d'être entourée par toute ma famille sur des générations...

ADAM — Au secours, film d'horreur ! Pas ta mère ! Sors de ce corps ! Expie tes fautes !

ALICE — Ahahah... non pas comme ça... ce n'était pas des gens définis... comme je t'ai dit... il n'y avait plus de spectacle, de scénarios, de personnages... plus aucun trauma justement.

ADAM — Voilà l'incontournable réalité : sans trauma, on ne jouit plus.

ALICE — Ou autrement...

ADAM — Moi aussi, je me suis senti relié à une sorte de famille... c'était beaucoup plus réel, physique, concret que « ma » famille... pas de noms, pas de dynasties, pas de drame... tous reliés... un corps immense.

ALICE — C'est ça ! Il n'y avait plus d'identité ! C'est pour ça que nous avons pu aller si loin...

ADAM — Parce que nous avons perdu nos identités ?

ALICE— Exactement !

ADAM — Fais gaffe : perdre son identité, c'est perdre sa souveraineté. On devient confus avec soi-même et l'esclave de l'autre.

ALICE — C'est vrai dans un contexte de domination, mais pas lors d'une véritable union charnelle.

ADAM — Eheheh... être ton esclave... me confondre avec ma nouvelle maîtresse... j'adore... mais maintenant que tu le dis... oui... j'avais l'impression de me fondre dans un hors temps sans histoire...

ALICE — ... des millions d'années en moi... des lignées qui se perdent dans la nuit des temps... notre présent d'un coup immense qui dépasse l'humain, l'animal et le temps... l'accès momentané à une immense sérénité...

Ils fermèrent les yeux pour se replonger dans ce qu'ils venaient de vivre.

ADAM — Je n'étais plus Adam. Je n'étais plus « homme ». J'étais tous les hommes de ma drôle de famille sans identité... tous, portant l'énergie masculine… que je passais à toi… transmission sans message… va-et-vient repris d'innombrables fois… va-et-vient toujours différent, intense, présent… percussion nous reliant tous et qui conjugue les forces vitales du ciel et de la terre…

ALICE — … vers moi… femme sans identité… qui se perd dans la nuit des temps… peau vibrante sous les coups du tambour de chair… j'étais femme, la femme, les femmes… femelle… qui ouvre, reçoit et accueille…

ADAM — … puis les frontières se sont dissipées… ni masculin ni mâle… je suis devenu toi : femelle…

ALICE — Ton sexe devenait le mien, quand le mien devenait le tien…

ADAM — Ça y est, on vire de bord : nous voilà méga-ultra-queer !

ALICE — Inventons un nouveau « genre », inclassable et… super « fluide » !

ADAM — Le femâle !

ALICE — Les cent genres !

ADAM — Le sans genre !

ALICE — Sans personne, plus personne !

ADAM — ÊTRE.

ALICE — Tout simplement.

Ils gardaient les yeux fermés. Ils n'avaient plus besoin d'échanger les regards pour se sentir ensemble.

ADAM — Fin de partie : plus de genre, de sexe, de nom, de famille, d'identité, de culture, de civilisation… tout cela avec un naturel, une facilité… quel plaisir ! Je ne me suis même pas senti dépossédé… plutôt allégé.

ALICE — Je crois que nous étions possédés…

ADAM — … en possession de nous-mêmes…

ALICE — … dépossédés par le flux pour s'unir à l'autre…

ADAM — L'infini.

ALICE — C'est quoi ?

ADAM — Une sensation animale. J'avais l'intuition que si j'essayais de la comprendre, je la perdrai immédiatement. J'ai dû me retenir de comprendre. Ne pas prendre de distance. Tu… « comprends » ?

ALICE — Oui, bien sûr. Et comment tu as fait ?

ADAM — J'ai suivi ton rythme. Tu m'as redonné le mouvement, la cadence, le corps-à-corps. J'ai pu m'abandonner à l'infini et trouver ce « nous » indéfinissable et pourtant réel, vivant et singulier...

ALICE — ... plus vaste que nous.

Le grand autre[1]

Adam, qui détestait les dépassements de limitation de vitesse, se trouvait à 150 km/h sur la nationale entre Aix et Marseille. Les ronds-points s'étaient transformés en parcours à risque extrême. Pas le choix : Alice les pieds sur le pare-brise hurlait en serrant des dents à chaque contraction. Adam, entre deux ronds-points rodéo, se disait : « problème de fond... grave problème de fond... » Il se repassait la montée du stress. Après huit mois, le couple s'était aperçu avec épouvante qu'Alice, la future maman, femme moderne ayant intégré que la carrière c'est la vraie vie, était enceinte. Déni de grossesse. Un mois pour s'habituer. Tout en accéléré. État d'urgence. Un de plus. Cours de respiration, de yoga, de positive attitude *mindfulness*. Parler à l'enfant avec bienveillance, bien sûr Mozart vingt fois par jour et employer la sage-femme malgache. « Heureusement, l'hôpital est là pour nous aider », se rassurait Adam. Monitoring, visites programmées, blouses blanches, analgésie péridurale. « Vive le progrès ; au moins ça, c'est du sûr dans ce monde chaotique ! » Virage à gauche. Et bam, Adam ressasse avec une certaine panique : « Une semaine avant la date prévue par les chiffres... deux heures du mat'... le moutard veut faire un tour dehors... rien qui marche dans cette affaire...

[1] Ce titre est un clin d'œil à la théorie du psychanalyste J. Lacan à propos de l'autre. Toutefois, dans notre contexte spécifique du Mouvement, l'autre n'est pas ce que Lacan nomme « le petit autre », c'est-à-dire ce que l'on croit découvrir de soi à travers l'autre, ce n'est pas non plus « l'objet a » qui provoque le désir, ni même le « Grand Autre » qui structure l'espace symbolique du sujet. Ici le « Grand Autre » est le cri primordial du nouveau-né qui déchire l'espace symbolique, pulvérise le désir d'objet et brise l'identité de l'ego. C'est ce cri du « Grand autre » qui permettra à Adam de revenir à lui.

problème de fond… grave problème de fond… » La sage-femme au téléphone : « Venez vite chez moi, l'hôpital est à côté ! »

Ils arrivèrent.

Elle avait les mains dans l'huile de massage : « L'enfant va naître dans l'heure. Soit on prend le risque d'aller à l'hôpital et d'arriver trop tard, soit on fait ça ici… à l'ancienne. » Ça ne pouvait pas être pire pour Adam que d'entendre « à l'ancienne ». Lui qui avait fui Cuba vouait un véritable culte au confort de vie, à la technique et à la comptabilité bien faite. Ses amis disaient même qu'il était « psychorigide voire sociophobique » et que les vacances avec lui « c'était pas du gâteau ». Pendant qu'il soupesait la balance bénéfices/risques, Alice sur la table de massage sentit que la position allongée ne conviendrait pas pour l'accouchement. Pragmatique, elle décida : « On reste ! » Nouveau malheur : l'électricité avait été coupée. La sage-femme se mit à placer des bougies qui formaient un rond sur le sol de la salle à manger recouvert d'une nappe tressée. Les chats s'élançaient et se vautraient dans les eaux de la future maman, tandis que les enfants regardaient le spectacle — puisque c'en était un — en suçant tranquillement leur florilège de bonbons. Le mari, qui accompagnait toujours sa femme comme une ombre inquiétante et qui vraisemblablement était le garant d'une tradition ancestrale, agitait de la sauge. Il parcourait la salle en suivant une chorégraphie minutieuse avec d'étranges murmures. Il semblait vouloir calmer des esprits qu'il ne voyait que lui-même. Adam le scrutait et se demandait s'il s'agissait d'un psychotique se cachant derrière les traditions, si ce sont les traditions qui rendent psychotiques, ou si c'était juste un animal sorti de la jungle amazonienne, ou encore qui sait : ce sorcier n'était-il pas un rappel de lui-même, Adam, à qui la mémoire faisait défaut ? « Fais quelque chose, je t'en supplie ! » cria Alice en se dressant. Entre l'odeur de l'huile et de la sauge, les lueurs des bougies sur la nappe, les miaulements hystériques des chats, le regard attentif des enfants, les prières inquiétantes du mari et l'épuisement de sa femme, Adam eut un choc. En un instant, tout son passé défila en lui.

Après avoir été danseur, Adam était devenu psychanalyste. Le business, la politique et la concurrence avaient fini de le dégoûter du milieu artistique. Il y avait laissé des plumes : comme il se doit, sa belle carrière de danseur classique avait été couronnée par deux prothèses de hanches. Il espérait trouver plus de liberté dans le métier de psychothérapeute. Bien qu'il fût ouvert à tous les types de disciplines et de « maîtres » en la matière, il n'avait pas trouvé ce qu'il cherchait. Depuis, il essayait de se remémorer sa vie de plus en plus précisément — avant celle agitée d'artiste, puis celle immobile d'analyste. Petit, il avait suivi toutes les initiations de la *santería*[2], sous l'œil bienveillant de sa mère. Son enfance avait été bercée par les chants, les tambours et les transes. Il connaissait tous les rites et jouait l'*agogô*[3] tout en renforçant de sa voix les chœurs *nagô*[4]. Mais il n'était jamais entré en transe. C'est en cet instant même, trente ans plus tard, qu'il vécut et comprit ce que signifiait la descente de l'esprit dans le corps, lorsque l'*orisha*[5] monte l'initié durant la fameuse « chevauchée divine ». Happé par un vide soudain, il arracha ses vêtements et les jeta au loin. Sa chemise heurta une bougie et prit feu. Le mari sauta dessus en trépignant de joie comme s'il s'agissait d'un augure. Entièrement nu, Adam prit sa femme entre ses bras forts. Au milieu de la pénombre et de l'improvisation obligatoire, cela ne choqua personne. Il la fit tournoyer sur un chant de *Babalú Ayé*[6]. Alors qu'il frappait avec régularité le sol de ses pieds, le bébé descendait doucement mais sûrement. Alice reprenait en chœur le chant avec les enfants qui jetaient les bonbons en l'air comme à un mariage. Son ventre de femme résonnait et

---

2 La *santería* est un culte animiste venu d'Afrique et pratiqué à Cuba.

3 L'*agogô* est un instrument de musique d'origine africaine qui sert à marquer le tempo. Il est constitué d'une ou plusieurs cloches en métal reliées entre elles, et frappées au moyen d'une baguette.

4 Les Nagôs, également appelés Yorubas, sont des peuples issus principalement de la côte des esclaves (Bénin, Togo, Nigeria).

5 Les *orishas*, ou *orixás*, sont des divinités originaires de l'Afrique de l'Ouest, qui représentent les forces de la nature. Elles ont été importées aux Amériques et aux Antilles par la traite des Noirs.

6 *Babalú Ayé* (*Omolu* au Brésil et *Sakpata* au Bénin) est l'orisha des maladies et de la mort. Il est aussi celui qui permet de dépasser la peur.

lui donnait de la joie au milieu des souffrances physiques. La sage-femme, en rythme également, produisait des « hou hou » mélancoliques. Prête à accueillir le bébé dans ses mains, elle massait doucement le dos d'Alice avec son huile préparée. Le mari en transe complète frappait des mains tout en continuant à diffuser de la sauge, ce qui ne l'empêchait pas de sauter en tous sens en distribuant quelques coups de pied aux chats qui s'amusaient à se jeter dans les eaux comme sur une piste de ski.

Le cri primordial surgit au milieu de la macumba.

Adam était suffisamment vide pour s'abandonner au flux et accueillir l'ampleur d'une naissance. Ce ne fut pas un simple cri qu'il entendit. C'était la force de la vie directe qui explose en pleine gueule. Il avait dû se reconstruire en *self-made-man* dans un pays étranger avec les instruments rationnels et l'apprentissage des codes culturels. Il était fier de ce tour de force que bien peu d'immigrés dans sa situation réussissaient. Et là, tout à coup, la vibration du cri de la naissance mettait à bas cet édifice. Un lien éblouissant le saisit. Il ne savait plus si c'était le bébé ou lui-même qui criait. Il percevait le cri et le produisait tout à la fois. Il le ressentait lui-même en l'adressant au monde. Le son primitif, qui sortait de lui et de son enfant, contenait les intuitions des plus grandes théories. Il n'y avait plus de barrière entre lui et le monde, entre son enfant, sa femme et lui-même. Il était lui et les autres. Sans confusion, sans séparation. Vibration du cri animant la justesse des espaces. La perception, la sensation, l'émotion, le sentiment et l'intuition manifestaient les nuances d'une vibration unique qui produisait diverses fréquences. La séparation du corps et de l'esprit lui apparut — en cet instant infini — incroyablement artificielle et désuète. Alice, entre les pleurs et la douleur, semblait prise de folie. Elle répétait en boucle : « Je le voulais mais je ne voulais pas le savoir que je le voulais car je savais que je le voulais sans le vouloir alors je ne devais pas le savoir car ça aurait été le vouloir savoir donc je le savais sans le savoir pour ne pas le vouloir… » Adam de son côté, « problème de fond… grave problème de fond… des années pour… devenir fous… confort mimétique… conformisme… dressage-normopathe… parc humain… du déni… psycho-programme… global burn-out… grave problème de fond… grave». Il intégra les paroles d'Alice dans son chant. Tout le monde suivait, même les chats. Les vociférations se transformèrent en meuglement général. Au milieu du tumulte cadencé, une phrase retentit dans l'esprit d'Adam : «Lorsque l'Objet apparaît, le Monde disparaît. Plutôt un Monde sans Objet qu'un Monde fragmenté d'Objets.» Il sentait que son métier de psychanalyste était en train de vaciller. «Est-ce qu'on m'aurait menti. De quoi ai-je peur ?» Et tandis que les cris de la bergerie se mutaient en pleurs de joie, Adam pressentait qu'une nouvelle vie commençait. Pas seulement le vieillissement accéléré du couple avec un enfant en bas âge dans un univers désolidarisé et jugeant, mais une vie qu'il fallait reconsidérer intégralement selon le cri primordial. Avant de passer délicatement le petit être à la maman, il le prit avec une grande douceur dans ses mains et dit : «Son nom exprimera l'indomptable.»

TROISIÈME CORPS : GROUPE

Une fête pas comme les autres

«Trop c'est trop !» se dit Alice. «Plus rien dans le frigo au bout de trois semaines, montée invraisemblable de tous les prix, difficultés pour payer le prêt immobilier, harcèlement de ma directrice en mode pervers narcissique, augmentation de mon stress dans les transports en commun, avec les voisins, à l'école pour les gosses, le dégât des eaux, Adam en dépression et, pour couronner le tout, nouvelles écotaxes avec augmentation du salaire des politiques.» Elle croisa les bras et tandis qu'elle regardait la télévision qui diffusait la peur, le scandale et tous les problèmes, sauf ceux qui la concernaient, elle prit sa décision, «cette fois j'y vais». Elle mit ses baskets et sa tenue de sport, évita l'ascenseur et descendit les escaliers presque en sautant. La voisine qui la vit passer lui lança : «Dis donc, Madame est en pleine forme, faire deux fois par jour du jogging.»

Alice ne répondit pas tant elle était furieuse. Elle n'allait pas faire son jogging une seconde fois, mais participer à la première manifestation de sa vie. À la peur de l'inconnu s'ajoutait la peur de sa propre réaction. Elle ne savait pas du tout comment elle allait gérer sa rage. Elle s'imaginait hurler, insulter, décharger toute sa violence contenue, et, qui sait, peut-être finir au commissariat. Cela était d'autant plus déstabilisant qu'elle avait été officier de police avant de se reconvertir comme cadre dans la DRH d'une multinationale. Elle ne savait rien de la gestion des foules en milieu hostile sur le terrain, mais elle connaissait bien les problèmes internes à la police et notamment la corruption et les conflits avec la hiérarchie. L'accumulation des absurdités n'avait pas ébranlé sa foi en l'État et en l'importance des gardiens de la paix. Jusqu'à maintenant. Mais elle préférait ne pas y penser.

Quand elle intégra le cortège, la proximité avec autant de gens la rendit nerveuse, « et merde, le métro boîte de sardines mais version en plein air ». Cependant, le rythme commun était plutôt tranquille, le sourire éclairait le visage des gens, certains chantaient et puis là au moins, on s'excusait lors des bousculades. Elle écoutait les échanges amicaux entre les personnes et regardait les banderoles qui disaient, en mode concis et souvent humoristique, ce qu'elle vivait. « Quand il y a du respect et de l'humour, c'est plutôt bon signe », se disait-elle. Alice suivit la marée humaine et sentit une vague tout à fait inconnue la parcourir. C'était comme une sorte de joie. Face à cette montée commune, elle se rendit compte, par contraste, qu'elle avait été bien seule ces dernières années. Elle s'était même sentie devenir folle ; surtout à cause de cette colère qui grimpait, doublait, voulait éclater. Mais il fallait — comme disait son odieuse chef, et aussi ses copines — « gérer avant tout la colère pour la transformer en bienveillance ». Comme elle n'y arrivait pas, elle se sentait coupable et nulle, ce qui avait pour effet de la stresser encore plus. L'explosion se transformait en effet, mais en implosion puis dépression.

Sauf que là, au milieu de tant de gens de bonne humeur, elle ne comprenait pas ce qui lui arrivait : elle reprenait en chœur les mots d'ordre, elle brandissait le poing, elle courait lors des charges des CRS, elle marchait sans fatigue, elle souriait aux inconnus, elle chantait à tue-tête, elle lançait des blagues pourries, elle montait sur les bancs pour voir la foule. Elle ne se reconnaissait plus. Elle reprit son souffle lors d'une pause dans l'épicerie pour acheter une bouteille d'eau. Un manifestant lui en donna une avec en plus un mouchoir et du liquide physiologique pour les yeux, « ça va vous servir quand il y aura les gaz ». Elle lui répondit du tac au tac : « Vous voulez dire qu'il faut ajouter de l'eau quand il y aura de l'eau dans le gaz ? » Ils rigolèrent de bon cœur. Elle se rendit compte que sa colère avait disparu. Ou plutôt, elle s'était transformée, mais cette fois dans un sens libérateur. Et sans effort. Justement, ce n'était pas le résultat de l'effort mental commandé par la doxa du « management de la gestion du stress et des émotions ». C'était naturel. La mutation s'était faite sans conscience. C'était incroyablement naturel. Elle qui pensait qu'elle allait tout faire valdinguer et rejoindre le rang des soi-disant « casseurs », elle fut surprise par ses sentiments d'euphorie et de paix. « C'est exactement ce dont Adam a besoin ; la force du groupe et la convivialité. » Elle prit son téléphone et composa le numéro d'Adam.

Fin de burn-out

Jamais Adam n'aurait cru qu'il était capable de sortir de chez lui, tant la dépression était paralysante. Mais quand son groupe d'amis lui dit « nous sommes en bas de chez toi, en face, dans ton bar préféré avec de la musique *live*, on t'attend, mon vieux ! », il trouva la force d'éteindre la télévision, de se lever du canapé et de prendre l'ascenseur pour les rejoindre. Il n'en revenait pas lui-même. Il se retrouvait là, tranquille avec ses amis, sirotant un verre, et parlant de tout et de rien — surtout de rien. Personne ne lui avait fait de remarques désobligeantes sur son manque de réactivité au téléphone et aux invitations. Seulement quelques blagues de bienvenue qui exprimaient l'amitié. Il écoutait les histoires des uns et des autres, se moquait de lui-même et ajoutait des commentaires aux commentaires, avec ce côté pince-sans-rire qui plaisait à tous. La simplicité de la rencontre impromptue lui faisait oublier ses pelotes d'idées noires. Avec ce recul, soudain, il se rendit compte qu'il ne savait même plus vraiment pourquoi il allait si mal. Il avait perdu l'origine de sa souffrance, ou celle-ci était si profonde que cela dépassait sa capacité de mémoire. Il n'en perdait pas une et le courant de sympathie sincère qui circulait le ravivait. « Rien ne remplace la musique *live*. Les sons directs des instruments, la voix qui cherche la note juste, le *groove* du groupe… c'est encore meilleur que ma caïpirinha ! » Il finit par se lever pour danser tranquillement sur le rythme de la samba-reggae, toujours avec son verre à la main et accompagné de ses amis. « Voici la solution : retrouver le plaisir de l'adolescence insouciante et grégaire. » Le téléphone sonna. C'était Alice :

ALICE — Viens vite, mon chéri !

ADAM — Ah… mais… non… quoi… pourquoi ? T'es où ? C'est quoi ce boucan derrière toi ? On dirait l'apocalypse.

ALICE — Oui, c'est un peu ça… je suis à la manif.

ADAM — QUOOOOOOOI !!!

ALICE — Je t'expliquerai… c'est génial… pas ce qu'on dit… j'te jure…

ADAM — Mais tu vas mourir ! Tu vas finir en fauteuil, au poste, au tribunal, à la télé ! On va devoir s'enfuir du pays… t'as pensé aux enfants ?

ALICE — Putain merde, Adam ! Arrête de dramatiser… viens j'te dis !

ADAM — Mais je suis avec mes potes au bar avec de la bonne musique *live* !

ALICE — C'est pareil, mais à l'air libre, en plus grand et avec plus de potes ! Viens, je t'envoie la localisation.

Adam n'osa rien dire à ses amis. Il prétexta un rendez-vous chez le médecin et s'engouffra dans le métro. Au moment de sortir du wagon pour se diriger vers la sortie, il vit débouler en face de lui une masse humaine en panique qui courait comme un seul homme. Il n'était pas facilement impressionné par la confrontation physique, mais cette foule qui envahissait le tunnel le mit en état de sidération. Il se sentit minuscule et impuissant. Son cœur battait la chamade, son estomac se retournait, ses pensées s'envolèrent. Il se mit à courir en devançant la marée. Il espérait s'enfuir par un autre tunnel. Au moment de bifurquer, il vit arriver une autre foule en sens inverse, « je suis mort… étouffé, écrasé, piétiné… c'est la fin ». Les deux foules se rapprochèrent avec, au centre, lui et quelques autres qui attendaient le jugement dernier. Par chance, il y avait une troisième galerie en face. Il courut du plus vite qu'il put. Tandis que les deux foules se réunissaient dans ce dernier tunnel, il se vit rejoindre par la multitude. Hurlant et courant comme jamais dans sa vie, il se sentit emporté par le flux qui finissait par se diviser progressivement.

Il était dehors. Il ne savait pas comment. De ces trois minutes interminables, il n'avait aucun souvenir. Zéro réflexion, zéro autocritique, zéro dépression. Il sentait un fluide vital s'écouler en lui. Le téléphone sonna. C'était la voix d'Alice : « Tu fais quoi ? T'es où ? » Il lui répondit, essoufflé, « je viens de faire une double expérience, la première en mode ado et la deuxième en mode troupeau ». « Ah, ça y est, j'te vois ! » lui répondit-elle, enthousiaste. Quand Adam leva les yeux et vit le visage rayonnant d'Alice, il sut qu'ils allaient vivre une expérience inoubliable. Il prit une profonde inspiration et se dit à lui-même, « tout n'est pas perdu ».

QUATRIÈME CORPS : NATURE

Au milieu de l'océan

Adam détestait la piscine, mais aimait nager en mer. Il pouvait y rester des heures. C'était un bon nageur. Il lui arrivait souvent de partir loin dans l'immensité. Cette fois-ci à la sortie de la presqu'île, il constata qu'il avançait vraiment difficilement. Les gens lui faisaient des grands signes de loin. Il se sentit embarqué par un très fort courant. Cela ne lui était jamais arrivé. Au Brésil, il avait failli mourir écrasé sur les rochers dans le déchaînement de l'océan, mais il savait comment prendre la vague pour s'accrocher et remonter sur les pierres escarpées. Là, c'était différent : il avait tout le temps pour sentir et observer impuissant qu'il était emporté, certes sans violence, mais irrémédiablement. La force marine était douce, patiente et discrète. Bien plus dangereuse que les rafales des tempêtes. Il ne fut pas pris de panique, au contraire. Il était émerveillé de sentir cet influx invisible. Il ne lutta pas. Il remuait au fil de l'eau. C'était la première fois qu'il sentait l'insaisissable. Il voulait s'en laisser pénétrer. Que le flux vienne en lui, qu'il le réveille, qu'il le possède, qu'il le dépossède ! Il voyait défiler le paysage, les nuages, les vagues et les gens qui s'agitaient de plus en plus en le regardant.

Le non-effort le consola d'une grande douleur qu'il découvrit en cet instant même. Il pouvait enfin se relâcher. Il se laissait prendre et absorber. C'était un abandon auquel il n'avait jamais accédé. Il se laissa totalement aller. Une lente vitesse, un horizon, une direction ; un tourbillon. Une grande caresse sans mot ni chair. Il ferma les yeux pour écouter le bruit de l'eau. Il entendait les gouttes, l'écume, la brise, le vent. Son odorat retrouva sa vitalité. Le sel, les algues, un soupçon de pin qui venait du rivage. Il se rendit compte que lorsqu'il nageait, il n'entendait plus rien, ou juste le bruit blanc et régulier de son crawl.

Il lâcha alors tout le corps. Il se mit à flotter, mais au lieu de prendre la position de la planche, il se retrouva avec le dos vers le ciel et le ventre vers le fond. Il fit une longue apnée. Le battement de son cœur se confondit avec le rythme des abysses. C'est alors qu'il comprit le sens profond du non-agir. En se débarrassant de la volonté et de toute résistance corporelle, il pouvait sentir l'onde. Totalement nu et désarmé, il se rendait accessible à la force du courant. Il en ressentait les moindres changements, tous les tressaillements. Jamais il n'avait senti la vie avec une telle pureté. Jamais il ne s'était senti aussi vivant. Il portait une attention extrême à ce qui défilait. Se débarrasser des intentions et de la conscience qui font barrage à la puissance du Mouvement pur. Immense utérus aquatique en deçà des mers qui relie à la fois l'intérieur et l'extérieur, le Monde et le soi. L'activité intense de la passivité absolue. Quand on s'arrête de faire, l'action découle d'elle-même. Elle est la continuité du flux. Rien à faire, ça se fait tout seul. L'eau n'est plus seulement un liquide organique, mais un courant de vie qui vibre simultanément en nous et hors de nous. La mer résonne dans nos cellules. Quand on devient le flux, il n'y a plus de différence entre l'écoute et l'action. Des poissons s'approchèrent de lui. « Ils me prennent pour un cadavre », pensa-t-il. Il s'imagina mangé puis éjecté par ces êtres aquatiques. « Tous mes atomes… dispersés… avant la mémoire… qui je fus… je me transmets… partout… retour au monde… donc… je suis… milliards de mémoires… les morts me parlent… la mort transforme… l'avenir… qui transforme le passé… »

« *Tutto bene ?* » Il se réveilla de sa torpeur. Un adorable jeune homme était venu sur un paddle pour l'aider. « *Si, si, tutto bene, grazie mille per l'attenzione veramente, fa piaccere, che bella umanità, grazie ancora*[7] ! » Le jeune fut surpris. Il regarda attentivement Adam. Il sourit et repartit de son côté. Adam regarda autour de lui et remarqua qu'il s'était déplacé

[7] « Oui, oui, tout va bien, mille mercis pour votre attention, vraiment, ça fait plaisir, quelle belle humanité, encore merci ! »

de cent mètres tout au plus. La durée s'était étirée, épaissie. Ayant perdu la notion du temps, il décida donc de revenir au rivage. Il dut lutter contre l'élément. La nage était épuisante. À chaque minute, il se laissait aller pour reprendre son souffle. Un autre aurait été pris de panique. Il n'avait pas peur. La mer était devenue rassurante et familière. Il voyait qu'il avançait progressivement et Adam avait cette grande qualité de ne jamais être pressé. Il finit donc par arriver. Il était complètement vermoulu. Cette exténuation n'était pas simplement musculaire. Elle portait un message ; celui du massage de la mer. Son corps avait été mis en mouvement jusque dans les profondeurs de l'âme. Il était dans une sorte d'extase, entre l'effort et le relâchement extrêmes.

Alice et les enfants se précipitèrent vers lui. « Oh, mon Dieu, mon Dieu, on allait appeler la police, ça fait plus de deux heures qu'on ne te voit plus, tu sais ici la mer elle paraît pas, mais elle est très très dangereuse ! » « Ma chérie, j'ai découvert le Mouvement à travers le courant marin ! » Devant la mine complètement illuminée d'Adam, ils restèrent tous interloqués et se mirent à rire en chœur.

Animal urbain

Cela faisait longtemps qu'Alice n'était pas sortie avec ses copines. Elle en profitait à fond. Connaissant les limites de ses amies, elle se gardait bien de parler de certains aspects de sa vie. Elle avait déjà la réputation de celle qui envoie valdinguer les codes, de tout critiquer, d'être imprévisible et de cultiver une tendance anticonformiste, voire ésotérique. Elle avait appris à faire la part des choses et à cloisonner les différentes sphères relationnelles. Et puis elle s'était fait de nouveaux amis aux manifestations. Avec eux, elle pouvait se lâcher. Elle avait même rencontré des personnes qui semblaient encore plus extrêmes. Il était déjà trois heures du matin. Elle décida de rentrer à pied. Cela faisait une trotte, mais il fallait se dégriser un peu. N'ayant plus l'habitude de boire, un quart de verre suffisait pour lui donner de l'allégresse. Elle avait toujours adoré traverser la ville à pied, seule au milieu de la nuit. Elle mentit tranquillement à ses copines, « salut les filles, j'prends un taco ». Elle savait que sans ce petit mensonge, elle aurait eu droit à la litanie : « T'es folle, c'est super dangereux, t'es une femme isolée, la nuit, la ville, les pauvres, les prédateurs… les hommes : ils sont partout ! »

Elle marchait. Dans le noir, elle se sentait libre. Les odeurs remontaient. Personne dans les rues. La Lune éclairait la ville. Un léger vent balayait la chaussée. Le silence des dormeurs aiguisait les sens d'Alice. Elle ôta ses chaussures pour sentir l'asphalte de ses pieds nus. Elle se mit à courir sur les trottoirs. Vite, puis comme une folle. Elle riait. Elle eut l'impression qu'elle pouvait voir dans l'obscurité. Elle sentait son corps reprendre vie. Les muscles et les tendons s'échauffant, elle pouvait tourner rapidement et faire des girouettes. Elle gagnait en flexibilité. Les poignets et les chevilles s'huilaient. Elle sentait la terre avant même de la fouler. Ses rires, de plus en plus forts, se muèrent en grognements. Elle sentait la vitesse vibrer en elle. Elle brûlait le pavé. Sa bouche était sèche, tellement le vent fouettait sa figure. Elle s'entendait respirer comme si ces poumons avaient doublé de volume. La bave coulait blanche et abondante. « Je suis le vent, je suis le vent ! » sifflait-elle. Ses gestes gagnaient en précision. Elle se rapprochait du sol pour tourner plus facilement entre les pilots, raser les murs et traverser les allées. Elle plaça son écharpe noire sur sa bouche et son nez. Elle se mit à escalader les voitures à quatre pattes. Elle cherchait la délicatesse dans ses déplacements. « Aucune trace, aucun bruit : je chasse. » Elle rencontra un groupe d'hommes à la mine patibulaire au détour d'un passage. Elle était prête à tout. Aucune peur. Elle continuait de sauter de voiture en voiture. Elle pistait. Ses grognements se transformèrent en aboiements puis en hurlements : « AHOU ! AHOU ! AHOU ! » Le groupe inquiet l'esquiva au plus vite. L'un d'eux prit son téléphone en l'observant de loin. « C'est pour toi le Samu… bande de dinguos… trous du cul !… » Elle souriait à pleines dents. Elle était complètement euphorique et avait l'impression d'être sur SON territoire. Elle affûtait son extralucidité :

anticipation des mouvements, des objets, des pensées. Les liens neuronaux se démultipliaient. Le plaisir était immense, la vitalité sans fin, les sens à leur comble, le corps retrouvé. Elle se dit qu'aucune méditation « *mindfulness* » ne l'avait jamais fait se sentir aussi sereine. « J'ai toujours senti l'urbain comme une forêt sauvage ! » Elle retrouvait son animalité.

Totalement ébouriffée, elle entra dans son immeuble, se jeta dans les escaliers et monta les étages à quatre pattes. Elle entendait la musique venir de son appartement. Elle se rappela qu'Adam devait animer la fête des enfants baptisée « Vampire Ceremony ». Elle ne sonna pas, elle donna des coups de griffes à la porte. Adam avec un faux dentier de vampire se dirigea vers la porte, « merde quoi… on fait jamais de fête… il est samedi soir… quinze jours qu'on prévient tout le voisinage… c'est la première fois… pas cinq heures du mat' non plus… faites chier ! » Prêt à en découdre, il ouvrit furieusement la porte. Sa mâchoire se décrocha découvrant la totalité de ses blanches dents acérées. Il hurla : « Maman s'est transformée en loup-garou !!! » Ils se dévorèrent des yeux…

CINQUIÈME CORPS : MONDE

Dialogue sur l'Être

Alice et Adam se précipitèrent sur la plage. Après une bonne baignade, ils rejoignirent la petite assemblée et s'installèrent sur un large parterre en bois en face de la mer. Cela faisait trois années qu'ils suivaient les « rencontres » avec Yaël. La première fois, ils étaient venus grâce à un couple d'amies, Zarah et Zoé, qui suivait la conférencière depuis pas mal de temps. Alice et Adam étaient venus à reculons. Peur de tomber dans un symposium ennuyeux d'experts qui croient tout savoir, ou avec des marginaux qui cherchent une clientèle, ou encore une performance de charlatans ou, qui sait, l'antichambre pour le recrutement d'une secte. Ils avaient été agréablement surpris d'écouter une femme tout à fait accessible qui parlait sans prétention des théories les plus difficiles, pour les confronter au vécu. Étant toujours en évolution, elle n'hésitait pas à changer d'avis, à faire évoluer sa pensée et à inviter d'autres interlocuteurs. Elle répondait toujours aux questions, même les plus difficiles, et prenait tout le temps possible pour échanger après les débats. Du coup, ces « rencontres » se transformaient le plus souvent en dialogue avec le public. Il était évident qu'elle partageait avec plaisir, sans attendre une quelconque reconnaissance. Toutefois, elle restait très proche de celles et ceux qui la suivaient sincèrement et qui lui rendaient « au centuple », comme elle disait, son dévouement à la transmission. Elle déclarait souvent, « la reconnaissance institutionnelle, c'est de l'utile, la reconnaissance entre personnes, c'est de l'amour ». Tandis que Yaël arrivait, Adam était prêt à prendre des notes, ce qui avait le don d'exaspérer Alice, même si elle admettait, après coup, que cela pouvait être bien pratique.

Les cinq corps : Mouvement ou représentation ?

YAËL — Vous êtes probablement venus parce que, d'une manière ou d'une autre, chacun d'entre vous a fait l'expérience du Mouvement. Nous avons besoin de mettre des mots sur les choses, même si les mots et les concepts sont très insuffisants. Notre carence spirituelle est telle qu'on ne peut se permettre d'attendre : prenons tout ce que nous avons sous la main pour avancer. Je vais proposer quelques repères concernant les questions qu'il est convenu, à tort, d'appeler « spirituelles » car elles concernent la puissance du Corps avant tout. Au cours des dernières sessions, nous avons décrit l'expérience nihiliste. Aujourd'hui, j'aimerais parler de l'expérience de l'Être comme Connexion au Mouvement. Mon ambition n'est pas de changer de représentation et de proposer un nouveau paradigme, mais d'abolir la représentation et les paradigmes. De même que « Rome ne s'est pas construite en un jour », « Rome ne s'est pas détruite en jour » et surtout, « il n'est question ni de détruire ni de reconstruire Rome ». Il s'agit de commencer à partir du cadre dans lequel nous nous trouvons, pour accéder patiemment aux chemins qui mènent hors du cadre. Je commencerai par détailler le Mouvement en tant qu'il unit les Cinq Corps. Si le Mouvement ne se dissocie pas du Réel, alors les Cinq Corps ne sont ni séparés du Réel ni séparés entre eux. Pour comprendre cette Continuité du Mouvement, mettons-la en parallèle avec trois propositions qui appréhendent le Réel de manière différente. La première proposition représente la tendance dite « réductionniste », la deuxième dite « holiste » et la troisième dite « systémique ».

La première considère que le tout est la somme de ses parties. Le Réel serait déductible de ce qui le compose.

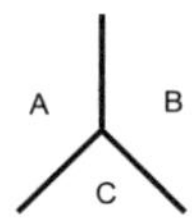

RÉDUCTIONNISME
Réel = A + B + C

La deuxième considère que le tout est supérieur à la somme de ses parties. Le Réel serait déductible du tout.

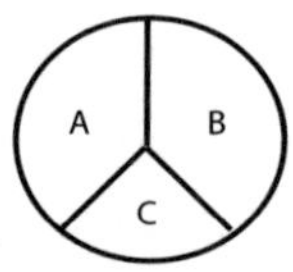

HOLISME
Réel = (A + B + C) + O

La troisième considère que le tout et ses parties sont en interaction. Le Réel serait déductible des échanges entre les parties et le tout.

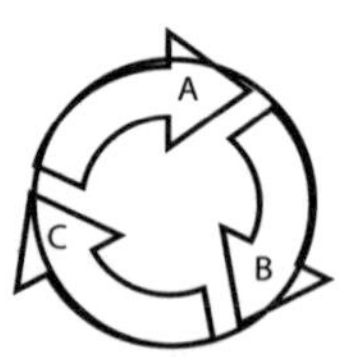

SYSTÉMISME
Réel = (A + B + C) + O +

Qu'en est-il de notre proposition ? Simple : la Continuité du Mouvement suppose qu'il n'y ait ni tout ni parties. Le Réel n'étant pas déductible, il n'est pas une affaire de logique et de connaissance. C'est une question de Cohérence. Si le Mouvement est « continu, consistant et changeant », il n'a ni tout, ni parties, ni échange entre le tout et les parties. Il n'obéit à aucun paradigme, aucun modèle. Il ne peut se déduire de rien et ne déduit rien du tout. Tout simplement, il est. C'est tout. Rien à ajouter. Au revoir.

MOUVEMENT
Réel = ni (A + B + C), ni O, ni

Yaël fait mine de s'en aller.
Rires dans la salle.

Ajoutons que : un seul Corps manque à la Continuité des Cinq Corps et c'est tout le Mouvement qui s'en ressent. Chaque Corps est un organe vital du Mouvement. La Continuité, c'est la Cohérence entre tous les Corps du Mouvement. « Cohérence » et non pas « harmonie, équilibre et juste mesure » qui sont des notions renvoyant aux théories de la science, du cosmos et de la valeur.

Quelqu'un dans la salle — Je comprends bien que la rationalité scinde le Mouvement et que la Continuité demande de la Cohérence. Mais que se passe-t-il concrètement quand il y a un manque de Cohérence ?

Yaël — Un Contre-Mouvement qui crée des arrêts, des stases, des abcès. Le Mouvement ne circule plus librement, il tourne et se retourne contre lui-même. Il ne disparaît pas, il se bloque. C'est l'irruption d'une répétition. Quand une répétition persiste, cela peut aller jusqu'à l'instauration d'un cycle néfaste. La récurrence du Contre-Mouvement plongera votre vie dans le Mal-Être. Concrètement, si je mets en veilleuse la dimension du Soi, j'alourdis ma relation à l'Autre ou au Groupe. Je peux être très investie dans le Groupe, mais peu avec l'Autre. Beaucoup avec la Nature, mais peu dans le Groupe, etc. Les nuances et les variations sont infinies. Attention, je ne dis pas qu'il ne faille point se focaliser sur tel ou tel aspect. Je parle des cloisonnements auxquels nous sommes tellement habitués que nous ne les repérons même plus. La vie est une perpétuelle adaptation à de nouvelles situations que nous influençons nous-mêmes. Ces ajustements demandent une reconfiguration de la répartition de l'énergie. Si vous êtes en Cohérence et que vous devez vous concentrer entièrement sur un aspect particulier, les autres aspects ne disparaîtront pas. Au contraire, ils s'aligneront à la situation et agiront en sous-main pour soutenir la priorité du moment. Si vous n'êtes pas en Cohérence, la circulation d'énergie sera beaucoup plus difficile et le risque de blocage va s'accroître.

Les ruptures dans la Cohérence de la Continuité se manifestent sur tous les plans : psychologique, somatique, relationnelle. Les chagrins, les maladies, les conflits sont toujours des incitations à retrouver la circulation énergétique. Ce sont des opportunités pour se reconnecter au Mouvement. C'est pourquoi la douleur est fondamentale. Elle signale une répétition, une rupture, un cloisonnement. Une civilisation qui veut supprimer la souffrance à tout prix est une civilisation qui ne veut plus reconnaître ses signaux nécessaires. On prend la voie de la Dénégation, puisqu'en supprimant le signal ou le symptôme, on attise le problème. Au fond, une civilisation qui se donne comme but l'abolition de la souffrance a comme volonté de s'éloigner du Mouvement.

Quelqu'un dans la salle — Mais comment faire pour atteindre la Cohérence et la Continuité ? Est-ce qu'il y en a qui sont plus doués que d'autres ? Est-ce qu'il y a des gens qui sentent naturellement le Mouvement ? Est-ce qu'il est spontané ? Peut-il s'obtenir ? Est-ce qu'on peut l'apprendre ? Est-ce que ça se travaille ? Et si oui, comment ? Qu'en est-il de la question de la nature et de la culture, de l'inné et de l'acquis ?

YAËL — Cette question est particulièrement importante car elle détermine notre pouvoir d'agir. Avons-nous un impact sur le Réel ? Jusqu'à quel point ? Libre arbitre, toute-puissance, fatalisme ? Cette question qui donne la couleur à notre sentiment d'existence dépend d'une autre encore plus fondamentale : comment voyez-vous le Réel ? Comment vous représentez-vous le Réel ? Si nous considérons que l'inné est ce qui nous est donné *a priori* et l'acquis ce que l'individu construit *a posteriori*, la question du Réel se pose ainsi : est-il donné, construit, un mélange entre ce qui est donné et ce qui est construit ?

Dans notre inconscient collectif occidental, nous avons plusieurs options. Il est possible de considérer que le Réel est exactement comme nous nous le représentons sans construction subjective, ou bien que le Réel est entièrement construit par nos représentations subjectives, ou encore qu'il est le produit du va-et-vient entre nos représentations subjectives du Réel et le Réel lui-même. C'est à partir de ces trois visions du monde, qu'il est convenu de nommer respectivement « idéaliste », « constructiviste » et « cognitiviste », que nous formons notre propre réponse. Allons un peu plus en profondeur.

IDÉALISME

Dans le cas de l'approche idéaliste, un lien de substance unit le sujet qui se représente et l'objet de sa représentation. Une architecture transcendantale préside à l'ensemble de la représentation. Il n'est pas important de déterminer si cet ordre préétabli est du registre divin, intellectuel, naturel ou virtuel. Dans cette configuration, le travail de médiation ayant déjà été fait par une transcendance, l'inné précède le sujet et l'objet.

CONSTRUCTIVISME

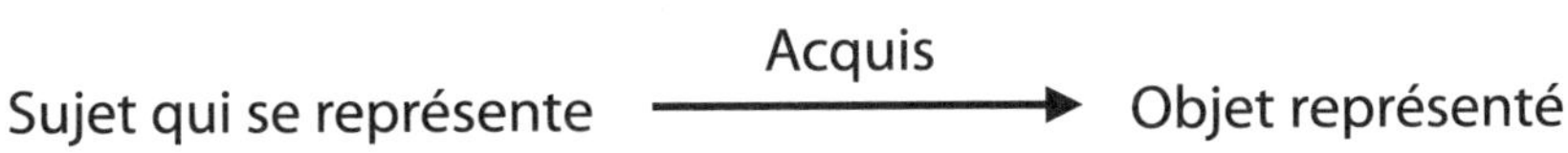

Dans le cas de l'approche constructiviste, le lien qui unit le sujet qui se représente et l'objet de sa représentation, c'est l'individu lui-même. C'est lui qui préside à l'ensemble de la représentation. Il n'est pas important de déterminer si une partie du Réel reste indépendante ou non des représentations de l'individu. Dans cette configuration, le travail de médiation ayant déjà été fait par le sujet, il n'y a que de l'acquis.

COGNITIVISME

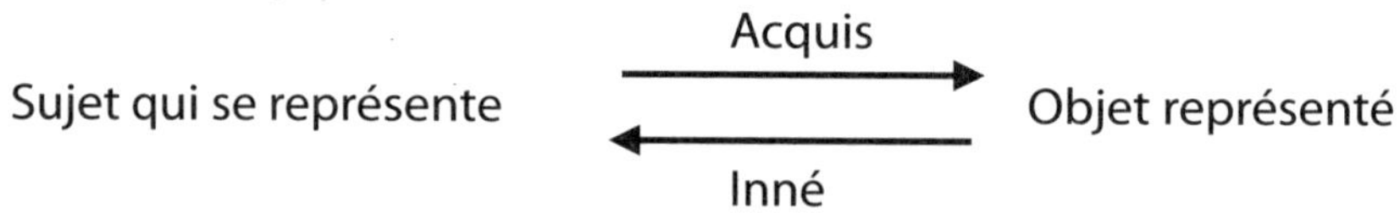

Dans le cas de l'approche cognitiviste, le lien qui unit le sujet qui se représente et l'objet de sa représentation, c'est l'individu qui transforme le Réel. Le Réel est irreprésentable tant qu'il n'est pas intégré à la représentation de l'individu. Dans cette configuration, le travail de médiation étant toujours en cours, l'acquis du sujet reconstruit perpétuellement l'inné de l'objet.

Vous remarquerez que dans tous les cas, il y a une médiation et un travail. Une médiation entre le sujet et l'objet, un travail de représentation lié au Réel. Dans l'idéalisme, c'est une médiation non humaine qui relie le sujet à l'objet, dans le constructivisme et le cognitivisme, c'est une médiation humaine qui fait le lien. Dans le cas idéaliste, le travail consiste à retrouver l'inné ; dans le cas constructiviste, il consiste à persévérer dans l'acquis ; et dans le cas cognitiviste, il consiste à transformer l'inné en acquis.

Quelqu'un dans la salle - Vous répondez en ce qui concerne les approches les plus courantes, mais pas en ce qui concerne le Mouvement.

Yaël — En effet. Ces approches sont utiles pour mieux formuler la réponse. J'y viens. Faisons un dernier détour par l'énergétique chinoise traditionnelle. Cette fois, l'inné et l'acquis ne dépendent pas des représentations, mais de l'énergie cosmique. La part innée est appelée « ciel antérieur » et la part acquise « ciel postérieur ». L'énergétique chinoise estime qu'une personne qui naît est pleine du ciel antérieur qui vient de ses ancêtres. Au cours de ses expériences de vie, cette personne captera et élaborera une autre énergie, celle du ciel postérieur. Lorsque ce même individu fait un enfant, pour ce nouveau-né, l'acquis et l'inné de ses parents forment un nouvel ensemble qui est de l'inné. À cet inné, il ajoutera à son tour son expérience, c'est-à-dire de l'acquis. L'acquis, c'est du futur inné ; et l'inné, c'est de l'ancien acquis.

Dans cette optique, il est juste de parler d'héritage ou de « capital énergétique » que l'on dilapide ou que l'on accumule. On se doute que cette modalité quantitative fonctionne à merveille dans notre société capitaliste : « Augmentez votre capitale énergétique », « boostez votre énergie », « ne perdez plus votre énergie ».

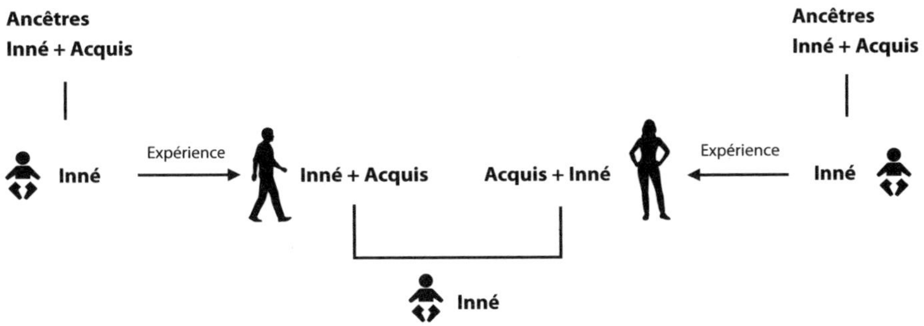

Sauf que cette vision passe sous silence que l'énergie du passé (nos ancêtres), celle du présent et du futur sont une seule et même énergie et qu'elle est, comme dit le Tao, « infinie et abondante ». Le conflit se porte cette fois entre une conception qui mesure l'énergie, et l'autre qui estime qu'elle est incommensurable. Le Tao s'écarte de toutes ces différentes approches du Réel — qu'elles soient occidentales ou orientales. Il met en évidence qu'elles ont en commun de tronçonner l'énergie pour en faire des objets représentables et quantifiables. Toutes abandonnent la Continuité. La personne qui vit le Réel de cette sorte ne sera pas capable de se relier au Mouvement. Ce dernier échappe aux mesures, aux représentations, aux catégories, aux genres et aux générations. Ma proposition est proche de celle du Tao :

MOUVEMENT

Ni sujet qui se représente
Ni objet représenté
Ni travail, ni médiation
Ni acquis, ni inné

Dans le cas du Mouvement, la relation étant directe et continue entre l'individu et le Réel, il n'y a ni médiation ni représentation, ni travail ni mesure, ni sujet ni objet. La question de l'inné et de l'acquis ne se pose pas.

Silence interdit dans la salle.

YAËL — La simplicité est souvent désarmante.

Rires dans la salle.

YAËL — Si le Mouvement suppose un rapport immédiat avec le Monde, pourquoi faudrait-il se représenter le Monde ? Si le Mouvement n'est pas séparé de l'individu, pourquoi faudrait-il ajouter une transcendance ? Si le Mouvement ne divise pas, pourquoi faudrait-il dissocier un sujet et un objet ? Si le Mouvement s'auto-organise par lui-même, pourquoi faudrait-il ordonner le Monde *a priori* ou le modifier *a posteriori* ? Cela mérite quelques explications.

Être dans le Mouvement signifie accepter d'être en perpétuelle métamorphose. À partir du moment où vous devenez Mouvement vous-même, vous êtes traversé par le flux créatif des Choses du Monde. Il n'y a rien à construire, ça se construit sans cesse. Les opérations psychiques ou techniques sont un ajout. Celles-ci ne feront que perturber l'écoulement. Pour accueillir cette force, il s'agit d'abandonner l'effort et la volonté, l'intention et la pensée. C'est le « non-agir » : suspension de l'activité pour rejoindre la Créativité du flux qui est action pure. L'Inspiration vient lorsque vous laissez le flux vous posséder pour vous déposséder.

Rappelons que le mot « représentation » est issu de « présence » avec le préfixe « re » qui est un itératif, un augmentatif ou un contraire. Quand on fait appel à la faculté de représentation, on augmente, on redouble, on contraint la présence. La Présence avec majuscule, c'est le lien à l'Être, pris dans le sens du Mouvement. Pour émerger, la Présence n'a pas besoin d'activité, mais de désœuvrement. Nous sommes spontanément créatifs ; constructifs de manière innée. Notre seul travail prend une tournure paradoxale : travailler à cesser tout travail.

QUELQU'UN DANS LA SALLE — Le Mouvement est révolutionnaire : c'est la fin du Capital et du travail !

Rires dans la salle.

YAËL — Ahahah… Quand nous destituons le travail et le Capital, nous trouvons l'Existence. L'Existence, c'est quand le Mouvement du Réel nous agit. Du point de vue énergétique, c'est très clair. Le travail forcé du Capital vide l'énergie, tandis que la Créativité du Mouvement nourrit. Quand nous sommes entortillés dans la Réalité disruptive, le curseur des addictions, de l'épuisement et des psychopathies monte en flèche. Quand nous sommes dans notre Existence réelle, le curseur qui monte est celui du plaisir, de l'empathie, de la régénération et de la sérénité.

Quatre exercices pour ressentir le Mouvement

Pour aider à mieux comprendre et se connnecter au Mouvement, je vous propose quatre petits exercices de réenchantement du Monde. Le premier m'a été inspiré par un ami ingénieur en physique quantique, le deuxième par un ami coach, le troisième par un danseur et le quatrième par un musicien. Avant de commencer, faisons ensemble les gestes du Dragon[8].

Enthousiaste, tout le monde se met debout pour faire l'exercice du Dragon.

Une fois terminé, Yaël distribue des balles rebondissantes à chacun des participants.

Changement de posture ou le jeu de balle

YAËL — Maintenant, vous allez lancer la balle sur le sol en suivant le tempo que je donne en frappant dans mes mains.

Elle commence doucement puis accélère progressivement le tempo. Afin de suivre le tempo, certains se plient pour se rapprocher du sol avec la balle, d'autres ne se plient pas mais lancent la balle plus fort sur le sol. Elle cesse l'exercice.

[8] L'exercice du Dragon est une série de cinq mouvements énergétiques qui réveillent la force du Dragon, maître des Mutations. Il initie toute session énergétique.

YAËL — Nous avons fait là une expérience qui relie trois aspects indissociables : le temps, l'énergie et l'espace. Quand j'accélère le tempo, soit vous lancez la balle avec plus d'énergie pour conserver la même position et le même espace entre le sol et la balle, soit vous lancez la balle avec la même énergie, mais vous devez alors plier vos genoux pour vous rapprocher du sol afin de raccourcir l'espace entre la balle et le sol. Vous pouvez aussi jouer avec l'espace et l'énergie, tantôt en mettant plus d'énergie, tantôt en vous rapprochant du sol.

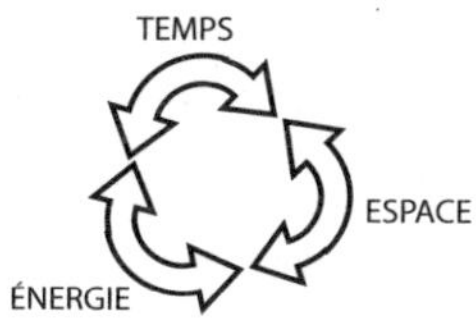

Ce que nous sentons tous, c'est que ces paramètres sont indivisibles et qu'ils passent naturellement de l'un à l'autre. Si nous ajoutions d'autres dimensions comme la masse de la balle, la texture du sol, l'éloignement de la terre, la souplesse du lancer, etc., nous sentirions que notre jeu implique un nombre infini d'aspects qui se répondent les uns aux autres.

Lors du lancer de balle, deux choix se présentent à nous : soit j'étudie tous les paramètres du lancer de balle, soit j'épouse le jeu des métamorphoses. Dans le premier cas, j'ouvre un laboratoire dans ma tête ; dans le deuxième cas, j'ouvre un espace de danse dans mon corps. Dans le laboratoire, je divise le Mouvement, ce qui me donne une connaissance indirecte et fractionnelle. Dans l'espace de danse, j'écoute le flux du Mouvement, ce qui me donne une « connaissance » directe et unie. Ces différentes connaissances impliquent deux psychologies différentes. La première cherche à évaluer, calculer, contrôler ; la seconde suit les Mutations du Réel en jouant avec elles. La Civilisation a opté en grande partie pour le laboratoire dans la tête.

Ici, nous optons pour le jeu : le plaisir d'une « connaissance » du Corps qui n'exclut pas la « technique ». Je mets les mots « connaissance » et « technique » entre parenthèses, car elles ne sont plus dans la dualité rationnelle. La « technique » viendra du simple fait que ce lancer de balle vous plaît tellement que vous allez le pratiquer tous les jours. Naturellement, grâce à l'enthousiasme et à la régularité, vous deviendrez un virtuose sans même le vouloir. Nous mélangeons l'approche ludique et technique, sachant que la seconde émerge naturellement de la première. Le défi consiste à ce que le jeu ne passe pas du côté du travail, de la compétition et du devoir. Pour cela, c'est à chacun de rester attentif à son ressenti. Pendant mon entraînement, ai-je éprouvé plutôt de l'ennui, un manque de désir et de la contrainte ou bien de l'envie, de la concentration et de l'amusement ?

Passons au deuxième jeu.

Changement de perspective ou le jeu de la rose

Yaël sort un tableau sur lequel on distingue la formule chimique C10 H 200.

YAËL — Vous voyez tous une formule chimique. En fait, il y a une autre figure qui n'apparaît pas immédiatement. Il est possible de la distinguer en changeant votre regard. Essayez tous de la voir, mais ne dites rien.

Certains voient immédiatement la nouvelle figure, d'autres mettent un peu plus de temps, d'autres ne voient rien du tout. Après un temps, Yaël reprend la parole.

YAËL — Il s'agit d'une rose.

Les derniers qui ne la voyaient pas la perçoivent.

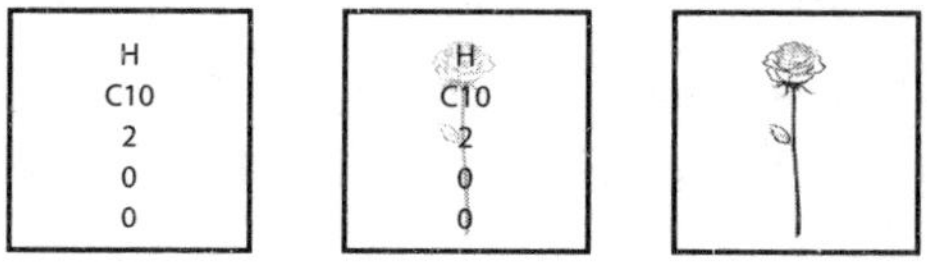

Quelqu'un dans la salle — J'ai été guidé car j'ai reconnu la formule chimique du citronellol qui est la molécule principale de l'odeur des roses.

Une autre personne — Moi, j'ai essayé de chercher des indices dans l'image.

Une autre personne — Je n'ai pas cherché d'indice et je n'ai pas de connaissance, j'ai juste essayé de me laisser prendre par l'image.

Yaël — Dans cet exercice, il ne s'agit pas de sortir du cadre de la représentation, mais d'acquérir une souplesse dans la représentation. Ce type de jeu, en redonnant de la mobilité à la façon de percevoir, aide à prendre de la distance avec les représentations pour opérer un changement de représentation. Il y a en effet plusieurs manières de changer son regard, de « grille de lecture » comme on dit. Les théories de la gravitation, de la relativité et de la physique quantique bouleversent notre intuition de l'espace-temps, la médecine chinoise ou la vision des penseurs ioniens demandent également une révolution de représentation pour les esprits habitués à la rationalité occidentale. Ici, nous partons d'une représentation scientifique très éloignée du Réel, comme une formule scientifique, pour se rapprocher d'un signe plus proche du Réel, comme peut l'être un dessin. Le plus important dans notre petit jeu est de capter le moment précis où vous changez de regard. Les Grecs ont nommé ce moment *kairos*, « le point de bascule ». Les surfeurs savent que c'est à cet instant précis qu'il faut prendre la vague du Mouvement ; avant c'est trop tôt, après c'est trop tard. Dans les arts martiaux japonais, le *Ma* désigne ce très court « écart suspendu » qu'il faut savoir traverser sans réfléchir pour atteindre l'adversaire. Cet instant est toujours voilé par une construction souvent sophistiquée. La distance à franchir pour rejoindre le temps de la vague ou le point vital n'a rien d'une évidence. Pourquoi ? Parce que cette distance est avant tout interne. Le barrage entre nous et la vague s'est solidifié d'abord en nous-mêmes. C'est même nous qui maintenons le barrage !

Le message de ce jeu de perspectives est de dévoiler la distance entre la représentation de la rose et la connaissance de la rose, et entre la représentation de la rose et le Réel d'une rose. La connaissance barre la relation directe avec la rose. Nous avons tellement inversé le rapport entre le direct et l'indirect que nous pensons que la connaissance de la rose, c'est la rose elle-même. Nous vivons dans un univers constitué de lois et de formules que l'on prend pour le Réel. Le dessin étant plus direct, il donne plus l'illusion d'être proche du Réel. Les techniques du trompe-l'œil vont même jusqu'à nous faire croire à des vrais paysages, alors que ce ne sont que des effets optiques. Ma démarche est de sortir de la représentation par la suspension progressive de l'entendement avec ses analyses rationnelles et symboliques, suspension qui concerne aussi bien la formule chimique de la rose que le dessin de celle-ci.

Le passage à une nouvelle perception sera plus tortueux par l'intermédiaire de la Raison que par la vision immédiate et panoramique. Ceux qui connaissent la formule chimique ont bénéficié au préalable d'une connaissance de chimie moléculaire. Cela les a amenés à suivre un raisonnement, émettre une hypothèse et procéder à une validation : « S'il s'agit de la formule du citronellol qui est la molécule principale de la rose, alors cela doit avoir un lien avec la rose, il est donc fort probable que l'image cachée soit une rose, je vais donc chercher une rose avec mon regard. Ça y est, je la vois. CQFD. » Tout ce temps dédié à la Raison risque de vous faire perdre le *kairos*. L'association d'idées retarde l'action instinctive du *Ma*. Le raisonnement ralentit le changement de regard. En revanche, la personne qui arrive et voit tout de suite la rose derrière la formule sera plus spontanément apte au changement de perspective. Ça ne veut pas dire que la rationalité rend impossible le moment du changement de regard ; elle le rend seulement plus difficile.

C'est exactement ce que l'on constate dans la vie civile. Plus nous sommes formés aux normes sociales, plus le Mouvement devient impénétrable. Les diplômes, la culture, les spécialisations sont plus des obstacles que des alliés. L'histoire nous montre régulièrement que les plus cultivés, les plus haut placés, les plus réputés se révèlent — lors des crises — les plus obtus et les plus conformistes. En revanche, les personnes considérées comme *borderline* vont percevoir plus vite certaines situations, car elles ont conservé une forme d'intuition. En revanche, elles risquent également de se retrouver bloquées dans une nouvelle interprétation. Elles « sentent » un passage et ont une certaine intuition de ce qui pourrait être hors de la norme, en effet, mais elles n'ont pas conscience qu'une partie de leurs sensations est également téléguidée par d'autres représentations figées. C'est pourquoi la souplesse de représentation dévoile les limites des cadres et indique une voie autre, mais ne suffit pas à sortir des cadres pour découvrir le Mouvement et pour le suivre.

Hormis dans les situations de crise, compter sur la seule intuition n'est pas forcément un avantage. Dans une société fondée sur le contrôle et la distanciation sociale, il est vital de savoir s'adapter et jouer avec les règles, les codes et les protocoles. Seulement, étant donné que les crises se multiplient, il n'est pas impossible que le rapport s'inverse. Les plus normalisés risquent d'exploser face aux chocs et aux bouleversements. Ne pouvant laisser tomber les barrages, ils vont, dans la panique, les multiplier. Nous risquons d'assister à une inflation de raisonnements et de geste absurdes face à des situations anxiogènes. Le Réel étant complètement submergé par la Réalité, nous allons probablement naviguer en roue libre dans un univers délirant. Dans tous les cas, une crise sera toujours l'occasion, pour chacun, de renouer avec le Mouvement.

Changement de regard ou le jeu du tableau

Yaël présente un tableau avec plusieurs formes géométriques, plusieurs objets, plusieurs personnages. Tout est en style pointilliste.

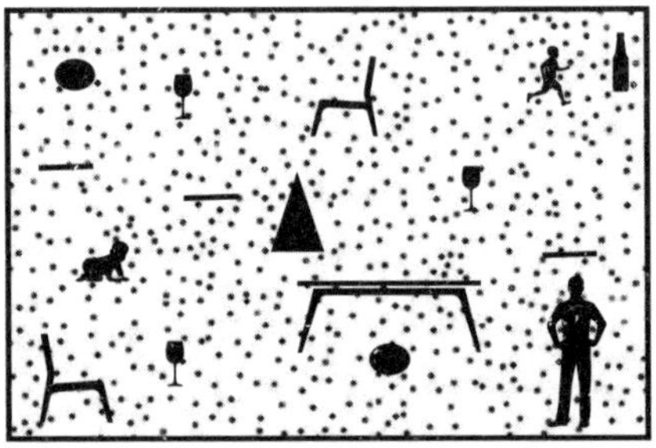

Regardez bien les éléments de ce tableau peint dans le style des pointillistes des années 1880. Leur technique consistait à juxtaposer des points de couleurs, tels des atomes composant un ensemble. Avec la distance, les points se fondent optiquement les uns avec les autres, et ne peuvent plus être distingués. C'est un peu l'ancêtre du pixel.

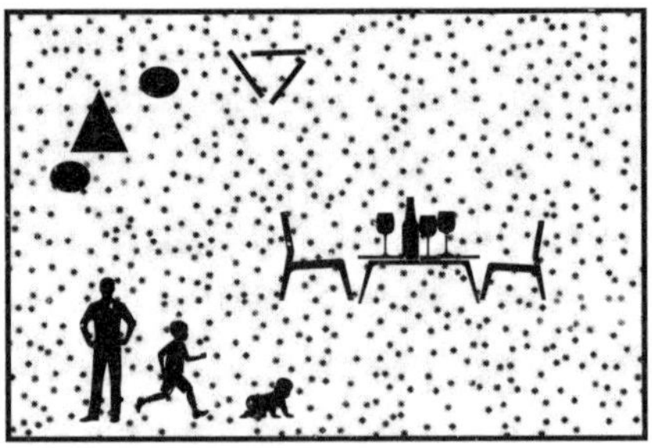

Plus ou moins consciemment, vous allez jumeler les formes géométriques ensemble, par exemple, les lignes avec les lignes, les cercles avec les cercles. Vous allez leur donner éventuellement un nouveau lien plus élaboré, par exemple, rapprocher les trois lignes droites pour qu'elles forment un triangle. Vous allez, par ailleurs, rassembler les objets. Vous allez éventuellement construire un lien de fonction en mettant, par exemple, la table avec les chaises et la bouteille d'eau près des verres. Vous allez regrouper les personnes et peut-être établir un lien temporel entre elles en commençant par le bébé, puis l'adulte et enfin la personne âgée.

Je vous ai présenté ce tableau composé de représentations disparates, pour que vous preniez conscience que nous procédons tous inconsciemment à des associations. Celles-ci ont créé des liens d'identité et de causalité à l'aide de la géométrie, des liens de fonctionnalité à l'aide des objets et des liens chronologiques à l'aide des personnes. Nous pourrions entamer une recherche critique sur la signification et le bien-fondé de ces cadres mathématique, ergonomique, technique, sociologique, biologique et anthropologique. Je pourrais aussi aller plus loin, en vous demandant ce que ces associations vous évoquent de manière personnelle. Tout cela simplement pour signifier que le champ de l'expérimentation et de la connaissance est immense et infini.

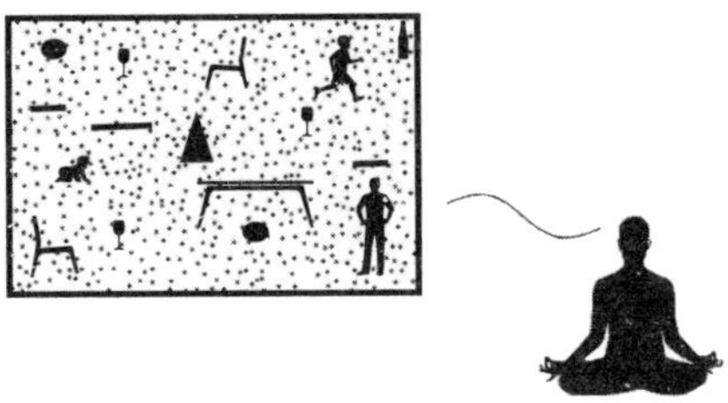

Maintenant, je vais vous demander de suspendre tout lien entre ces éléments.

Vous allez vous contenter de considérer les éléments comme des éléments présents sur un tableau. Prenez votre temps. L'exercice est d'autant plus difficile que les éléments suggèrent des liens entre eux. Vous voyez d'ores et déjà qu'ils existent en eux-mêmes, sans qu'il soit besoin d'établir de liens. Tout lien vous semblera désormais un ajout, une projection, un forçage fait à leur présence.

Laissez-vous devenir les représentations. Toujours dans la suspension des liens, laissez les représentations vagabonder librement dans votre tête puis dans votre corps interne. Il faut de la patience pour que les représentations externes se transforment en sensations internes. Vous sentirez probablement que la représentation figée de l'observation visuelle externe est devenue une sensation mouvante quand elle passe à l'interne. Ce nouveau jeu de sensations appelle tous les sens à l'intérieur de vous. Vous (re)devenez le lieu de plusieurs espaces, plusieurs états de matière, plusieurs temps. Vous n'êtes plus dans la représentation, mais dans la sensation de la Chose elle-même. Plus exactement, la représentation ne se disjoint plus de la Chose. La Chose perd son identité d'Objet ; le Sujet — vous — s'écarte du statut d'observateur. La Chose, la personne et les représentations retrouvent l'écoulement et le lien de Continuité. Le tableau n'est plus un cadre, mais la circulation créée pas les éléments eux-mêmes.

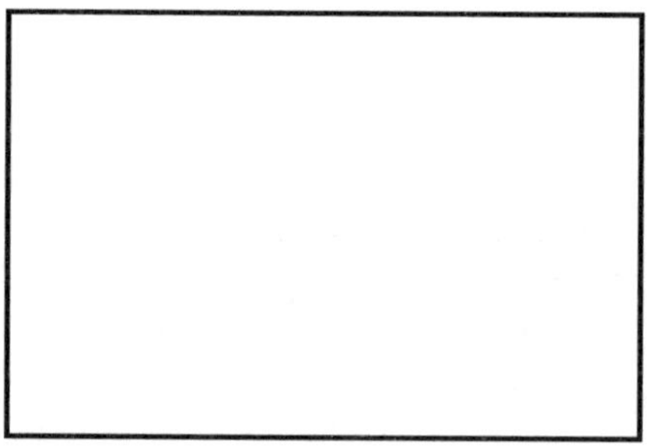

Maintenant, éliminez tout. Plus de tableau, plus d'éléments, plus d'intervalles, plus rien. Ce n'est pas si aisé. Il faut retourner l'énergie contre soi pour accomplir une telle chirurgie. Cette inversion produit un refoulement de l'être entier. Cela demande un acte de pensée d'une rare violence. Un acte de pensée qui blesse l'intériorité et provoque un ébranlement intégral. Une sorte de prière négative. Pour tout démonter et tout effacer, il faut taire, censurer, humilier, couvrir et recouvrir. Contrôler pour que plus rien ne vienne et n'advienne au-dedans est insoutenable. Ce commandement revient à diriger consciemment ses propres mains vers sa propre gorge, afin de s'étouffer lentement. Eh bien, sachez que cette violence faite à nous-mêmes est notre quotidien.

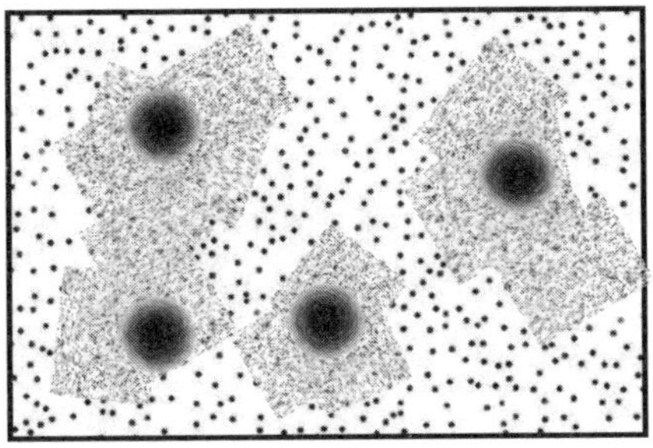

Faisons une dernière expérience.

Imaginez que tous les pointillés du tableau, même le cadre et les espaces entre les éléments, sont des tourbillons. Vous allez sentir que chaque tourbillon du tableau est une condensation avec un rythme particulier. Tout est singulier. Chaque partie entre en résonance avec les autres de diverses façons ; des chocs, des mariages, des éloignements, etc. Tout est en interaction. Le tableau devient désormais une immense activité aux devenirs multiples. Tout est en mutation. Le tableau se met alors à vibrer en vous comme un unique flux, fait de singularités en interactions en devenir, qui se plie et se replie. Par la perception que chaque tourbillon est à la fois et simultanément une onde et une particule constitué lui-même d'ondes et de particules, la dualité se défait. Tout est en continuité. Le tableau s'élance hors de lui-même et vous touche directement. Vous êtes en train de donner vie à ce tableau. Le tableau n'apparaît plus comme une représentation de l'Existence, mais devient une situation de l'Existence vécue pour elle-même. Cette situation est un moment de Présence à l'Existence. Elle est Présence continue, changeante et consistante. À ce moment de résurgence de la liberté et de la vie, vous pouvez laisser agir le flux en vous et par lui-même, sans objet ni désir. C'est ce que les taoïstes appellent *Wei-Wu-Wei*, « agir sans agir » ou « faire en se laissant faire ».

Passons au dernier exercice.

Connexion au Grand Corps du Monde ou le jeu de la corde

Yaël sort une immense corde. Elle a des couleurs différentes tout du long. Ces couleurs changent de manière aléatoire. La corde produit également un son unique qui varie de hauteur.

Yaël demande aux gens de se disperser dans la salle de manière improvisée. Puis elle demande que tout le monde s'arrête et reste surplace.

Elle donne une portion de corde à chacun qui la maintient avec une seule main. Elle fait le tour des personnes et passe une seconde fois de façon que chaque personne maintienne la corde avec sa seconde main également. Elle s'insère dans le groupe et prend elle-même les bouts de corde. Cela finit par former une toile où chacun est relié directement à plusieurs personnes, elles-mêmes reliées à d'autres personnes, etc.

Elle demande à tous de bouger doucement. La corde se met à resplendir de différentes couleurs selon les segments et à émettre un unique son qui varie de hauteur et de timbre selon les mouvements du groupe. Puis elle leur demande de rester immobiles. La corde continue de changer de couleur et de son.

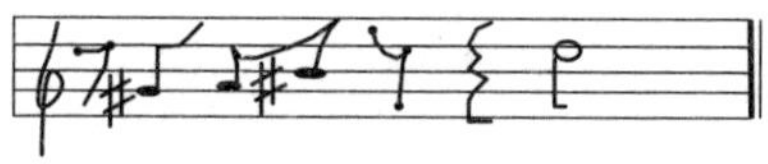

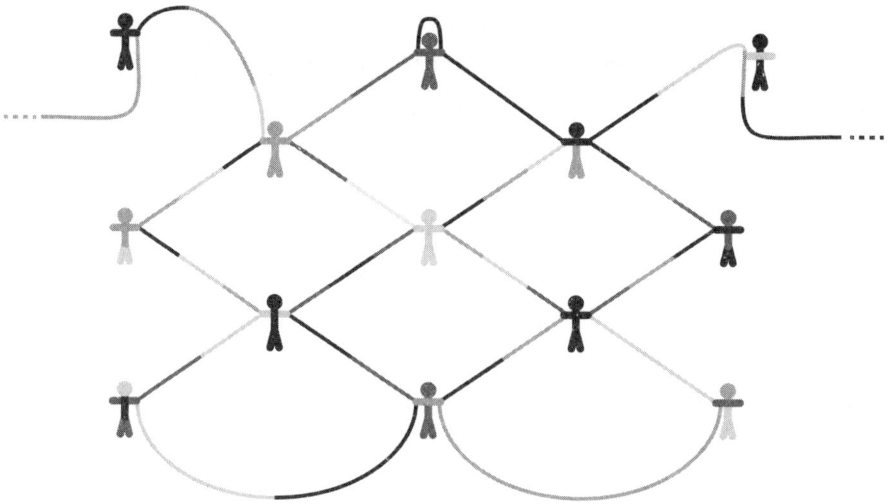

YAËL — Nous sommes en train de faire une expérience continue des Cinq Corps ou Grand Corps du Monde. Que nous dit chaque Corps ?

D'abord le Soi. Cette corde réagit aux ondes et aux fréquences que nous émettons à travers nos mains. Selon l'état où nous sommes, elle émet une couleur différente. Nous avons plusieurs états en nous. C'est pourquoi la couleur n'est pas forcément la même entre notre main gauche et notre main droite. Nous sommes constitués de plusieurs états simultanés sans pour autant ne plus être nous-mêmes. Nous sommes multiples et il est réducteur de vouloir nous assimiler à une identité, une norme ou un idéal. Ces prescriptions vont broyer la richesse de notre individualité singulière, multiple et qui évolue dans le temps.

Ensuite l'Autre. Nous remarquons que nos couleurs se mélangent avec celles des autres. Nous sommes en connexion permanente avec les autres. Les influences se mélangent sans cesse. Même seuls, nous restons en connexion avec notre prochain. Parfois la solitude rend cette connexion plus intense. Les intentions, les pensées, les sentiments influencent notre état d'être, celui des autres, et *vice versa*. Dans le cas de cette corde, autrui n'est ni une intrusion ni un échange, mais une énergie de passage qui participe et constitue notre individualité. Cela a son importance car le Mal-Être tient sur l'idée que l'autre est forcément un danger qu'il faut mettre à distance.

Vient le Groupe. Nous voyons grâce à la corde que les autres les plus immédiats à qui nous sommes liés sont eux-mêmes liés à d'autres. Nous pouvons ressentir tous les autres à travers les plus proches. Jetons un coup d'œil autour de nous. La personne la plus lointaine tient la même corde que nous. Nous avons souvent peur que le groupe efface notre originalité ou menace notre groupe restreint comme notre couple, notre famille, notre cercle d'amis. Une des splendeurs de cette corde, c'est qu'elle nous fait sentir, au contraire, que notre individualité est unique dans l'espace, le temps et l'énergie. C'est même le groupe qui donne à notre personne une place unique. Nous sommes à la fois uniques et participants, uniques parce que participants et participants parce qu'uniques. Cette expérience organique permet d'éviter, d'un côté, la massification qui met tout le monde au même niveau et, de l'autre, l'individualisme qui met chacun au centre.

La Nature maintenant. Cet exercice nous dit beaucoup à propos de la gravitation terrestre. Je nous ai fait bouger dans la salle pour que nous sentions le Mouvement perpétuel. Chacun a pris des vitesses différentes, ce qui a eu pour effet de provoquer des rapprochements, des éloignements, des rencontres. Nous n'avons pas cessé d'être en évolution. Cette évolution est non seulement permanente, mais elle est à la fois créée et créatrice. Nous l'induisons tout autant que nous la suivons. Nous n'avons aucunement besoin d'une force gravitationnelle attractive ou répulsive, d'un champ d'attraction ou de dimensions supplémentaires : la gravité, c'est nous. Nous sommes « gravité ». Cette sensation d'une force partagée et interactive nous rappelle que le Mouvement n'est pas hors de nous ni en nous, il est « nous ». Je nous ai fait stopper les déplacements pour que nous sentions qu'il n'y a jamais de statisme. Même quand nous restons immobiles, les couleurs et le son de la corde continuent de changer. Pourquoi ? Parce que nous bougeons à l'intérieur. Quand le compositeur John Cage s'est enfermé dans son bunker pour écouter le silence absolu, il entendit les bruits de son propre corps. La Continuité poursuit son évolution même dans le silence et l'immobilité.

Imaginons que nos corps ne soient pas séparés par la corde, mais qu'ils soient un prolongement de cette corde. Nos corps deviennent alors un enchevêtrement singulier et extrêmement dense de la corde. Elle se plie et se replie sur elle-même jusqu'à former nos différents corps. Nous ne sommes pas « en lien », nous sommes une seule et même corde avec des entrelacements différents : nous sommes le lien. Le mot *lien* porte à confusion. Je peux voir le lien, ou comme un tiers qui relie deux objets, ou comme un unique lien qui s'étire indéfiniment et tisse sur son passage plusieurs densités avec des formes différentes. Le premier cas suppose la dualité, le second l'unité.

Pour finir, imaginons maintenant que la corde n'est pas une corde, mais qu'elle est une immense onde sonore qui constitue l'espace lui-même. Nous obtenons alors la sensation d'union entre le Mouvement, l'Énergie, la Matière, la Mutation, l'Existence, et ce, à l'intérieur de Soi, de l'Autre, du Groupe, de la Nature et du Monde. C'est la grande Continuïté.

Enfin le Monde. Pour ce dernier Corps, je vous ferai d'abord remarquer que la corde ne s'arrête pas au groupe que nous formons. Elle commence avant et continue après. Elle s'élance en deçà et va au-delà de nous. Notre groupe est lui-même en résonance avec d'autres groupes, et cela à l'infini. L'infini de la corde permet d'imaginer un Monde aux connexions infinies sans avoir besoin d'imaginer un ensemble qui rassemblerait tous les groupes. Notre exercice nous fait expérimenter comment nos présences participent à l'infini et au flux organique, sans pour autant être traduisible par une figure géométrique et symbolique. Bien que cette corde puisse rappeler l'Ouroboros, le serpent qui se mord la queue et qui symbolise le signe du zéro en forme de cercle et de l'infini en forme du huit renversé, notre corde infinie ne revient pas sur elle-même comme pour le cercle ou le huit renversé. Notre lien ne suggère pas de moment zéro et n'implique pas un infini qui se répète éternellement. Pas de néant ni d'éternité. Le signe qui se rapproche le plus de cette expérience de la corde infinie est celui de la vague. Il est d'ailleurs le premier dessin que l'on trouve dans les grottes préhistoriques. Cette esquisse étant à la fois constitutive et polysémique, elle peut représenter l'eau, la fumée, la colonne vertébrale d'un animal, etc.

PREMIER SIGNE DE L'HOMME PRÉHISTORIQUE

J'ai gardé le meilleur pour la fin. Cette corde infinie émet un son. Ce son, c'est notre son. Il est le rayonnement sonore de ce que nous sommes. Chantant toutes nos influences et interactions, il est la mélodie de notre constellation particulière. Dans ce chant, nous pouvons entendre la résonance des autres univers hors de notre groupe que la corde unit à l'infini. La hauteur et le timbre de ce son unique varient selon notre évolution commune. Il donne le ton, la couleur, le *la* comme on dit. Ce *la* n'est jamais figé. C'est la magie de la constance et de la variation, de la constante variation. Cependant, si vous écoutez bien ce son, vous entendrez d'autres sons à l'intérieur. En effet, notre son fondamental est constitué de multiples sons nommés « harmoniques ». Lorsque les Cinq Corps sont liés et unis, le spectre sonore prend de l'ampleur. Nous sommes au maximum de notre ouverture harmonique, de notre résonance avec les autres, de notre vibration au Monde.

Toujours la corde à la main, Yaël se met à danser. Tous la suivent. La corde chante une mélodie incroyable. Ils finissent par s'enrouler et se retrouver dans des positions tordues et imprévues. La danse se termine par un énorme éclat de rire.

Cosmogonie et vibration

Quelqu'un dans la salle — Depuis le début, vous utilisez les termes de « vibration », « fréquence », « harmonie », « résonance ». Pourriez-vous nous préciser ces termes issus de l'acoustique et de la musique ?

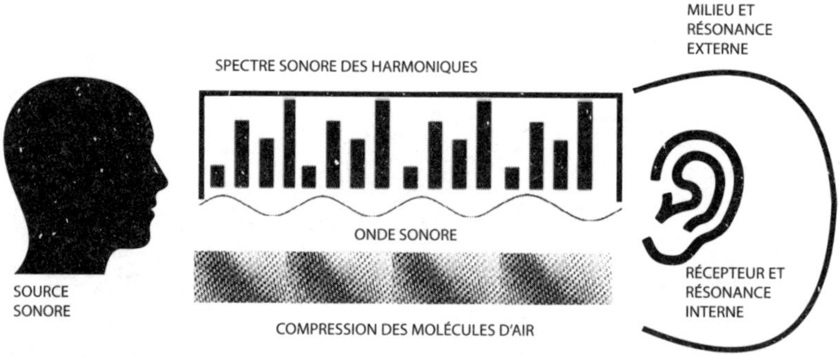

YAËL — En effet, il est important de préciser ces notions qui sont en relation avec le Mouvement. Revenons au plus basique.

La source sonore (instrument de musique, vent, objet, voix...) produit un mouvement qui, se propageant dans un milieu (l'air), génère des variations de pression qui font vibrer les particules de matière de ce milieu (les molécules de l'air). Cette vibration produit une onde sonore ou son. Celui-ci possède un certain nombre de fréquences différentes (ou longueur d'onde) qui, réunies, forment le spectre harmonique ou sonore. Plus il y a de vibrations, plus la fréquence est haute et plus le son est aigu. Enfin, la résonance est un phénomène selon lequel certains milieux vont réagir fortement à certaines fréquences. Nous pouvons ressentir le mouvement vibratoire sonore avec tout notre corps, mais surtout par l'intermédiaire de notre audition.

Cette vibration se propage à l'interne et à l'externe. À l'interne, nous résonnons à des fréquences très personnelles qui changent selon notre état, notre âge, nos émotions, etc. À l'externe, nous nous entremêlons avec les autres corps harmoniques vibrants. Plusieurs corps vibrants qui évoluent ensemble produisent une polyphonie. Une construction musicale extracomplexe comme la fugue[9] nous donne accès à cet entrelacement polyphonique qui élargit l'intuition et la conscience.

Extrait du quatrième prélude et fugue en do dièse mineur du Clavier bien tempéré de Bach.

[9] La fugue, qui eut son apogée au XVIIIe siècle, se retrouve dans toutes les musiques populaires. Ses origines très anciennes proviennent du contrepoint et de l'imitation. C'est une forme musicale qui organise les voix humaines ou instrumentales de sorte qu'elles se répondent, s'influencent et se reprennent sans cesse. Cette polyphonie crée une sorte de vertige de *fugua*, c'est-à-dire de fuite en avant qui fait perdre l'équilibre.

Tout a l'air simple dit comme cela. Mais selon l'interprétation que l'on donne au phénomène sonore, ce sont des cosmologies, et donc un rapport au Monde, très différentes qui émergent. Prenons l'exemple de l'hindouisme.

Yaël se saisit d'une petite statue indienne en bronze et la présente à l'assemblée.

YAËL — J'ai rapporté cette petite statuette du Kerala, une région de l'Inde du Sud. Ce sont deux amis yogis qui me l'ont donnée après un échange thérapeutique particulièrement intense. Nous avions imaginé une formule incandescente à partir d'une combinaison faite de mantras, de massages, de danse et d'acupuncture. Cette sculpture représente *Tandava Shiva* ou *Nataraja* qui signifie « roi de la danse ». Vous le voyez en train d'exécuter la danse cosmique appelée *ananda-tandava*, « danse de la félicité ». Chaque fois que Nataraja détruit et crée un monde, il se met à danser. Il tient dans sa main gauche une flamme avec laquelle il détruit l'ancien monde et, dans sa main droite, un tambour avec lequel il émet le son primordial de la nouvelle création. Dans l'hindouisme, étant donné que seule la face féminine est active et dynamique, c'est Kali l'épouse de Nataraja qui va détruire et recréer concrètement toute chose. Lors de cette danse terrifiante pour la félicité, l'Énergie primordiale est lancée.

Cette initiation cosmogonique s'opère par un coup de talon frappé sur le sol, accompagné de la vibration du tambour. Cette danse prend une tournure terrifiante parce qu'elle détruit tout ce que nous possédons, notamment le temps. C'est pourquoi en sanskrit, Kali dérive de *kala*, le « temps ». Kali et Shiva combinent donc une danse à la fois terrible et heureuse ; terrible parce qu'elle nous dépossède, heureuse parce qu'elle nous ouvre à la grande Continuité. Les adeptes de cette danse se trouvent libérés du temps et de la peur de la mort. Ils ne deviennent pas immortels, mais ils conçoivent la mort différemment. Celle-ci n'est plus envisagée comme une néantification, mais comme une mutation vers une autre forme de vie. Grâce à cette perspective cosmogénétique, la peur se trouve considérablement atténuée.

Le mythe de Shiva/Kali offre une des cosmogonies les plus subtiles. Selon l'hindouisme, la création commence par un son primordial. En se répandant dans le vide, les univers se manifestent. La question est : Qui produit ce son ? Qu'est-ce qui vibre dans le vide ? Qui reçoit le son ? Il y a deux grandes interprétations.

Première option : l'onde sonore est d'origine divine. Elle crée en même temps la matière qui vibre et l'humain qui reçoit. Nous avons la variante grecque qui dit : le souffle ondulatoire, certes d'origine divine, organise la matière et l'humain, mais ces derniers ne sont pas tout à fait divins. La variante monothéiste dit : le souffle, qui est d'origine divine, organise la matière qui, elle, n'est pas du tout divine. Quant à l'homme, il est plus ou moins divin selon son libre arbitre, sachant que le libre arbitre sauve la figure de Dieu qui doit rester idéalement bonne et éloignée du Monde, tandis que l'homme sombre dans les affres du bien et du mal.

Seconde option : l'onde sonore d'origine infinie ne peut être ni créée ni créatrice. Capable de consistance et de changement, elle est action créative permanente. La matière et l'humain étant des aspects de l'onde, ils sont eux-mêmes infinis, consistants, changeants et en action créative permanente. Nous rejoignons ici le Mouvement.

Ces deux options cosmogoniques abordent de manière différente la question de la transcendance et de la création. Dans le premier cas, il y a l'affirmation d'une transcendance créatrice ; dans le second cas, il n'y a pas de transcendance créatrice. La première conception affirme la toute-puissance divine séparée de l'humain, tandis que la seconde propose une puissance unifiée qui se distribue entre tous. Dans le cas de la toute-puissance, nous aspirons à la transfiguration (sublimation) pour rejoindre l'idéal divin ; dans le cas de la puissance, nous approfondissons notre Existence à partir de ce que nous sommes.

À l'inverse des mythes grecs et monothéistes, il me semble que le mythe de Shiva/Kali laisse coexister ces deux interprétations. On peut considérer Shiva comme la conscience transcendantale, et Kali — sa Shakti ou côté féminin — comme la réalisation concrète de cette conscience. Ou alors, on envisage que Shiva et Kali sont une personnification du Mouvement qui entremêle création et destruction, sans nulle prétention eschatologique et transcendantale. La Civilisation a pour le moment privilégié l'option de la toute-puissance transcendantale.

Quelqu'un dans la salle — Vous reprenez les mythes de l'Inde et parlez des phénomènes vibratoires repris *ad nauseam* par le New Age. Comment vous placez-vous par rapport à ce courant ?

Yaël — Quand le New Age s'empare de ces termes et de ces concepts, c'est toujours avec la volonté de rester à la superficie dans le but de créer un effet de séduction. Que se cache-t-il derrière ce procédé promotionnel ? L'adhésion à la transcendance, au primat de la conscience et au désir de superpouvoirs. Rien de vraiment « *new* ». C'est pourquoi les hiérarchies issues de la dualité et l'individualisme sont toujours très présents dans cette mouvance. Hiérarchie entre les « fréquences hautes » de la lumière identifiée à la joie et les « fréquences basses » assimilées aux sentiments dits « négatifs » de la peur et la tristesse, mais aussi hiérarchie entre les profanes, les initiés et les gardiens. L'individualisme se retrouve à travers les idées d'être élu, de se centrer sur soi-même, de récupérer des pouvoirs perdus et anciens, de connaître son « vrai soi ». Derrière ces mantras lumineux, bienveillants et de bonne conscience, se dissimulent bien souvent une quête de légitimité et presque toujours l'appât du gain. Le New Age, c'est le commerce enrobé de bons sentiments. Cependant, si nous prenons un peu de hauteur de vue, nous nous apercevrons qu'il s'opère une fusion entre le New Age et le posthumanisme, qui, au premier abord, paraissent très éloignés. Le premier fait appel à la « spiritualité », aux traditions et aux rites ancestraux, tandis que le second vise un monde « rationnel », technique et cybernétique. Les deux idéologies prônent toutefois la dématérialisation, le rejet du corps et la recherche de pouvoir. Au fond, ces deux courants se marient en vue de construire un nouveau mythe pour l'anéantissement. Le premier s'occupe de niveler les cultures ; le second de neutraliser la nature.

Physique quantique

QUELQU'UN DANS LA SALLE — Je me rends compte en vous écoutant que vous défendez une approche non déterministe voire chaotique, un peu comme la physique quantique. Je dois dire que c'est plutôt flippant : on a besoin de repères quand même…

YAËL — Nous avons besoin de repères, c'est certain. Puisque vous évoquez la physique quantique, je vais prendre un temps pour vous en parler. Notre but est d'entraîner notre mental vers une autre perspective. La physique quantique est un bon échauffement pour cela. Mais surtout, elle incarne la cosmologie — et même la cosmogonie — qui influence l'esprit et les techniques de notre temps. La cosmologie porte toujours en son sein une philosophie et une spiritualité entendues au sens large. Celles-ci ont comme mission essentielle de proposer une interprétation générale du Monde. D'où vient notre Monde ? Où va-t-il ? Comment évolue-t-il ? Les réponses à ces questions structurent nos croyances.

Or ce sont nos croyances qui nous guident. Chaque époque a ses propres croyances. Je pars toujours de nos croyances les plus actuelles pour inciter au Mouvement. À l'époque animiste, j'aurais invoqué les esprits, pendant l'Antiquité je serais passé par les mythes, à l'époque médiévale et à la Renaissance j'aurais commencé par Dieu, aujourd'hui j'interroge la science la plus avancée de notre temps. Tous les moyens sont bons pour sensibiliser au Mouvement : rationalité, histoire et poésie.

Comprendre les enjeux de civilisation à travers la physique quantique demande de saisir cette science de l'intérieur avec rigueur et précision. Cela est d'autant plus nécessaire que de nombreuses orientations « spirituelles » ont accaparé cette théorie en instrumentalisant ce qui peut y sembler flou et poétique. Or la physique quantique — comme toute la science — est intégralement déterministe. Pour faire ressortir la substantifique moelle, j'irai droit au but en évitant d'alourdir avec la chronologie, les noms des scientifiques et des expériences, les équations et les débats techniques.

Au centre du mystère : l'observateur. La physique quantique, qui s'est penchée sur l'infiniment petit, découvre qu'un électron peut tourner dans un sens ou dans un autre, voire dans tous les sens à la fois et avec des vitesses différentes. Fasciné par cette découverte improbable, le physicien veut en savoir plus. Sauf qu'au moment même où il se met à observer l'électron, celui-ci se met à tourner dans un seul sens et avec une vitesse unique.

Particule élémentaire avant observation : plusieurs vitesses et directions

Observation

Particule élémentaire après observation : une vitesse et une direction

Après maintes tentatives ratées pour saisir la particule avant la stabilisation par l'observation, force est de constater que c'est le fait même d'observer qui fait perdre à la matière son caractère indéterminé. C'est ici que s'introduit une première confusion. Celle-ci consiste à faire passer la physique pour « indéterministe » parce qu'elle découvre une indétermination de la matière avant l'intervention de l'observateur. Sauf que la science, c'est précisément l'intervention de l'observateur. C'est à partir de cette position d'observation qu'il sera possible de mesurer, d'émettre des hypothèses, de faire des expérimentations et de trouver des lois. La science n'est donc pas « indéterministe », bien au contraire : elle détermine ce qui est indéterminé.

La physique quantique nous rappelle donc les trois fondamentaux implacables de la science : 1) Il faut poser et dissocier l'Objet observable du Sujet observateur pour que l'événement scientifique ait lieu. 2) Le Monde avant d'être transformé en Objet par l'intervention du Sujet a une vie inobservable, inconnaissable et multiple. 3) L'intervention du Sujet est toujours une réduction rationnelle du Monde. Conclusion : le Réel s'adapte à notre mode de questionnement. Si nous faisons du Réel un objet d'observation et l'interrogeons de manière rationnelle, il nous répondra avec des objets réduits et dissociés, et spécialement soucieux de respecter les principes de la Raison. Cette opération ne se passe pas sans difficultés. Pendant la procédure scientifique, le physicien affronte un nombre infini de difficultés et de paradoxes qui sont là pour lui rappeler que son approche est réductrice. Tel est le clin d'œil ironique du Réel : il joue et rigole en nous donnant strictement ce que nous voulons, tout en nous faisant entrevoir ce que nous ratons. Il est naturel de vouloir accéder au Monde antérieur à l'intervention du Sujet, mais soyons rigoureux : si nous souhaitons entrer en contact avec le Monde non dissocié, non déterministe et non réduit, il nous faudra sortir du domaine scientifique. Une des grandeurs de la physique quantique est d'avoir mis en lumière — de manière expérimentale et mathématique — la frontière indépassable entre le Réel et la représentation du Réel. Certains penseurs, philosophes et mystiques soutenaient ce point de vue depuis longtemps, à savoir que si nous voulons rejoindre l'unité du Monde, il nous faut abandonner la Raison — ou du moins la réinventer.

Quelqu'un dans la salle — Juste pour me situer, est-ce que vous faites référence à la superposition d'états, au spin de l'électron, à l'interprétation de Copenhague, à l'expérience du chat de Schrödinger et à la réduction du paquet d'onde ou effondrement de la fonction d'onde ?

Yaël — Ah oui... toujours... les repères... entre autres, oui... allons à l'essentiel. Le rapport d'observation engendre deux grandes conséquences. La première conséquence est relative à la dualité onde/corpuscule. Voyons de plus près. Non seulement la position de l'observateur divise l'Objet et le Sujet, mais au sein même de l'observation, des ruptures apparaissent. Tout commence par la possibilité de considérer un objet physique sous l'angle corpusculaire ou sous l'angle ondulatoire. Par exemple, on peut concevoir la lumière sous son aspect ondulatoire avec le concept de longueur d'onde, ou sous son aspect corpusculaire avec le concept de photon. Sauf que ces deux visions s'avèrent incompatibles. En effet, elles impliquent des appareillages différents de mesures qui ne donnent pas les mêmes résultats. Il est impossible d'avoir une mesure commune : l'addition des mesures de toutes les positions de l'objet observé ne donnera pas le même résultat que la mesure de la vitesse ondulatoire du même objet.

Donnons des images plus intuitives. On peut écouter le son comme une onde continue dans le temps ou le décomposer en une série de fréquences. On peut voir l'océan comme une nappe d'eau ou une quantité de molécules. Mais écouter ou voir une onde, tout en la décomposant, nous fera perdre la vision de l'onde ou celle de corpuscule. Continuité ou discontinuité, il faut choisir. Zénon d'Élée en Grèce ancienne avait commencé à poser cette difficulté. Celui-ci démontrait qu'il y avait une incompatibilité de mesure quant à la trajectoire d'une flèche vers sa cible. Soit j'évalue la trajectoire dans son ensemble, soit je la décompose en une série de positions. Dans le premier cas, j'ai une mesure globale de la flèche mais qui reste imprécise ; dans le second, j'ai une mesure précise de chaque position de la flèche mais je peux diviser la trajectoire en une infinité de positions. Dans le premier cas, la flèche atteint sa cible, dans le second elle n'atteint jamais sa cible. On a désigné cette dichotomie sous le terme de « principe d'indétermination ».

Deux manières de mesurer : vitesse ou position. Il faut choisir

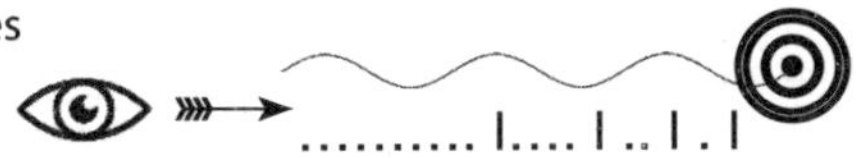

Encore une fois, il ne s'agit pas tant d'une « indétermination » de la matière que de l'incompatibilité entre deux manières d'observer. Noter qu'établir un principe de ce qui est contingent et insaisissable porte une contradiction en soi. Ce qu'il faut retenir, c'est que la lumière, le son, l'eau ou la flèche ne sont pas en eux-mêmes disjoints. C'est notre position en tant qu'observateur qui scinde l'objet d'observation et l'oblige à prendre la forme d'une onde et d'un corpuscule.

J'irai même plus loin. Il n'existe pas de dualité onde/corpuscule : la physique quantique ne calcule que les corpuscules, jamais l'onde. Le phénomène ondulatoire échappe complètement à la science pour une simple raison : à partir du moment où on calcule une trajectoire, on calcule un produit délimité, c'est-à-dire un corpuscule. Nous obtenons les résultats d'une trajectoire stable et non celui d'une onde qui, par essence, va dans tous les sens avec un début et une fin indéfinissables.

Onde réduite
à un objet fini
et discontinu

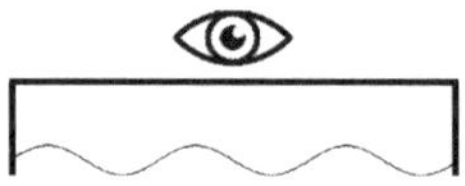

Onde continue
non réduite
à un

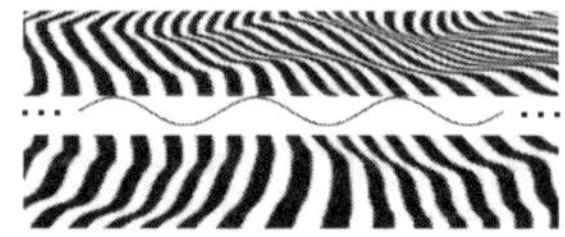

Le calcul effectué sur une onde réduit l'onde elle-même à la mesure quantitative d'une trajectoire. Si l'appareillage de mesure et le résultat du calcul concernant la longueur d'onde de la lumière et le corpuscule lumineux photon peuvent être différents, la méthode reste strictement la même : une observation, une trajectoire, un début, une fin, une mesure, une quantité, un chiffre. C'est seulement une question d'échelle : l'onde lumineuse est plus grande par rapport au photon. L'onde non réduite étant du registre du Mouvement par son aspect continu, elle échappera toujours aux calculs rationnels. La science ne pourra jamais sortir d'une vision discriminatoire. L'observation s'avère être radicalement antinomique à la Continuité. La question est : pourquoi avoir entretenu le point de vue impossible que la Continuité pourrait être mesurée et réduite à une quantité ? Nous touchons à l'idéologie. J'y répondrai plus tard.

Ces histoires sont subversives. On se rend compte que la vision rationnelle qui se dit « objective » ne l'est pas tant que ça. Si par « objectif », on sous-entend « lois universelles de la nature », on a tout faux, puisque la nature a sa propre vie avant l'intervention réductrice de la science. Il serait déjà plus juste de dire « lois universelles de la science ». Or la base de la science, c'est la position d'un Sujet observant un Objet. Il serait encore plus juste de parler de « lois universelles de la subjectivité scientifique ». L'objectivité dont il est question se révèle bien plus subjective qu'objective. En fait, il ne faut pas entendre « objectif » et « subjectif » comme des opposés ou comme des vérités universelles sur la nature. Dans le cas de la science, ces deux termes sont indissociables. Ils fondent ensemble la démarche rationnelle qui transforme d'un côté la Chose en Objet observé, et de l'autre, l'humain en Sujet observateur. La Dissociation étant au fondement de la Raison, il est logique qu'elle se répercute — sous forme de réduction — à chaque étape de l'expérimentation et de l'épistémologie. Le danger pour le scientifique est de penser que sa vision correspond au Réel, ou encore de mettre tellement le Réel de côté qu'il en devient absent. Cette hégémonie de la Raison qui se poursuit depuis des millénaires se retrouve dans les courants dits « performatifs ». Ce concept, qui plonge ses racines dans la dichotomie entre nature et culture, désigne la capacité du langage — et *a fortiori* de l'approche scientifique — à non pas seulement décrire le Réel mais à le transformer jusqu'à produire la Réalité. Au cours de ce bouleversement, le Réel se voit réduit à un *ghost*, c'est-à-dire un fantôme qui erre dans les recoins de la Réalité sans qu'on ne sache vraiment s'il existe encore ou non.

Quelqu'un dans la salle — Toujours pour me situer, vous faites référence aux travaux d'Albert Einstein et de Louis de Broglie, à l'expérience des fentes de Young, à la transformation mathématique de Fourier, aux inégalités de Heisenberg et à la non-commutativité ?

Yaël — Ah oui... toujours... les sources... entre autres, oui... continuons. La deuxième conséquence concerne le comportement des particules élémentaires. On s'est aperçu qu'il est impossible de prédire précisément l'évolution d'un système à l'échelle quantique. Les influences et les interactions des éléments à l'intérieur de ce système sont à la fois trop nombreuses et trop imprévisibles. Certaines variables (éléments d'équation) nous manquent pour théoriser un tel système. Deux possibilités se présentent : soit ces variables sont encore inconnues, soit elles sont foncièrement imprécises. Dans les deux cas, la mission du chercheur est de formaliser ces variables, de manière à pouvoir reproduire le système, ou du moins d'en comprendre les lois. En effet, on ne peut tirer ni loi ni variable d'un système qui ne se répète pas. Face à ces difficultés de précision et de prédiction, on dit que le « chaos » émerge. C'est encore un abus de terme. Un véritable « Chaos » n'obéit à aucune loi et donc à aucune répétition ou variable rationnelle, qu'elle soit inconnue, imprécise, aléatoire, ou autres. Le fait que l'évolution d'un système ne soit pas prévisible et qu'il ait une dimension aléatoire ne le rend pas chaotique pour autant. C'est bien pourquoi le scientifique reste persuadé qu'il s'agit d'une affaire de variable ; et il a raison. Si ce n'était pas le cas, le scientifique n'aurait justement plus aucune raison de continuer ce type de recherche ; il ne lui resterait plus qu'à passer à un autre domaine (métaphysique, religieux, spirituel...). Afin de résoudre ces incertitudes, la science va faire appel aux calculs aléatoires et aux espaces probabilisés. Entrons un peu plus dans la matière, si je puis dire.

Nous avons vu que l'acte d'observation stabilise les multiples directions de la matière en un seul sens. Apparemment cela ne suffit pas. Malgré cette forte détermination, il reste de l'instabilité. Celle-ci se traduit par de l'aléatoire dans le comportement de la matière. C'est le calcul des probabilités qui finira de stabiliser cette matière récalcitrante. Comment ? Prenons l'exemple du mode de déplacement d'un microsystème quantique, tel un groupe d'électrons. Celui-ci ne se déplace pas de manière continue, mais transite d'une position à une autre sans que l'on puisse observer le chemin parcouru entre les deux positions. On voit le point de départ et le point d'arrivée, mais non le trajet entre les deux. On se retrouve devant un système qui peut soudainement changer d'état énergétique, sans que l'on puisse suivre le chemin de ses transformations énergétiques. S'il est possible de décrire minutieusement les états stationnaires de départ et d'arrivée parce qu'ils sont stables, les transitions entre les différents états ne peuvent être calculées précisément. Le seuil de l'infiniment petit nous confronte à une surface sur laquelle surgissent et s'évanouissent des particules, dévoilant une profondeur d'espace inaccessible à l'observateur. Pour résoudre le « hasard », l'« indétermination », l'« imprécision » du système quantique, la physique ne va plus se pencher sur ce système d'une manière précise élément par élément. Elle va prendre de la hauteur, mettre de côté les microdéplacements problématiques et considérer le système comme un tout dont l'équation est plus ouverte. Autrement dit, on ne pensera plus en termes de « 1 », mais en termes de « entre 0 et 1 ». Le chiffre ne représente plus une précision formelle et absolue, mais une moyenne.

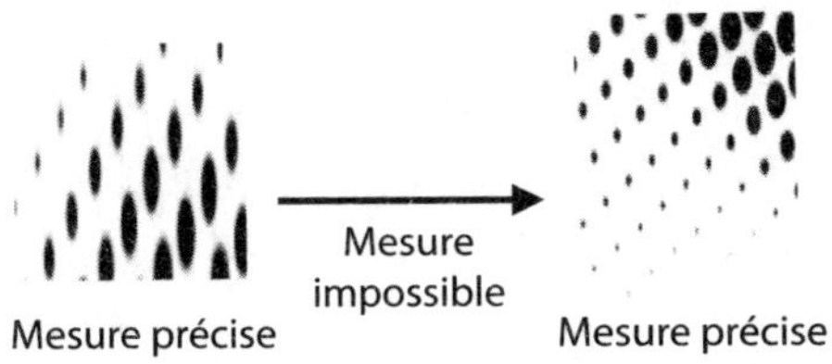

2 MESURES PRÉCISES + 1 MESURE IMPOSSIBLE
=
1 MESURE PROBABLE (OU MOYENNE)

L'ingéniosité consiste à rassembler les éléments instables et imprévisibles dans un ensemble plus vaste qui permet de retrouver de la stabilité et de la prévisibilité. Qu'importe ce qui se passe précisément à l'intérieur du tout, du moment que l'ensemble nous donne une équation avec laquelle on peut avancer. C'est le calcul des probabilités qui s'occupe de décrire — à une décimale près — la moyenne exacte des éléments imprécis. Par cette opération, il est possible d'intégrer l'imprévisible dans la mesure précise de l'ensemble. En somme, les probabilités donnent une variable précise et reproductible à l'imprécision aléatoire.

Certains ont dit — à juste titre — que cette formalisation était une neutralisation du problème. En absorbant l'indéfini dans un calcul défini, on fait comme si l'indéfini n'existait pas. La réponse fut : « Certes. Mais, d'une part, l'imprécision est suffisamment faible pour ne pas être techniquement disruptive et, d'autre part, la formalisation probabiliste permet de retrouver des lois rationnelles récurrentes, sans lesquelles la recherche scientifique ne serait plus possible. »

La révolution quantique, c'est d'avoir été capable de passer d'une science exacte à une science d'approximation qui, contrairement à ce qui peut sembler, est d'une fiabilité redoutable. Au lieu de chercher désespérément une mesure fixe, on travaille avec des mesures ouvertes, des paquets, des clusters, des grandeurs, éventuellement des champs. La flexibilité de la physique quantique continue de renouveler la mécanique classique et les technologies modernes. Mais soyons honnêtes : on n'a nullement affaire à de l'indéterminisme, à du chaos et à de l'aléatoire, mais à des résolutions de problèmes de mesure et à des manœuvres rationnelles plus ou moins innovantes de réduction de la matière. Si le calcul des probabilités est à la base des politiques de biopouvoir et du développement de l'intelligence artificielle, c'est précisément parce que ce type de calcul opère une réduction du Réel à grande et à petite échelle. C'est le même esprit réductionniste qui gère les statistiques pour l'homogénéisation de la matière, la massification politique des foules et la perte de l'individu dans le phénomène algorithmique du virtuel.

Quelqu'un dans la salle — Cette fois, vous faites référence aux débats autour des variables cachées de Einstein, à la théorie du chaos, au calcul stochastique, à la loi des grands nombres, à la théorie de la décohérence et à celle des boucles et des cordes, aux sauts quantiques et à la constante de Planck.

Yaël — Ah oui… toujours… les références… entre autres, oui… Pour conclure, la physique quantique a révélé de manière épatante l'origine, la méthode et le but de la Raison. Origine : dissociation entre le Sujet et l'Objet. Méthode : principes d'identité, de non-contradiction et de causalité. But : réduction du Réel à un univers rationnel. Nuance : à l'intérieur de ce cadre rationnel, il existe une infinité de débats et de positions qui engendre de véritables guerres d'écoles.

Quelqu'un dans la salle — Pourquoi, selon vous, cet univers certes très flexible, mais qui suit malgré tout un paradigme déterministe, est-il aussi souvent assimilé à de l'« indétermination », de l'« imprévisible », du « chaos », et tout ce qui est du domaine de l'étrangeté ?

Yaël — C'est la partie idéologique que j'évoquais. Personnellement, je pense que cela vient du besoin de « ré-enchanter le Monde ». Les scientifiques — et notamment les physiciens et les mathématiciens — sont des personnes sensibles et intuitives. Le cadre rationnel ne leur suffit pas.

Ils sentent que la vérité va au-delà. Ce sont souvent des musiciens d'ailleurs. Cette intention rencontre un énorme écho dans nos cultures qui pâtissent d'une réduction considérable du Monde par la Raison. J'adore la physique quantique parce que les bouleversements qu'elle introduit créent des écarts, des surprises, des remises en question. Ce genre de dérangements est toujours propice à une reconnexion au Réel. Cela dit, je ne souhaite pas faire dire à la science ce qu'elle ne peut pas dire. D'un côté, par rigueur rationnelle ; de l'autre, par cohérence spirituelle. Le piège a deux entrées : croire que les algorithmes font exister la spiritualité ; croire que la spiritualité a besoin des algorithmes pour exister.

Si l'on veut s'approcher du Mouvement, il faut précisément s'extraire de l'observation, de la dissociation, de la méthode et de la réduction du Réel par les algorithmes. Cette mise au point est fondamentale à notre époque où la science s'est donné pour vocation de remplacer la religion. Vous pouvez imaginer combien il est difficile pour les scientifiques de résister à l'émergence de ce dogme qui fait d'eux les nouveaux prêtres spirituels. Nous cherchons l'approbation scientifique tout simplement par conformisme et afin de bénéficier des avantages pécuniaires et symboliques. Nous éloignant toujours plus de l'expérience de l'incommensurable, nous cherchons l'incommensurable dans l'expérimentation scientifique. Cette aspiration étant impossible et contradictoire, elle se révèle être au service de la recherche d'un pouvoir spirituel, narcissique, matériel et financier. Le récit idéologique organise dès lors une rhétorique fallacieuse. Elle consiste en ceci : nous faire croire — faisant fi du Réel et de toute logique — que l'expérimentation sur le Mouvement, c'est l'expérience du Mouvement lui-même. Kafka a des images très fortes à propos de ce genre de désir qu'il compare à une personne qui aimerait rejoindre le lointain depuis sa forteresse, mais sans quitter sa forteresse. Pour atteindre cet objectif, cette personne rend sa forteresse la plus confortable possible. Elle peut ainsi aisément se projeter dans le lointain par la seule force mentale de sa conscience, jusqu'à avoir l'impression de faire réellement le voyage vers le lointain sans bouger de la forteresse. La quête spirituelle est aux antipodes de la méditation virtuelle. Elle demande d'oser abandonner l'observation depuis notre forteresse, de descendre de nos tours et d'entreprendre l'aventure avec tout notre corps, notre âme et notre courage. Ce n'est pas parce que nous étudions l'Existence et le Mouvement que nous sommes en syntonie avec l'Existence et le Mouvement. Au contraire, nous allons nous écarter du rapport réel et poétique. C'est bien toute la difficulté de parler du Mouvement.

Quelqu'un dans la salle — Après toutes ces considérations et ces précautions salutaires, reste-t-il de la poésie dans la physique quantique ?

Yaël — Oui. Selon moi, on trouve de la poésie dans l'intrication quantique. Cette découverte donne une idée du Mouvement assez inattendue. Je vous la raconte. On s'est aperçu que deux particules élémentaires qui proviennent d'une même matrice restent toujours en relation, quelle que soit la distance qui les sépare. Cela est déjà étonnant en soi, mais en plus, on a prouvé que leur relation est simultanée. Prenez deux électrons du même atome, puis séparez-les. Il se trouve que si l'un subit une modification, l'autre subit la même modification instantanément, même s'ils sont à des années-lumière d'intervalle. Cette corrélation n'est pas de l'ordre de l'information. En effet, un signal informatif, même s'il atteignait la vitesse limite de la lumière, ne peut pas être instantané : il lui faudrait un certain temps pour se déplacer d'un point à l'autre.

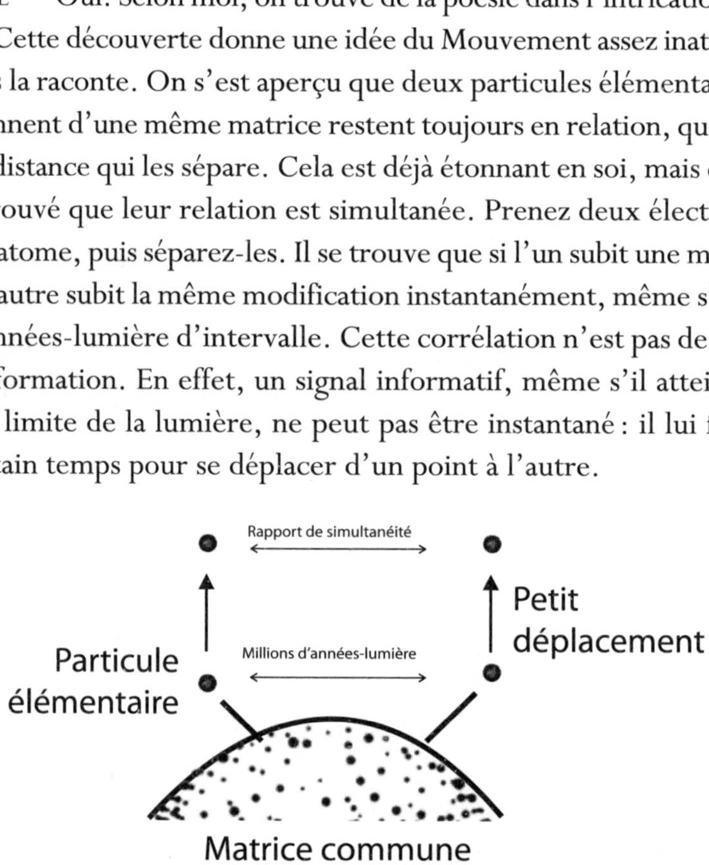

Quelqu'un dans la salle — Vous parlez des grands noms et des grandes expériences comme le débat entre Niels Bohr et Einstein à propos du paradoxe EPR et du principe de non-localité, le mur de Planck, les inégalités de Bell, l'expérience d'Alain Aspect, le projet chinois Quess de 2017 ?

Yaël — Ah oui… toujours… les grands noms… entre autres, oui… En tout cas, cette énigme a ouvert la porte à la « spiritualité » et plus précisément à la métaphysique, au sens où il est possible d'imaginer un principe invisible qui transcende la Matière et règle l'univers. Je vous donne quelques exemples de ces extrapolations :

On peut émettre l'hypothèse d'une information qui dépasse la vitesse de la lumière. Cela revient à conjecturer une information qui irait au-delà de la Matière, puisque la vitesse de la lumière est la limite absolue de tout déplacement de Matière. Cette information « immatérielle » peut être interprétée selon différentes conceptions : Dieu, conscience, âme, etc.

On peut également envisager un univers composé de multiples dimensions. Celles-ci, telles des poupées russes ou des pelures d'oignons, se relieraient en trois, quatre, douze dimensions et plus. Nous revenons vers une conception holiste où le tout prédomine sur les parties, puisque c'est toujours la dimension supérieure qui organise les dimensions inférieures.

C'est aussi la réémergence des théories des champs et de l'éther. Ces théories postulent un espace supportant et faisant le lien entre les divers éléments de l'univers. Néanmoins, l'expérimentation n'ayant pas (encore) accès à cet espace, cet espace demeure lui aussi un « arrière-monde » indémontrable.

Le vide du créationnisme, à partir duquel naît quelque chose, refait également son apparition (Big Bang). Toutefois, il ne se rapporte jamais au vide absolu du Néant, mais toujours au minimum de tension possible de l'énergie.

Enfin, l'hypothèse d'Einstein affirme qu'il nous manque certaines variables rationnelles. Si elles étaient découvertes, ce serait une belle déception pour les tenants de l'immatériel, de l'holisme, des arrière-mondes et du vide. Le dieu logos prendrait un net avantage sur toutes les hypothèses métaphysiques.

Ces différentes visions ont cependant un point commun : une dissociation qui entraîne la transcendance. Je précise : dissociation entre l'immatériel et le matériel, entre les parties et le tout, entre l'espace et les éléments, entre le vide et la Matière, entre la Raison et l'irrationnel. Malgré leur pluralité, ces théories s'appuient toujours sur le schéma de l'Esprit dominant le Corps. Or le Mouvement suppose précisément l'abandon de la transcendance et de la dissociation qui exacerbent le désir de contrôle et de pouvoir.

Quelqu'un dans la salle — En quoi l'intrication quantique peut-elle conduire au contrôle et au pouvoir ?

Yaël — Ouf ! J'ai eu peur que vous me citiez des noms, des sources et des références.

Rires dans la salle.

Yaël — Ce qui est drôle avec cette intrication, c'est que sous couvert de science et de spiritualité, le désir prométhéen revient sous de nouveaux habits. Par exemple, quand nous découvrons l'instantanéité à distance, qu'est-ce que nous allons projeter selon vous ?

Plusieurs personnes dans la salle

– De pouvoir influencer à distance.
– De pouvoir être à plusieurs endroits à la fois.
– D'aller plus vite que la lumière.
– De se téléporter.
– De faire de la télépathie.
– De modifier l'avenir et le passé.
– D'être éternellement jeune.
– D'être invincible !
– De ressusciter !

YAËL — Exactement ! Le désir de contrôler le temps, l'espace, la matière et l'autre est devenu commun. Et aujourd'hui, cela passe par la technique. L'intrication va inspirer des ordinateurs avec des capacités faramineuses de calculs, des soucoupes volantes qui annulent le champ gravitationnel, des prothèses télépathiques, des objets plus rapides que la lumière, et que sais-je encore. Personnellement, je suis une grande fan de cyberpunk et de SF. Cela ne m'empêche pas de rester lucide. Beaucoup de ceux qui critiquent le posthumanisme[10], mais qui veulent allier la science à la spiritualité au nom de la « vraie et bonne » science, font eux-mêmes partie — sans se l'avouer — du courant « posthumanisme » et « matérialiste ». Quoi de plus « posthumain et matérialiste » que l'algorithme et la technique ? Ce n'est pas seulement un manque de cohérence ou de la mauvaise foi. C'est une véritable manœuvre pour que la mégalomanie du mental apparaisse comme une avancée souhaitable. Le message subconscient est le suivant : il est possible d'obtenir des super-pouvoirs divins en restant des gens bien. En somme, l'Omnipotence avec la bonne conscience. La connaissance devient providentielle. Depuis au moins l'ère judéo-chrétienne, l'amour et la providence ont tendance à ne faire plus qu'un. Comment fusionner techniquement la connaissance, l'amour et la providence ? Selon les posthumains, c'est simple : en mesurant l'amour et la providence, par exemple au moyen des synchronicités prouvées par l'intrication quantique et exploitées par la cybernétique. En deux mots, plus vous aimez, plus vous influencez l'univers avec votre amour, et plus vous aurez de synchronicités positives. Bien sûr, nous partons du présupposé que vous n'avez pas de mauvaises pensées, mais que des « pensées positives ».

QUELQU'UN DANS LA SALLE — Et pour ceux qui n'ont pas de synchronicités ?

---

[10] Le posthumanisme est un courant de pensée qui prône le dépassement de l'humain (*post*, après) par sa transformation intégrale au moyen des technologies. La période de transition entre l'humain et son dépassement — notamment par le cyborg — est exaltée par le courant transhumaniste (*trans*, en cours).

Yaël — Les posthumains et les tenants du New Age vous diront que vous n'aimez pas assez : tant pis pour vous. Vous avez perdu au grand concours. Il ne vous reste plus qu'à reprendre l'entraînement pour prendre de bonnes habitudes : « aimer, c'est apprendre à aimer ». Les Américains sont très doués pour allier le mesurable et le marketing avec l'amour, l'éducation et la foi.

Quelqu'un dans la salle — Vous pensez qu'il n'y a pas d'influences subtiles dans l'univers ?

Yaël — Bien sûr que si ! Nous influençons et sommes influencés, même par la plus petite et inconsciente des pensées et des affections. Les influences cosmiques, extraterrestres et inconnaissables sont tout à fait envisageables. Mais qui vous garantit que, malgré toute ma bonne volonté, je ne souhaite pas du mal à quelqu'un ? Il ne suffit pas de revendiquer la « bonne » science et la « bonne » spiritualité ou de parler d'amour, de joie, de paix, de bienveillance et d'esprit positif pour se débarrasser de la volonté de contrôle et de pouvoir. La jalousie, le sentiment de trahison, l'abandon, le manque et l'ego ne disparaissent pas avec un beau discours, des postures, un sourire, ni même avec beaucoup d'efforts. Nous ne sommes pas autant maîtres de nos intentions que nous le voudrions ou le croyons. La psychanalyse a beaucoup à nous apprendre sur ce terrain de l'inconscient. Ressentir ses émotions, ce n'est pas les standardiser et leur donner un degré de fréquence plus ou moins positive. Toutes les émotions participent au Mouvement. Il s'agit de laisser leurs Mutations s'opérer et non de chercher à les évaluer et à les contrôler. Pour le dire en une phrase, le souci dans « la gestion du stress et des émotions », ce n'est pas le stress et les émotions, mais la gestion.

Rires dans la salle.

Quelqu'un dans la salle — Vous nous retracez les dérives et les folies autour de la mécanique quantique, mais en quoi l'intrication vous a-t-elle inspirée dans le sens, je n'ose plus le dire, « positif » du terme ?

Yaël — Hahaha, heureusement les mots ont de multiples sens. Que m'inspire l'intrication quantique ? Qu'il y a quelque chose dans la matière qui ne peut être séparé, à partir du moment où il y a une matrice commune. L'intrication résiste au séquençage. Ces résistances du Réel ne disparaîtront jamais. Elles sont là pour nous rappeler que la connaissance rationnelle ne se confond pas avec le Réel. Mais si l'on considère que la Matière est intégralement unie, l'inséparabilité est plutôt la règle que l'exception. C'est pourquoi de nombreuses théories commencent à imaginer un système unique qui manifesterait ses propriétés à plusieurs endroits en même temps. La théorie du Big Bang a ceci d'intéressant qu'elle imagine l'univers relié dans un tout petit espace qui, après l'hypothétique instant zéro, s'étend en conservant cette liaison. Sauf que du coup, en postulant une origine et une fin, il y a un retour vers le vide du créationnisme et le risque téléologique. Dans le cas du Mouvement, nous n'avons aucune difficulté à considérer qu'il agit partout en même temps, sans être ni créateur ni transcendant.

Essayons de franchir le seuil imaginaire et sensoriel pour percevoir le Mouvement en faisant une expérience de pensée. Imaginons ce fameux Big Bang de manière infinie dans le temps et l'espace — une sorte de Big Bang perpétuel en perpétuelle métamorphose. Nous n'avons plus besoin de séparer l'univers en quatre forces fondamentales (nucléaire forte, électromagnétisme, nucléaire faible, gravitation). Nous pouvons les voir comme une force unique en mutation. N'étant plus divisées entre elles, ces forces deviennent des aspects du Mouvement. Les découvertes récentes concernant l'accélération de l'énergie cinétique des particules semblent étayer ce genre de perception : plus l'énergie cinétique des particules augmente, plus les puissances énergétiques de quatre forces, normalement très différentes, se rapprochent. Notre cerveau est habitué à penser le Mouvement comme le déplacement d'un objet dans l'espace-temps et non comme intrinsèque à ce qui se déplace, à l'espace et au temps. Il est difficile de considérer le Mouvement comme une réalité intrinsèque aux Mutations, à l'Énergie, à la Matière et à l'Existence. En ce sens, j'aime voir dans l'intrication quantique un rappel au Réel, telle notre corde magique qui ne forme qu'un seul Corps. Amusons-nous à appliquer le caractère continu du Mouvement à quelques problématiques scientifiques contemporaines.

Avec la Pensée du Mouvement, la gravitation, qui reste énigmatique, prend une autre tournure. Si le « tout » est un seul et même « être », une seule et même « énergie », et que l'être ou l'énergie bougent et mutent en permanence, alors l'attraction n'est pas une force à part, mais une propriété même du Mouvement. Cela est d'autant plus facile à imaginer que la masse peut être tenue pour une mutation de l'énergie, elle-même mutation de la vitesse, elle-même mutation du temps, lui-même mutation de l'espace, lui-même mutation des tourbillons du Mouvement.

Autre exemple : on peut envisager les trous noirs comme une mutation de la masse en vitesse pure dans un espace réduit et compact. Il n'y a aucun souci à visualiser qu'un tourbillon particulièrement dense et fort puisse dépasser la vitesse de la lumière lors de certaines mutations. Cependant, vu que la vitesse d'un tourbillon et sa masse matérielle sont des aspects du Mouvement, le dépassement de la vitesse de la lumière n'implique nullement la disparition de la Matière et le saut vers l'immatériel.

Maintenant, prenons le pire des cas. Admettons que le futur Einstein découvre toutes les variables cachées et qu'il parvienne à modéliser le Mouvement tel que nous l'entendons. Admettons même qu'il trouve la théorie de la grande unification tant attendue. Même dans ce cas catastrophique de récupération du Mouvement par la science — qui en tirera des techniques tout aussi catastrophiques —, le coup sera manqué. Une raison très simple à cela : on ne sera pas sorti de la position de l'observateur. Je suis prête à parier qu'une petite résistance du Réel viendra pointer son nez avec de nouvelles formes d'incomplétude, d'indétermination, d'intrication et qu'une petite variable passée inaperçue fera valdinguer le modèle.

Pour sentir le Mouvement, il est bon de se dévêtir des habits déterministes. Albert Einstein avait dit, lors d'une conversation au sujet de l'indéterminisme, « Dieu ne joue pas aux dés ». Niels Bohr avait répondu, « qui êtes-vous pour dire ce que Dieu doit faire ? » Seulement, cet échange suppose que Dieu existe et qu'il doit faire quelque chose. Si le Mouvement parlait, il aurait pu rétorquer à nos deux compères, « si Dieu n'existait pas, il n'aurait rien à faire ».

Rires dans la salle.

Origines de l'énergie

QUELQU'UN DANS LA SALLE — Puisque vous parlez d'Albert Einstein, j'ai presque l'impression que la science moderne pourrait aller dans le sens du Mouvement, surtout si je pense à la courbure de l'espace-temps de la théorie de la relativité qui donne les lois de l'univers.

YAËL — Votre question nous permet de faire le passage entre le microscopique de la mécanique quantique et le macroscopique de la mécanique classique. Toutefois, il y a deux questions en une. Une question d'ordre philosophique concernant les lois transcendantales de l'univers et une d'ordre scientifique concernant la théorie de la relativité. Je vais essayer de montrer ce qui relie les deux questions. C'est encore la musique qui va nous servir de guide.

Depuis la nuit des temps, on pense que le cosmos est régi par une arithmétique. La musique — officiellement depuis l'Antiquité grecque — fut la manifestation physique de l'harmonie entre les planètes. L'étude des astres, les mathématiques et la musique faisaient partie du même corpus. On retrouve cette même croyance en une vision organisée selon des lois mathématiques universelles dans le cycle des quintes de Pythagore, les Éléments d'Euclide, les triangles de Platon, le premier moteur d'Aristote, le mécanisme de Descartes, la gravitation universelle de Newton, les variables cachées d'Einstein, etc. Nous avons pris l'habitude de nous représenter la transcendance sous une forme anthropomorphique, mais selon cette ancienne vision ésotérique, Dieu est une force, un verbe et un nombre. Cela étant posé, il y a une nuance importante entre la vision purement mathématique et la vision des sciences physiques. Si les deux opèrent une réduction du Monde, l'approche mathématique voudrait que le Monde se réduise au chiffre, tandis que l'approche physique fait un va-et-vient entre le chiffre et le Réel. Les mathématiques offrent un bon outil de formalisation à la physique qui, de son côté, amène une flexibilité en tirant les équations jusqu'à la rupture. Ce dialogue est toujours source d'innovations. La mathématique veut faire correspondre le Réel aux statistiques, la physique essaye d'accorder les statistiques au Réel.

Pour en venir à la théorie de la relativité, il faut se rappeler que Newton concluait que la gravitation est une force générée par la masse d'un corps. La théorie de la relativité donne une dimension supplémentaire en démontrant qu'il ne s'agit pas d'une force, mais d'une déformation courbe du tissu de l'espace-temps proportionnelle à la masse d'un corps : lorsqu'une masse modifie l'espace, elle modifie aussi le temps. La courbure de l'espace-temps est une conséquence liée à la densité de la matière. Plus il y a de matière, plus il y a de densité, plus il y a de gravité et donc, plus il y a de courbure. L'univers étant animé d'une gravitation universelle, cela crée une sorte de vallonnement spatio-temporel ininterrompu qui, en effet, peut rappeler le Mouvement.

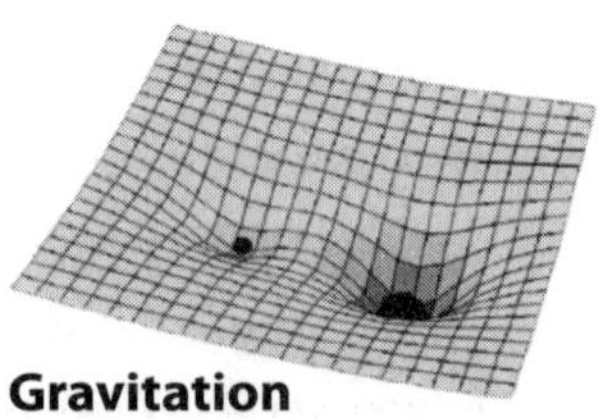

Gravitation universelle :
plus il y a de matière,
plus il y a de densité,
plus il y a de gravité,
plus il y a de courbure

Seulement en ce qui concerne le Mouvement, la Matière étant Énergie et l'Énergie étant espace-temps, la Matière est espace-temps, c'est-à-dire Mouvement. Il n'y a pas de dualité, ni de différence de nature entre la masse et l'espace-temps. La masse matérielle est une force qui attire non point par sa densité, mais parce que sa densité est une énergie en mutation. La giration énergétique des tourbillons peut se densifier à tel point qu'elle peut devenir une masse énorme, telle une étoile répulsive ou un trou noir attractif. Le modèle géométrique de la relativité ne peut correspondre à celui du Mouvement : il n'y a pas un espace-temps déformé par la Matière, puisque celle-ci est dès l'origine de l'espace-temps et de l'Énergie en Mutation. Nous pourrions dire que la gravitation, l'énergie, la masse et l'espace-temps sont l'effet du Mouvement, mais nous retomberions dans une logique de causalité. Pour le dire simplement : la gravitation, c'est du tourbillon donc du Mouvement.

Au fond, le concept d'Énergie échappe totalement à la science. Cette dernière décrit en joules la quantité, la modification (ou travail) et les effets de l'énergie en fonction d'un objet ou d'un système d'objets mesurables. Par exemple, l'énergie cinétique et l'énergie thermique sont associées au déplacement, l'énergie électrique à la quantité, le rayonnement électromagnétique au transfert d'énergie, etc. On ne va pas au-delà de la description phénoménologique de l'Énergie. Pourquoi ? Parce qu'en allant à l'origine de l'Énergie, il y a de fortes chances que l'on en vienne à la pensée du Mouvement. Or, vu que le Mouvement ne peut se mesurer, il est par essence inaccessible à la science. Cette limite inhérente au Sujet observateur nous est rappelée par l'impossibilité de mesurer en même temps la vitesse et la position, paradoxe qui aboutit à la disjonction entre l'onde et la particule, etc. Comme je disais, la Dissociation originelle qui fonde l'esprit scientifique se retrouve à tous les étages épistémologiques. L'expérience mentale que je vous invite à prolonger consisterait plutôt en ceci : le Mouvement ne crée pas la Matière ; la Matière c'est du Mouvement.

Quelqu'un dans la salle — Pourtant, la thermodynamique s'occupe précisément des transformations de l'énergie. Comment situez-vous le Mouvement par rapport à cette science ?

Thermodynamique

Yaël — Après cette question, nous aurons fait le grand tour des questions cosmologiques modernes ! J'ai un faible pour la thermodynamique. Il y a seulement deux grands principes à connaître. Le premier énonce que lors d'une transformation, il y a toujours conservation de l'énergie. Le deuxième énonce qu'il n'est pas possible à une transformation de retrouver son état antérieur. Ce deuxième principe inclut les notions d'irréversibilité et d'entropie.

Le premier principe fait un aveu d'impuissance qui va tout à fait dans notre sens. Il affirme — et cela est valable pour toutes les théories scientifiques — qu'on ne crée pas l'énergie, mais qu'on ne fait que la transformer. L'énergie totale est donc en quantité invariable dans l'univers. Cette vision est compatible avec le Mouvement pour lequel il n'y a que des Mutations et jamais de création *ex nihilo* de l'Énergie. Cependant, dans le cas du Mouvement, il faut ajouter que la quantité n'est pas invariable, mais infinie. Il y a concordance avec la thermodynamique sur l'aspect « ni créateur ni stabilité éternelle », mais désaccord en ce que l'énergie est infinie. La thermodynamique envisage l'univers comme un système clos, tandis que le Mouvement imagine le Monde comme une énergie ouverte hors système. Dans un univers fini, nous voulons naturellement capitaliser et capter l'Énergie, tandis que dans un univers en abondance, nous cherchons à suivre et partager l'Énergie.

L'entropie et l'irréversibilité du deuxième principe recoupent en partie la pensée du Mouvement. L'entropie mesure la dispersion de l'énergie au sein d'un système. Cette entropie est liée au désordre qui s'établit parmi les orientations des éléments du système. Le problème de cette définition est que la dégradation de l'énergie est assimilée au passage de l'ordre au désordre. Or, pour le Mouvement, il n'y a jamais désordre, mais changement. Ainsi la néguentropie qui, au contraire de l'entropie, développe la cohésion, conserve l'énergie et maintient le métabolisme n'est pas un ordre non plus à préserver, mais est un simple moment du changement. Cette différence implique un rapport à la vie très différent. Pour les tenants de l'ordre, la mort sera vécue comme une dégénération, une pollution, un retour à une matière sans âme. Pour ceux qui suivent le Mouvement, le passage de la vie à la mort n'est pas un désordre, mais une Mutation. Nul besoin de diaboliser la mort, puisque la mort c'est la vie en transformation. La dispersion de l'Énergie n'est pas un désordre mais une modalité du Mouvement. L'entropie nous mène au concept d'irréversibilité.

Pour donner une image, l'irréversibilité affirme qu'un vase qui a été brisé ne retrouve pas son état antérieur quand on recolle ses morceaux. L'irréversibilité s'oppose à la réversibilité. Quand vous plongez dans l'eau de votre bain et que vous en sortez, le principe de réversibilité dira que le volume de l'eau du bain retrouve son état initial dès votre sortie. Il dira également qu'un élastique après avoir été déformé retrouve son état initial lorsque la pression cesse, ou encore qu'une particule d'air ayant vibré lors du passage d'une onde sonore retrouve son état initial après l'oscillation causée par le passage de l'onde. Le Mouvement est parfaitement compatible avec l'irréversibilité. Tellement d'accord, que j'irai jusqu'à dire qu'il n'y a jamais de réversibilité. En effet, la moindre modification transforme à jamais la Chose qu'elle traverse. À votre contact, l'eau ne retrouve pas son état antérieur ; elle a enregistré votre présence et s'est trouvée modifiée sous divers rapports chimiques. Bien que cela soit extrêmement minime, le volume d'eau a été également modifié. De même pour l'élastique qui perd à chaque fois de sa rétractilité. Pareil pour la molécule d'air : non point qu'elle ait forcément une mémoire exacte de tout ce qui la traverse, mais elle se transforme et évolue en fonction des interactions avec son environnement.

LES FLÈCHES DU TEMPS

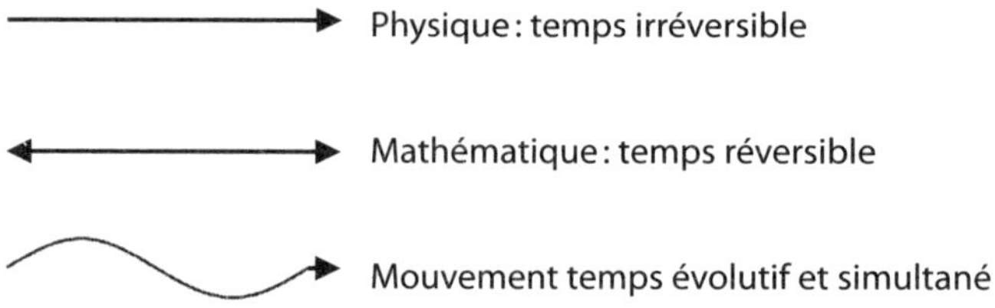

Au fond, le Mouvement harmonise l'approche mathématique et physique : si le Monde est une unité à la fois simultanée et en évolution, cela implique que le moindre changement a un impact sur le reste. L'irréversibilité reste irréversible, mais elle a un impact aussi bien sur le futur que sur le passé. Cette proposition dérangeante pour le sens commun habitué à la flèche du temps éveille notre sens psychologique quotidien et notre intuition historique, à savoir que le passé n'est pas aussi rigide qu'on veut le croire. Que tout soit en changement permanent, cela n'implique pas des phénomènes de réversibilité et des principes mesurables itératifs, mais plutôt un mode de vie qui défait la perception linéaire du temps et de l'espace.

QUELQU'UN DANS LA SALLE — Et le démon de Maxwell ?!

YAËL — Ahaha, je l'attendais celle-là. Il faut rappeler ce paradoxe pour notre auditoire. Le démon de Maxwell est une expérience de pensée du physicien Maxwell pour invalider la loi de l'irréversibilité. Par exemple, mon frigo A est froid et ma pièce B est chaude. Si j'éteins mon frigo et que j'ouvre sa porte, la température globale deviendra tiède. Le démon propose un processus permettant de revenir à l'état antérieur de A et de B, sans dépenser d'énergie et en diminuant l'entropie. Pour donner une image plus directe, il énonce que le vase brisé pourrait bien se recoller spontanément. Les mathématiques soutiennent le démon. En effet, les équations du mouvement des particules dans un gaz, ou constituant tout autre corps matériel, peuvent se lire dans le sens de la flèche du temps, mais aussi dans le sens inverse. Cela signifie que, du point de vue mathématique, il est possible de retrouver son état antérieur, à la manière d'un film que l'on regarde en marche arrière. Ce paradoxe continue de faire terriblement jaser, car au fond, il vient titiller notre Omnipotence. Imaginez si nous pouvions renverser le temps, modifier le cours de l'histoire, parvenir à l'éternelle jeunesse. Imaginez une conscience immortelle qui puisse organiser la Matière sans se fatiguer. Nous retrouvons nos idéaux concernant l'immortalité. Je prends cette occasion pour vous montrer comment ces idéaux immémoriaux agissent sous la forme apparemment neutre de la science.

D'abord, nous retrouvons l'utopie mathématique. Les équations de Maxwell sont justes, mais elles ne prennent pas en compte toutes les données du Réel, en l'occurrence celles de l'écoulement du temps. Cela veut dire qu'un modèle restreint et irréel peut être logique. En revanche, plus le modèle est global et précis, plus il va récolter de données et se rapprocher du Réel. La relativité d'Einstein ne vient pas invalider les équations de Newton, mais les intègre dans une théorie plus globale dont elles deviennent un cas particulier. Le rêve mathématique, sur lequel de nombreuses traditions philosophiques s'appuient, vient toujours d'un désir de réduire l'homme au chiffre. En s'éloignant du Réel, le chiffre permet les rêves les plus fous, car le chiffre semble ne pas vieillir. Sauf que la réduction de l'homme au chiffre est toujours une élimination de la singularité de l'homme. Les mathématiques étant elles-mêmes une réduction du Réel sous forme d'identités chiffrées et symboliques, l'homme qui cherche la perfection mathématique verra son corps transformé en triangle isocèle, en fétiches et ses restes seront jetés aux déchets.

La physique et les sciences appliquées ont le mérite de prendre en compte les singularités et l'écoulement du temps. C'est bien pour cela que le démon algébrique de Maxwell ne peut être adopté facilement par les sciences du concret. Mais qui sort par la porte revient par la fenêtre. Les physiciens brûlent d'inventer un système et une technologie qui permettent de transformer l'énergie sans dépense énergétique ; sans « travail » comme ils disent. Ils rêvent d'obtenir une énergie libre et infinie qui, luttant contre l'entropie, nous donnerait des superpouvoirs et un accès à l'éternité. Il est fort probable que cette quête produise simplement de nouveaux transferts d'énergie de A vers B. En termes plus concrets, la jeunesse des uns au détriment des autres, l'économie durable de certains territoires sur l'exploitation d'autres territoires, le bien-être de quelques-uns sur la misère de tous, etc. En disant cela, remarquez que je ne fais que respecter le premier principe de la thermodynamique sur lequel tout le monde s'accorde : rien ne se crée, tout se transforme.

Enfin, ce démon a inspiré les théories de l'information. Ces théories ont pignon sur rue en ce moment, car elles dissocient l'information de la matière. Elles considèrent que l'information n'est pas de la matière, mais un code abstrait sans histoire, sans dépense d'énergie et compréhensible universellement ; quasiment le langage de Dieu — langage qui serait exclusivement logique. Techniquement, cela se traduit par l'idée de pouvoir guider une particule sans investir d'énergie pour son déplacement, tel le GPS qui dirige la voiture qui, elle, épuise de l'énergie. On qualifie ce genre d'expérience de « vérification directe de la conversion de l'énergie en information ». Bien entendu, on passe sous silence que l'appareillage pour guider une particule a un coût et un travail énergétiques énormes du point de vue de la conception, de la réalisation et de l'interprétation. Un GPS demande lui aussi un investissement faramineux et polluant en ce qui concerne la recherche technologique, l'assemblage, la construction de l'instrument et le réseau électromagnétique. Enfin, du côté de l'individu récepteur, la décodification de l'information requiert elle aussi un travail d'éducation long et fort complexe. En bref : rien d'économique ni de spontané. Quel désir derrière tout ça ? Celui d'une conscience supérieure qui, par de simples signaux, organiserait les plans matériels inférieurs ; une conscience hors des limites de l'entropie qui utiliserait la Matière afin de se désincarner, tout en récupérant de celle-ci les potentialités les plus extraordinaires.

Quelqu'un dans la salle — Qu'est-ce que le Mouvement pourrait dire au démon de Maxwell ?

Yaël — Ahaha… À tous ces démons, nous pourrions rappeler que l'Existence est immensément plus riche et passionnante qu'une équation, qu'un ordinateur quantique et qu'une conscience immortelle. C'est assez simple en fait. Tout se transforme et rien ne revient jamais à son état antérieur. On ne peut faire fi de l'histoire vécue, du temps et de la mort. Et tant mieux. Le jour où nous expérimenterons véritablement l'immortalité, l'Existence n'aura plus d'intérêt. Afin de relancer le changement, on imaginera probablement des expériences de plus en plus extrêmes, on effacera la mémoire, on se suicidera. Mieux vaut chercher à se connecter au Mouvement que se régler sur un principe d'organisation, une transcendance, un paradigme. La spontanéité ne viendra jamais de l'information, de la connaissance et de la représentation. Nous préférons nous dévouer au travail justement pour ne pas avoir à nous laisser aller au Mouvement. Nous nous faisons esclaves du travail, parce que le travail nous donne un certain contrôle, une certaine règle. Sauf que plus nous contrôlons, plus nous avons peur. Plus nous avons peur, plus nous devenons impuissants. Plus nous sommes impuissants, plus nous travaillons. Tel est le Mal-Être qui se dissémine grâce à la Dialectique entre Terreur et Omnipotence. Le problème n'est pas d'ordre rationnel, technique et scientifique. Nous le savons bien. La présence à soi est une aventure profonde qui demande beaucoup de courage et de perspicacité. Pour ne pas se laisser prendre par le continuel chant des sirènes de l'Omnipotence, il faut se rendre capable de repérer les anciennes croyances qui se cachent sous les nouvelles formules. Voir derrière les algorithmes et les discours d'experts les intentions cachées. Voir derrière les attitudes apparemment détendues et les slogans du New Age les rigidités morales et les réductions culturelles. En même temps, il faut aussi savoir se dénuder. Revenir à l'essentiel et se jeter dans l'inconnu.

Déterminisme et liberté

QUELQU'UN DANS LA SALLE — Et du coup, à propos du déterminisme ?

YAËL — Maintenant, nous avons toutes les réponses en main. Le déterminisme est une question qui influence nos espoirs, nos désirs, et surtout une préoccupation qui nous est chère aujourd'hui, notre liberté.

Déterminer renvoie à « ce qui donne les limites, ce qui est causé, ce qui décide et conditionne ». Le déterminisme suppose qu'il y a d'un côté une force qui dicte et de l'autre, une force moindre qui suit. Cette division renvoie — encore et toujours — à une relation de transcendance et de pouvoir. Transcendance parce que la force dominante est au-dessus de la force dominée, pouvoir parce que la force au-dessus impose à celle qui subit. Le mot « pouvoir » issu du latin *potis sum*, « je suis maître de », se couple naturellement avec « dominer » qui lui aussi veut dire « être maître de », mais dans le sens plus concret de « maître de maison ». Le rapport de pouvoir transcendant de maître à sujet arrive aussi bien de l'extérieur qu'il émane de l'intérieur.

En ce qui concerne le pouvoir transcendant extérieur, nous allons pour simplifier rassembler les nombreuses appellations — grand tout, premier moteur, principe suprême, grand architecte, etc. — sous le nom de Dieu. Ce dieu a le pouvoir de créer le Monde, de lui attribuer une cause et une loi. Il n'est bien entendu créé par rien ni personne, il est cause de lui-même et aucune loi n'est au-dessus de lui. Il y a plus. Par le truchement de la contingence et du miracle, il est également le maître de ce qui s'oppose à la cause et à la loi. En ce qui concerne la contingence qui s'oppose à la cause, Dieu peut la faire intervenir quand bon lui semble. Aussi fait-il disparaître ce monde sous le déluge, il en crée de nouveaux, il en trouble le cours. Notre monde n'a rien de nécessaire en lui-même puisqu'il dépend de Dieu. Quant au miracle et à la grâce qui s'opposent à la loi, il peut en produire à foison. Cependant, ces phénomènes extraordinaires restent une prérogative divine utilisée avec parcimonie pour rappeler que le maître des lois a le loisir de les défaire. La contingence et le miracle sont là pour renforcer la cause et la loi. En somme, Dieu a le pouvoir sur les contraires, il est à la fois au-dedans et en dehors de l'univers, il peut intervenir ou se retirer ; il est tout-puissant. Quelle attitude l'humain est-il possible d'avoir face à cette domination impénétrable et sans faille ? La soumission. La liberté consiste à suivre du mieux possible les commandements divins. Heureusement, nous sommes autorisés à nous tromper. L'erreur, c'est la base du libre arbitre. Nous avons l'esprit confus ou le désir ardent. Nous pouvons nous perdre dans le chaos sauvage ou la séduction diabolique. Dans ce contexte, la liberté est toujours le signe du négatif.

Pour comprendre le pouvoir transcendant intérieur, partons de l'homme qui a tué Dieu. Il peut en éprouver un désespoir ou une libération. Dans les deux cas, il n'a d'autre choix que de prendre son destin en main. Comment ? Simple : il fait redescendre en lui-même la toute-puissance divine en devenant son propre créateur, cause de soi et auteur des lois. La contingence sera maîtrisée par les probabilités, pendant que le miracle sera technologique. La création s'est transformée en travail de modification, la cause et la contingence sont expliquées par la science, et enfin, la loi et la transgression sont jugées selon le tribunal de l'humanité. Qu'est-ce que la liberté dans ce nouvel environnement ? C'est le pouvoir de transformer la nature et la Terreur qu'elle nous inspire, en fonction de notre recherche d'Omnipotence. Nous sommes libres dans la mesure où nous contraignons la nature à suivre cette transformation. Ceux qui ne se conforment pas à cette idéologie de la liberté seront excommuniés en tant que renégats de l'anti-progrès humain.

Le Mouvement nous propose une tout autre ambiance. Il ne part ni de l'Omnipotence ni du pouvoir, mais de la « Puissance ». La Puissance qui dérive du participe présent de « Pouvoir » renvoie à la durée qu'on ne peut fixer, l'aoriste. Ici, elle signifie un pouvoir qu'on ne peut fixer, diviser, privilégier. La Puissance est un pouvoir continu auquel tout ce qui existe participe. Il ne peut y avoir de créateur, de transcendance, de domination. Si nous voulions reprendre les concepts fondateurs d'Aristote, nous dirions que dans le cas du Mouvement en tant que Puissance, la virtualité et l'énergie, la potentialité et l'effectuation se confondent. À propos de la cause, nous pourrions dire que c'est une cause première qui n'a pas de cause, ou dont la cause est simultanée à l'effet, ou simplement que la Puissance se situe en dehors de la cause et de l'effet. Cela nous met derechef hors de l'emprise de la rationalité, qu'elle soit divine ou humaine. Nous voilà sortis du déterminisme.

DÉTERMINISME ET LIBERTÉ

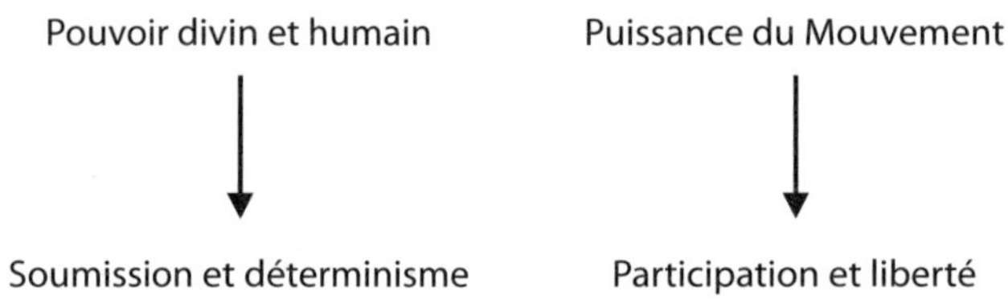

Qu'en est-il de la liberté ? Si les possibles s'ouvrent à l'infini, cela ne signifie pas pour autant que tout est possible. Je donne un exemple concret. Vous souhaitez traverser la rue. Il y a une infinité de manières de la traverser. Tout droit, en zigzags, à cloche-pied, sur la tête, rapidement, etc. Il y a aussi une infinité d'impossibilités. Si vous avez une jambe cassée, vous irez moins vite, si le trottoir d'en face est à plus de dix mètres, vous ne pourrez le franchir d'un seul saut, etc. Nous sommes éduqués à penser que la liberté infinie, c'est forcément l'anarchie[11] au sens de « n'importe quoi », « tout est possible », « c'est la loi de la jungle ». Pas du tout. La liberté n'est ni le chaos ni l'Omnipotence. C'est très précisément entre les deux : lorsque le *kaïros* vous fait passer dans la *khôra*, c'est-à-dire

[11] À noter que le terme anarchie du grec *anarkhia* signifie sans « origine », « principe », « pouvoir » ou « commandement ». Il désigne le moment précis où le Mouvement s'extrait de la domination de l'ordre de la Réalité pour rejoindre le Réel de la *khôra*.

lorsque vous basculez dans la Puissance. C'est alors que, présent à votre situation, vous ouvrirez l'univers des possibles avec toutes les manières d'y arriver, c'est-à-dire en prenant en compte ce que vous êtes, où vous êtes et dans quelle situation. C'est dans le va-et-vient entre l'infini du possible et de l'impossible que nous trouvons le chemin vers nous-mêmes.

Cela me rappelle cette jeune femme qui me racontait qu'au conservatoire et au lycée, on lui disait : « Vous ne pouvez être musicienne et philosophe à la fois, il faut choisir. » C'est un dogme issu de la spécialisation, des concours institutionnels et de la sécurité de l'emploi. Elle a dû faire un choix difficile. Elle décida de ne plus suivre les concours, d'accepter les moments de misère et de se détacher de la reconnaissance institutionnelle. Elle n'était pas à la fin de ses surprises : en devenant à la fois philosophe et musicienne, elle se tourna vers la danse ! En ouvrant les chemins du possible, cette jeune femme a cassé les dogmes. En ouvrant de nouvelles façons de faire de la philosophie et de la musique, elle est devenue danseuse. En s'ouvrant à la Puissance, elle s'est rendue attentive à son désir et à l'imprévisible. La liberté, c'est prendre le risque de suivre le Mouvement. Cela a un prix que l'on espère passager : l'angoisse du changement de cadre, la misère économique, la pression sociale, l'humiliation narcissique. Mais par ailleurs, cette Cohérence attirera à vous d'autres énergies qui vous enrichiront sur tous les plans, et surtout d'une manière cohérente avec ce que vous êtes ; ce qui n'a pas de prix.

Jeu

S'il est vrai que l'art du Mouvement requiert une discipline quotidienne, une attention constante au Réel et une Cohérence toujours plus élargie, il est aussi vrai qu'il y a un dernier aspect — le plus essentiel — dont je ne vous ai encore rien dit. C'est celui du jeu, de l'enfant et du plaisir. Dans le royaume du déterminisme, la contingence et le miracle sont des exceptions qui confirment la règle ; dans le Monde du Mouvement, tout étant exceptionnel, ce sont les exceptions qui font règle. Le miracle, c'est la création infinie qui ne cesse de nous enchanter. La contingence, c'est la surprise qui rebat les cartes et fait naître de nouvelles opportunités à chaque instant. Le Mouvement inspire un mode de vie très particulier : le jeu. Entre l'évolution et l'irréversibilité, entre le miracle et la contingence, entre le possible et l'impossible, seul l'enfant sait jouer librement. Pourquoi ? Parce qu'il ne s'enferme pas dans les représentations et le travail mental. Il prend un plaisir immense à jouer et à être le jeu de toutes les forces qui tissent les situations uniques et inconnues.

Rappelons que l'enfant s'oppose à l'infantilisation. L'infantilisation fait partie du mécanisme de la transcendance et de la domination. Nous connaissons les manœuvres politiques de subordination qui s'appuient sur l'idée que les gens du peuple sont des enfants immatures qui doivent être guidés, gouvernés. Il est une autre forme d'infantilisation, qui passe pour « positive », consistant à mettre l'enfant au centre. Devenant l'axe d'une famille — souvent elle-même isolée et aliénée par le travail, les devoirs et les responsabilités —, il capte les énergies restantes et se voit chargé de toutes les projections et les réactions. Cette dynamique asphyxiante déclenche de nombreux troubles de part et d'autre. Ce schéma, au lieu d'accueillir l'Énergie primordiale, fait vieillir prématurément les parents et éloigne l'enfant du Réel. La seule façon de soustraire l'enfant à cette complexité étouffante, c'est de nous connecter avec l'enfant qui sommeille en nous.

Cet enfant indomptable attend que nous nous réveillions à nous-mêmes. Toujours prêt à franchir les barricades des lois séculaires, il nous donne l'audace et les forces pour que nous puissions nous lancer. Croisement des poésies qui explosent, il est le flux étourdissant des Choses. Plaisir incandescent de la vie, il se dresse et fonce dans les couleurs du Monde. La liberté est l'émanation de cette créativité qui réside en nous. C'est en suivant le Mouvement de manière continue que nous nous libérerons de la dictature du Mal-Être, pour retrouver le simple plaisir d'exister.

L'EXPÉRIENCE DE L'ÉTANT, EXISTENCE, TRANSE-MUTATION

Présence du Mouvement : comment la Présence continue au Mouvement nous ouvre à la vraie vie[1]

PREMIER CORPS : SOI

Confiance

Cet hiver était particulièrement rude. Assis seul et immobile au milieu du terrain de foot, Farid ne ressentait pas le froid. Il était absorbé par la terre gelée. La disparition soudaine de Simon, son entraîneur, l'avait dévasté. Tandis que Simon roulait tranquillement sur sa moto, une voiture avait déboulé et l'avait percuté. Il vola sous un camion : mort sur le coup. Farid se sentait orphelin. Qui allait le soutenir, le galvaniser, lui donner confiance ? Quand il y a quinze ans de cela, il était entré tout timide sur ce terrain de foot avec la peur au ventre, Simon avait été comme une lumière au milieu de la nuit. Il avait si peu l'habitude d'être avec d'autres personnes. Sa sœur et lui avaient été élevés par sa mère. Pour subvenir aux besoins de la famille, son père devait travailler à l'usine près de douze heures par jour, sans compter le temps de transport. Simon ne lui avait même pas demandé son nom, qu'il prit Farid par la main avec

---

[1] La recherche de la « vraie vie », qui traverse tous les âges et toutes les cultures, se réfère le plus souvent au renoncement et à la contemplation, ou bien à la vie ritualisée et réglée à l'extrême, ou encore au « dérèglement de tous les sens ». En ce qui concerne la sagesse du Mouvement, toutes ces pratiques sont souhaitables, du moment qu'elles contribuent à déjouer les ruses du contrôle et les répétitions de la Compulsion. C'est souvent à travers de multiples expériences menées jusqu'au bout que nous devenons réceptifs au flux créatif spontané. Ainsi, tout en mettant progressivement de côté le Devoir-Être, nous découvrons notre propre rythme et inventons notre manière singulière de vivre. L'expression « la vraie vie » prend aujourd'hui une tonalité inattendue en évoquant un ancrage dans la présence réelle (« présentiel ») en opposition à la distance virtuelle (« distanciel »).

un grand sourire et le jeta dans l'équipe. Farid s'était distingué comme gardien de but. Pourtant, cela commençait mal. Lors de leur premier match à l'extérieur, à l'approche des attaquants, quand Simon se mit à lui hurler « Sors ! Sors ! Sors ! », Farid n'avait rien trouvé de mieux que de retirer ses gants et de s'en aller avec flegme dans les gradins se désaltérer. Les deux équipes restèrent médusées. Pleurant de rire, Simon courut vers lui pour lui préciser le vocabulaire. Avec le temps, l'entraîneur était devenu le confident. Simon repérait ces moments d'immense tristesse qui s'abattaient sur Farid. Il lui proposait de venir le voir à la fin des entraînements. Il se contentait de poser quelques questions. Ce sont ces questions qui aidaient Farid à comprendre, ne serait-ce que la différence entre la peur et la dépression, la dépression et l'angoisse, l'angoisse et la tristesse, et surtout la tristesse qui a une cause et la mélancolie qui n'en a pas.

Farid savait que cette disparition allait causer un vide qui ne prendrait jamais fin. Qui allait lui crier d'entrer dans le match, avec toute sa force et en comptant sur l'union collective ? Qui allait lui dire de ne jamais fuir un conflit ? Lui rappeler que toute fuite du problème reposera le problème avec plus de vigueur ? Que perdre ou gagner est secondaire ? Qu'il faut « jouer avec tout ce qu'on a dans le ventre » ? Et chaque fois que la peur le prenait avant le match, qui allait lui murmurer que « le jour où tu n'auras plus peur Farid, je serais inquiet pour toi, parce que ça voudra dire que tu auras perdu ton instinct de survie » ? Et surtout cette discipline sportive qui le maintenait et l'empêchait de sombrer dans l'alcool. Qui sait ce qu'il serait devenu s'il n'avait pas eu ce rythme, cette présence fidèle au poste, cette voix derrière, ces mots durs parfois grossiers, et ces vrais coups de pied au cul ? Il se rendait compte de la profondeur de ce lien invisible qui s'était tissé entre eux — et sans doute avec beaucoup de membres de l'équipe. Cela donnait une ambiance tellement fraternelle et joyeuse.

Farid écoutait l'immense silence. Il se rappela le jour où il invita Simon au premier concert de leur groupe artistique. Il faisait partie des musiciens qui accompagnaient les danseuses et les comédiens. Il jouait de la batterie et gérait l'*electronic set*. Simon était venu le voir à la fin, et avec une spontanéité bien à lui, s'exclamant au milieu de tous : « C'était superbe ! Quelle cohérence de groupe ! Mais pourquoi tu ne fais pas de la musique, plutôt que t'emmerder avec tes études de commerce ! » Cela avait eu l'effet d'une bombe à retardement. Chaque fois qu'il allait aux cours, il se demandait si cette vie de financier et de trader tant vantée par les professeurs l'intéressait vraiment. En même temps, c'était extraordinaire d'être arrivé à ce niveau d'étude dans une des meilleures écoles nationales. Il ne se sentait pas le courage de faire part de ses doutes à sa famille ; on ne pouvait imaginer meilleur ascenseur social. À cet instant au centre du froid, la bombe à retardement explosa dans sa tête.

Il était seul face à lui-même. Seul face à des choix qui allaient engager toute sa vie. Trader ou batteur ? Équipe de foot ou assureur ? Continuer à ressentir et à souffrir, ou se durcir et se rendre indifférent pour les prochaines étapes de la vie ? Tant de questions contradictoires qui tournaient dans son cerveau. La tête entre les mains, il explosa littéralement en pleurs au milieu du gel. La dernière fois qu'il avait pleuré, c'était il y a plus de dix ans, quand il crut que son père, retenu par le travail, ne reviendrait pas. De ce fait, ses pleurs se mêlaient à des cris de douleur et aux gémissements d'un animal blessé à mort. Le tumulte se transforma en tornade. Accompagnés du désespoir, les souvenirs et les émotions remontaient violemment et en pagaille.

La panique monte. Il se concentre. Il s'imagine dans la cage des buts face aux attaquants. Le ballon arrive à pleine vitesse dans l'angle supérieur. Il ne pense plus. Il sent, il saute du plus fort qu'il peut. Il saisit le ballon au vol, retombe sur le sol. Il maintient le ballon en lui. Personne ne peut le lui prendre. Il entend les acclamations de ses compagnons. Simon hurle : « Je te l'avais dit, putain merde Farid, voilà je te l'avais dit : arrête de penser et fais-toi confiance ! » Un sourire illumine son visage.

Spontanéité

Ariane était à table avec ses parents et ses quatre frères et sœurs. Déjà qu'elle avait du mal à être présente à ce genre de rassemblement familial, la mort de Simon, son oncle du côté maternel, lui avait fait un tel choc qu'elle en oublia de manger. Cette nouvelle avait eu l'effet d'un réveil strident tirant du sommeil la belle endormie. Elle avait appris à mettre les formes, de sorte que les plaisanteries agressives sur son silence ne puissent sortir de la bouche de ses parents. Elle se sentait particulièrement seule dans ces moments-là. Les pensées se bousculaient :

« Encore un dîner de cons… comment font-ils pour faire semblant tout le temps… en mangeant… de la bio-merde qui coûte cher… qu'est-ce que je fous là… au secours quelqu'un… non… voilà le problème… toujours cette foutue volonté de sauver le soldat Ryan… mais Simon… personne n'a pu le sauver… ni même jamais pensé à le sauver… lui… le guide sans en avoir l'air… il écoutait… vraiment… des oreilles, un regard, un rire… zéro catégorisation… juste… un peu de vrai… je me demande… si… j'ai pris la bonne voie avec psycho… *chit*… dernière année… maintenant… les bonnes questions… et s'il n'y avait personne… à sauver… surtout pas mes parents… ma mère… au secours… ça vaut pas le coup… psycho… étiqueter les malades… les boîtes… rationaliser… se rassurer… tout va bien Mme la Marquise… vous êtes névrosée… parfait… comme tout le monde… certifiée conforme… cent pour cent… vous êtes bien… un exemplaire de la majorité… vous ne dépasserez pas d'un cheveu… vous passerez inaperçu… entre les gouttes… vous voilà reconnue… validée… adulte… vous allez mieux… la magie du conformisme… le bonheur de l'interchangeable… pseudosatisfactions illusoires… tout est juste… classifications diplômées… le sexe… pas de problèmes, que des solutions… mettez dans la bonne case… votre problème deviendra inoffensif… vous en rirez… antibiotique spirituel… zéro… *reset all*… *chill cool jazzy*… stimuli, réponse… vous n'êtes pas la seule à avoir une fixation sur la mère… venez à mon bureau… vous sentirez… une formule toute faite… un produit de grande série… il n'y a ni chaos ni secret… l'angoisse, la peur, l'abîme, l'incommensurable, le désespoir, les cris de douleur… ce n'est qu'un rhume, un rhumatisme… rien de plus… résilience, adaptation… prenez soin… prenez sur vous… neutralisation… rien de plus… rien de rien… il ne restera rien… yoga… danse… vegan… aventures… voyages… jeunesse se passe… j'en peux plus… rayon laser, énergie noire, contamination papillon… je suis désintégrée… immense mépris ! L'immense mépris pour la spontanéité ! »

Dans l'enchevêtrement des couloirs sans fin de sa psyché, Ariane entendit une petite voix qui chantait. C'était une flûte qui chavirait au *son cubano*, cette musique qu'elle avait entendue toute petite, lorsque ses parents avaient emmené les enfants faire « un grand voyage de repos à Cuba ! » C'était le seul voyage où Simon faisait encore « partie de la famille ». Il avait emmené les enfants hors des sentiers du tourisme pour leur faire écouter cette fameuse vibration afro-cubaine. Elle était restée bouche bée devant ce très vieil homme qui dansait les yeux fermés ; lentement. Il exécutait de tout petits gestes, sans se soucier de personne ; avec le sourire du plaisir absolu. Ariane ferma les yeux elle aussi. Elle se concentra pour se souvenir au mieux. En plein déjeuner familial, elle se leva doucement et, sous le regard interdit de toute la famille, se mit à danser en fredonnant. Elle quitta la table pour se diriger tranquillement vers sa chambre.

DEUXIÈME CORPS : L'AUTRE

Amour

Dans un café au centre-ville, Farid sirote un verre en attendant Ariane qui arrive en courant. Elle s'assied.

ARIANE — Salut mon cher… ouf… désolée du retard… ça fait un bail… comment vas-tu ?

FARID — Il paraît que ce sont les gens qui ont eu trop de règles qui sont tout le temps en retard… sinon on fait aller… la mort de Simon : c'est impensable.

ARIANE — Pour moi aussi. Ça fait un sérieux allié en moins dans ma famille de crétins.

FARID — Je m'en doute. Pour moi, c'est comme la mort du grand frère.

ARIANE — Vous aviez une connexion spéciale.

FARID — Merci de me le dire… en fait, je voudrais te parler de quelque chose.

ARIANE — Quand tu commences comme ça, je le sais déjà… Lucile ?

FARID — Oui. Comme tu la connais bien, j'ai besoin de tes conseils. Je tiens beaucoup à elle.

ARIANE — Je t'écoute.

FARID — Bon alors, en rentrant du Brésil, elle m'a proposé qu'on forme un trans-couple-libre-transparent-polyamoureux.

ARIANE — Wouaha quel concept !… c'est bien son genre.

FARID — Ne me parle pas de genre ! On s'est embrouillé sur ce thème…

ARIANE — En même temps, ça ne devrait pas t'étonner… tu l'aimes aussi pour sa fantaisie, non ?

FARID — Oui absolument… mais tu sais cette proposition… ça n'est pas… on va dire… mon bagage culturel d'origine… et je crois même pas mon bagage personnel…

ARIANE — Tout évolue…

FARID — Sûrement. En attendant, c'est depuis qu'on se connaît que je la laisse gérer je ne sais quoi, sans jamais rien demander, ou chercher à savoir. Du moment qu'on est heureux quand on est ensemble, je peux bien garder pour moi mes moments de doute et de jalousie.

ARIANE — Tu es sage, Farid.

FARID — Simon m'a drivé dans les pires moments. Je comprends que le couple ait le désir de s'ouvrir et que nous ayons besoin de vivre des expériences avec d'autres, sans craindre de perdre son partenaire… mais que des situations complexes deviennent le centre de notre couple… avec des règles de transparence… que je sois témoin, voire participant… c'est trop déstabilisant… je n'ai pas cette force.

ARIANE — Je comprends. Faut lui dire.

FARID — Justement je lui ai dit… j'aurais dû la fermer… elle m'a enchaîné style : j'initie une guerre des genres, je veux la contrôler, si je refuse la pluralité en moi, il ne faut pas l'empêcher chez elle, je ne me rends pas compte que je lui impose un schéma de violence, je suis un membre actif du patriarcat, et d'autres trucs que je ne me souviens pas, tellement j'étais choqué… mais Ariane, dis-moi vraiment s'il te plaît… tu penses que je suis un sale mec, ou parce que je suis un mec, je suis forcément un salaud ?

ARIANE — Ahahaha… Farid, tu es le mec le plus gentil que je connaisse… un peu trop même… c'est ça le problème… tu te fais retourner la tête trop facilement…

FARID — Attends, ça s'arrête pas là. Nous avons eu cette conversation dans le local transgenre femini-freedom, tu connais ?

ARIANE — Bien sûr. N'en parlons pas. C'est tendu entre notre groupe queer et les féministes… mais passons, c'est une autre histoire.

FARID — Ah d'accord. Eh bien, tu te souviens de Stéphane ?

ARIANE — Bien sûr, ton superpote de lycée !

FARID — Voilà. Il était là. Je ne l'avais pas vu depuis des années, alors je suis allé le saluer chaleureusement en disant « Stéphane, mon superpote ! » Il m'a regardé indigné, en disant qu'il s'appelait Mélodie. Il est parti et je me suis fait virer brutalement par les videurs parce que j'avais « dégenré » Stéphane… enfin Mélodie… enfin bref… ce qui m'a fait mal, c'est que Lucile, elle ne m'a pas défendu et elle a pas bougé du local.

ARIANE — Aïe, ça fait mal.

FARID — Je l'ai attendue trois heures dans le bar en face, ce qui m'a permis de faire le point. À son retour, je lui ai dit ma vision des choses. D'abord que je ne me rends pas compte de tout ce que je fais et que je ferai attention la prochaine fois, que je ne souhaite pas la contrôler, que la pluralité ne me gêne pas en soi, mais que je ne le sens pas pour moi, mais qu'elle fait ce qu'elle veut, et qu'en gros, c'est compliqué pour moi de faire un contrat sur les sentiments.

Ariane — Un contrat sur les sentiments… c'est bien vrai ça tiens… je vais y penser… et alors ?

Farid — Ben, elle m'a dit qu'elle allait réfléchir et que moi aussi je devais réfléchir sur le patriarcat pour évoluer. Je lui ai répondu qu'elle ne savait pas ce qu'était le patriarcat. Je viens d'une famille traditionnelle probablement classée « patriarcale ». La vérité, c'est que derrière « l'homme dominateur », c'est un homme épuisé par le travail et surtout par l'humiliation, et que la personne la plus forte, c'est ma mère car elle contrôle tout et tout le monde à la maison. Et elle n'hésite pas à rabaisser et manipuler son mari. Le plus horrible, c'est que quand mon père a eu sa maladie longue durée, et que ma mère a dû travailler, j'ai vu comment le travail a aussi tué ma mère. Pourtant, elle avait une femme comme chef ; sauf qu'elle disait que c'était encore pire. Pour moi, le mariage est un ignoble compromis, le travail une machine à tuer et je suis allergique au contrôle. J'espère surtout ne pas devenir dépendant de l'argent, parce que c'est ça, le vrai pouvoir.

Ariane — Qu'est-ce qu'elle t'a dit ?

Farid — Que n'étant pas une femme, je ne pouvais pas la comprendre.

Ariane — Il fallait répondre que n'étant pas un homme, elle ne peut pas te comprendre !

Farid — Je n'ai pas ton répondant, Ariane. J'ai arrêté de parler. J'étais trop paralysé à l'idée de la perdre.

Ariane — Le problème, c'est la recherche obsessionnelle de l'identité.

Farid — Oui, peut-être bien au fond. Tu sais ce que disait Simon sur l'identité ?

Ariane — Non.

Farid — Il disait que nous avons toutes les identités en nous, que nous sommes homme et femme, animal et plante, jeune et vieux, qu'il faut être capable de laisser tout vibrer en nous. Il disait que la liberté, c'est une question de sensibilité. S'autoriser à être pour tout ressentir, et suivre ce que l'on sent. Ça, c'est le plus difficile : suivre ce que l'on sent. J'aime Lucile. Mais je ne peux suivre quelque chose que je ne sens pas. Et puis, c'est encore juste un nouveau schéma tout ça. Attends. On s'est revu il y a trois jours. Je lui ai dit que j'avais réfléchi, que j'avais suivi ces conseils et que j'avais embrassé Marie.

Ariane — Ahaha... la très jolie Marie, qui est célibataire en plus... tu commences à comprendre !

Farid — Mais ce n'est pas vrai du tout, Ariane. Je n'ai jamais embrassé Marie ! Même pas en rêve ! C'était une ruse !

Ariane — Alors laisse-moi deviner : Lucile t'a dit que Marie est une petite bourgeoise capricieuse, qu'elle se maquille trop, que tu as mauvais goût, que ça faisait un moment qu'elle ne voulait plus la voir, et que par honnêteté et transparence, tu aurais dû prévenir Lucile avant d'embrasser Marie.

Farid — Comment tu sais ?

Ariane — Rien de nouveau sous le soleil.

Farid — Du coup, elle est ultravexée et elle ne me parle plus depuis trois jours. Pourtant, j'ai fini par lui dire que c'était pas vrai.

Ariane — Ne t'en fais pas pour ça, elle va revenir, peut-être pas pour les bonnes raisons, mais elle reviendra.

Farid — Ouf... j'espère ! Parce que je ne dors plus depuis et... Simon n'est plus là pour me poser la question qui libère.

Ariane — Reste comme tu es Farid.

Farid — Tu sais hier, j'ai amené ma petite sœur au parc. Elle a joué tout l'après-midi avec une nouvelle copine qui est noire comme le jais. C'était la première fois qu'elle jouait avec une Noire africaine. Je lui ai demandé quel était le nom de sa copine et si elle avait remarqué qu'elle était noire. Elle m'a répondu qu'aucune d'entre elles n'avait pensé à se demander les noms et que de son côté, elle n'avait rien remarqué de particulier, puisque c'était son amie. Pour moi, c'est ça l'amour, Ariane : pas besoin de décliner d'identité, d'établir de contrats, d'analyser et de donner un nom à tout, de prévoir comme une société d'assurance.

À la fin, on n'en sait rien, ça nous dépasse, tu ne crois pas ? C'est quelque chose qu'on ne peut pas mesurer ? Quelque chose d'invisible non ? Je suis à côté de la plaque Ariane ?

ARIANE — Non, tu es dans le vrai Farid… la psy a tué l'amour pour en faire un calcul ou une maladie… moi aussi, je commence à changer depuis la mort de Simon… je ne sais pas… mais bref… écoute, viens avec moi, nous organisons un énorme *sit-in* à l'université contre la fermeture de l'université. Je voudrais que vous veniez avec ta compagnie artistique trop géniale !

FARID — OK, je viens ! J'appelle Franz et Marie pour qu'ils nous rejoignent.

ARIANE — Non, pas Marie. Lucile fait partie du comité d'organisation. Évitons les périls en la demeure.

FARID — Ah oui, évitons !

Courage

Ariane et Élisabeth sa mère sont en train de remplir les papiers de la succession de Simon.

ARIANE — J'en peux plus de remplir ces papiers et d'appeler les organismes.

MÈRE — Il faut clore cette histoire au plus vite, régler les funérailles, transférer l'argent, même si ce sont des sommes ridicules, récupérer le minuscule studio pour le vendre, et je ne savais pas qu'il peignait et qu'il avait des acheteurs… quel drôle de frère… il faudra faire évaluer ces peintures aussi, et se renseigner sur les abattements d'impôts.

ARIANE — T'as un compte en banque à la place du cœur.

MÈRE — C'est pour mettre la famille en sécurité. L'argent, c'est de la protection.

ARIANE — C'est sûr qu'avec ton haut poste à la Commission européenne qui augmente les salaires tous les trois mois et les quinze pharmacies de papa, on va bientôt être à la rue.

MÈRE — On travaille tout le temps avec ton père.

ARIANE — Ah, la nostalgie du dimanche… ce n'est pas du travail, c'est de l'activité fébrile pour ne pas être en face du vide de ta vie.

MÈRE — Tu ne vas pas nous reprocher d'avoir réussi quand même !

ARIANE — Récupérer les héritages, gérer ses propriétés, faire les écoles privées aux US, partager les bons plans entre initiés, boursicoter, obéir au doigt et à l'œil aux commandements politiques et à ceux du marché, se plaindre des manifestations populaires qui ralentissent le trafic et qui ont le malheur d'être pauvres, boire un verre avec l'intellectuel progressiste pendant que la police matraque les contestataires, profiter du système avec bonne conscience, élégance même, c'est sûr, y'a du mérite : il faut un certain talent pour l'égoïsme et l'indifférence.

MÈRE — Tu peux dire ce que tu veux, ma fille, mais plutôt que faire des études qui ne mèneront à rien, tu devrais t'appuyer sur notre réussite pour t'élever.

ARIANE — Rejoindre le cercle magique des gens raisonnables, ça fait pas rêver…

MÈRE — Ariane, je suis ta mère, je te connais mieux que personne, je veux seulement ton bien.

ARIANE — Rectification : tu souscris aux désirs et aux valeurs que tu projettes sur moi. Je te l'accorde, tu maîtrises le sujet, mais de là à connaître un tant soit peu ma vraie vie, tu ne sais rien.

MÈRE — Je sais que la vie est sans pitié, que c'est une lutte à mort, que les plus forts gagnent et que l'homme est un loup pour l'homme. Darwin l'a prouvé… scientifiquement.

ARIANE — C'est ce que vous colportez dans les couloirs de la Commission ?… Décidément ça vole pas haut. D'abord c'est Hobbes qui a dit ça et le reste c'est la justification du darwinisme social par les tenants du système, genre Thomas Huxley et Malthus que tu as l'air de si bien connaître…

MÈRE — Mal quoi ? Qu'est-ce que j'ai encore fait de mal ?

ARIANE — Dieu vous salue Marie, sauvez-moi de la bêtise… ça s'appelle de l'endoctrinement, maman ! Même Darwin dit que la plupart du temps, la lutte entre les individus disparaît et ceux qui survivent sont ceux qui se soutiennent mutuellement. C'est au contact de l'homme que le singe devient diabétique. Y'a pas de système libéral, de compétition et de crédit chez les fourmis, les villages de marmottes et les oiseaux. C'est une harmonie délicate, les forêts et l'agriculture des abeilles.

MÈRE — C'est vrai que le nouveau miel de Paris est plutôt délicat...

ARIANE — Maman... tu es pathétique... tu sais : quand un perroquet meurt, il arrive souvent que l'autre succombe de douleur et de tristesse. Il ne se met pas à compter le nombre de plumes qu'il va pouvoir récupérer.

MÈRE — Ariane, je comprends que tu étais très attachée à Simon. Depuis que tu es petite, il t'a toujours apporté plein de beaux cadeaux à Noël et il jouait avec toi. Ne sois pas trop sentimentale.

ARIANE — Jusqu'au jour où vous avez décidé qu'il était « mal élevé » parce qu'il disait des vérités, ah pardon des « incivilités », qui dérangeaient... Parlons clair : ce ne sont jamais les cadeaux qui m'ont intéressée, c'est l'atmosphère qui changeait pour une soirée. On passait du moisi familial à une odeur de merveilleux. Mon cœur battait parce que la vie était transformée. Et Simon y était pour beaucoup.

MÈRE — Il y a des choses que tu ne sais pas.

ARIANE — Toi non plus, maman, qui pense si bien me connaître.

MÈRE — Tu fais la petite adolescente rebelle et gâtée.

ARIANE — Tellement bien gâtée, que toute mon adolescence, je n'ai fait que me droguer.

MÈRE — Quoi ? Qu'est-ce que tu racontes ?

ARIANE — Défoncée à la coke et aux acides, pendant dix ans sous tes yeux bienveillants.

MÈRE — Mais...

ARIANE — Tu ne sais rien de ma vie, maman, tu étais à la Commission et papa à la pharmacie. La seule personne qui l'ait vu, c'est Simon. Si depuis un an, je ne prends plus rien, c'est grâce à lui. Je trouve enfin le courage de te le dire, mais j'ai surtout trouvé le courage d'arrêter. Tu comprends, maman, il faut du courage, que tu n'as même pas idée.

Tous les jours, il m'a soutenue dans la plus grande discrétion, que je lui avais demandé de tenir… non non, chut… tais-toi maman… ne parle pas… je suis fatiguée… sans doute un peu « trop sentimentale ».

TROISIÈME CORPS : GROUPE

Partage

Jamais les treize membres de la compagnie ne s'étaient autant engagés dans un projet. Quand ils décidèrent d'adhérer au réseau indépendant « Art-Vivant-Libre », c'est un nouveau monde qui s'ouvrit à eux. Depuis trop longtemps, ils s'épuisaient à obtenir des subventions, à essayer d'intéresser les agents privés et publics, à parcourir les festivals de France et de Navarre. Ils n'avaient récolté que déficit, exclusion, mensonges et découragement. En revanche, ils avaient emmagasiné suffisamment de déceptions et de conscience pour savoir que transmettre des créations dignes de ce nom exigeait de participer à l'élaboration d'un réseau alternatif de circulation, avec un public sensible à l'art — et non pas seulement au divertissement. Quand celle qui gérait le réseau indépendant leur proposa de présenter leur nouvelle création dans une énorme ferme au milieu de la campagne, ils sautèrent de joie. Pour aider au montage du festival, ils acceptèrent de se joindre à l'équipe des cinq cents bénévoles. Ayant déjà acquis une solide formation en système D, tous les bénévoles les appréciaient et venaient leur demander conseil. Marie pour la danse et le théâtre et Franz pour la musique portaient la compagnie avec entrain. Au cours des années, leurs compétences stylistiques et de meneurs s'étaient confirmées. Les membres du groupe toujours vigilants — voire allergiques aux schémas de pouvoir — les suivaient avec instinct et une conviction acquise. La troupe avait fini par inventer un équilibre, bien à elle, entre dynamique collective et individuelle. Cette manière organique d'être ensemble se sentait sur scène ; une présence forte et harmonieuse se dégageait.

Cette spécificité organique était justement décuplée et mise à profit pour l'organisation du festival. Ils s'affairaient aux cuisines — Franz d'origine guadeloupéenne s'était proposé de concocter quelques plats bien pimentés —, ils distribuaient des boissons — Farid avait une expérience de barman —, ils préparaient la scène pour l'ensemble des artistes — Marie était ingénieure du son. Par ailleurs, ils récupéraient les aliments chez les paysans qui s'étaient proposé d'aider, allaient chercher ou réceptionner les bénévoles dans les différentes gares, s'occupaient de la communication générale et médiatisaient les conflits, qui ne manquaient pas d'apparaître lors des débriefings en fin de soirée.

Le soir, autour d'un grand feu, les participants écoutaient avec passion les grandes envolées de Franz qui savait rendre palpitant le moindre événement. Il était le conteur qui maintenait l'imaginaire de tous, surtout quand il y avait des coups durs. La solidarité qui permettait de faire exister le festival motivait son imagination. Pour galvaniser le staff, il refaisait vivre les Indiens d'Amazonie qui s'étaient constitués en harmonie avec la nature, sans État ni Marché. Il décrivait les *quilombos* aux Antilles et en Amérique du Sud, réseaux parallèles créés par les esclaves fugitifs et qui devinrent progressivement des structures de localités fédérées. Il racontait les nuits dangereuses de l'*underground railroad* ou chemin de fer clandestin, nom donné à l'organisation mise en place aux États-Unis dès le XVIIIe siècle, pour aider les esclaves noirs évadés des plantations du sud des États-Unis. Il relatait l'histoire des *Black Panthers*, dont ses parents avaient accueilli quelques réfugiés, et qui avaient participé à l'instauration, justement, de réseaux culturels parallèles pour échapper à la propagande raciste. Des vieux de la vieille racontaient, à leur tour, ce qu'ils avaient appris de leur lecture, à propos du soutien mutuel qui s'était créé lors des journées de 1848, de la Première Internationale, de la Commune de Paris et de la guerre d'Espagne. Les plus jeunes racontaient leur vie dans les kibboutzim urbains, ces structures autonomes qui combinent différentes formes de contributions avec le respect de la liberté individuelle, et qui s'installent dans des réalités urbaines difficiles pour grandir avec les riverains, petit à petit et sur le terrain. Les récits les plus poignants étaient ceux des Russes qui étaient venus présenter une création sur le chamanisme nomade du mont Altaï en Sibérie, un des grands berceaux de l'humanité. Ils parlaient de ces jeunes hommes revenus victorieux de la campagne de Russie contre Napoléon, et qui voulaient que le servage soit effacé du sol de la Russie asservie et morte. Ils ressuscitaient Bakounine, Kropotkine et Tolstoï qui étaient animés par le corps mystique et la force créatrice du Grand Tout qui caractérisent l'âme russe. Ils immortalisaient Makhno qui avait installé des communautés mixtes agricoles-industrielles basées sur la solidarité locale et régionale, et qui se fédérèrent entre elles, afin d'éviter la néfaste division entre la campagne et la ville, entre paysans et ouvriers, entre hommes et femmes. Ils décrivaient ces hommes et ces femmes, à la fois combattants et travailleurs, qui s'étaient donné comme but d'empêcher la naissance d'une caste dirigeante monopolisant le pouvoir. Comme si la Tchéka allait débarquer, ils dévoilaient en chuchotant comment ce mouvement fut liquidé par les bureaucrates de la révolution bolchevique. Deux récits touchèrent particulièrement Farid. Le premier était celui d'une Mauricienne qui détaillait comment les habitants s'étaient rasé le crâne, pour faire de leurs cheveux de longues tresses, afin d'absorber les marées noires qui menaçaient l'île. Le second venait d'un scientifique qui expliquait comment une cellule, qui ne parvient plus à respirer, est secourue par une autre à proximité qui lui transfère ses propres mitochondries, ou poumons.

Pour Farid, habitué à la méfiance familiale séculaire, ces histoires éveillaient la douce clameur d'un horizon apaisant. Cette atmosphère magique, entretenue par les conversations, les débats et les échanges d'expériences, pouvait parfois continuer jusqu'au lendemain devant les braises du feu éteint. Puis dès l'aube, les bénévoles et les artistes reprenaient leurs affairements. La préparation du festival prit sept mois. Pour Farid, ce fut sept mois de partage, sept mois d'émerveillement, sept mois pour — après la mort de Simon — commencer à reprendre vie.

Derrière le rideau de fortune, la troupe est sur la scène de la grange aménagée. Les membres se mettent en cercle. Ils se prennent fortement la main avant le grand plongeon. Marie, Franz et tous les membres se tournent vers Farid. Franz lui dit : « Avec la compagnie, nous nous sommes dit que cette première serait dédiée à Simon. » Farid reste muet d'émotion. Chacun prend sa place. Le rideau s'écarte. Le brouhaha cesse. Toutes les générations sont réunies. Les bougies caressent les visages. Farid aperçoit les grands yeux ouverts des nombreux enfants. Il a l'impression — peut-être pour la première fois de sa vie — de ne plus être seul.

Alternative

Dans une salle de cours de l'université, Lucile, Julie, Vanthan, Bryan et Ariane, qui est accompagnée de Franz et de Farid, se sont réunis pour décider d'un sens et d'une stratégie à donner à leur occupation pacifique des lieux.

ARIANE — Bonjour les amis... désolée du retard...

Tous se mettent à rire.

Comme l'ordre du jour concerne les activités intellectuelle et artistique de la semaine, Farid et Franz, que vous connaissez déjà, nous dirons si leur compagnie artistique serait prête à faire une représentation gratuite ici.

LUCILE — Tiens... Marie n'est pas la représentante de la compagnie avec Franz ?... Ou elle a toujours mieux à faire ?

ARIANE — Elle est malade.

LUCILE — Vous m'en direz tant...

FRANZ — Malade ?

Ariane jette un regard furieux du côté de Franz qui, voyant la mine gênée de Farid et celle exaspérée de Lucile, comprend d'un coup la situation.

FRANZ — Oui, et pas qu'un peu. Avec les nouveaux virus de laboratoire que nous bazardent les USA.

ARIANE — Ah non, on commence pas avec les problèmes perso et géopolitiques !

JULIE — D'autant plus que Bryan est moitié américain, et que son expérience à Detroit va nous aider. Bryan ?

Bryan — Yes... okay... okay. Juste pour vous planter le décor. En 1967, Detroit, qui fut un des fleurons de la production automobile, a connu les émeutes les plus sanglantes de l'histoire des États-Unis. Depuis 1970, le déclin économique est en cours. C'est la déshérence urbaine. La ville a pris des allures postapocalyptiques : disparition des infrastructures, déserts alimentaires, taux de criminalité le plus haut des USA. Cependant, depuis 2014, elle commence à renaître, grâce à des mouvements autonomes d'autogestion. Ils consistent à collaborer autour de jardins communautaires improvisés, de mises à disposition des machines, du partage sans condition des biens communs informationnels, de la débrouille en tout genre, et surtout de la *culture maker* tournée vers la technologie. Les investisseurs commencent à venir.

Vanthan — De l'art pour attirer les investisseurs blancs, qui sont ceux qui détruisent les autres pays pour faire toujours plus d'argent.

Ariane — Ah non, on commence pas à refaire la guerre du Vietnam !

Lucile — Faites l'amour pas la guerre !

Bryan — Ce que dit Vanthan est vrai. La limite est difficile à saisir : quand est-ce que nous sommes vraiment autonomes, et quand est-ce que nous sommes récupérés par la finance et la politique ?

Julie — Nous vivons le même problème à Berlin et maintenant à Marseille avec la gentrification.

Franz — Je pense qu'il vaut mieux miser sur nos propres capacités et ressources d'organisation et de proximité que sur les apports extérieurs.

Bryan — Je le pense aussi, bien qu'il faille savoir jouer sur les deux tableaux, mais j'avoue c'est délicat et risqué.

Julie — Concrètement, ça veut dire quoi ? On ne fait pas le lien avec les gens extérieurs à l'université ? On n'est pas tant d'étudiants que ça, et de plus en plus de non-étudiants se joignent spontanément à nous. Pourquoi ne pas décloisonner ?

Vanthan — Oui, mais sans naïveté : on n'accepte pas les syndicats et les partis, les associations politiques, les journalistes, les gens connus qui viennent faire leur pub.

Lucile — Ça fait exclusif ! Moi qui voulais inviter mon association inclusion-antidiscrimination.

Bryan — Vanthan a raison, il faut éviter les récupérations d'image et politicienne. Personne ne doit parler à notre place, d'autant plus qu'on ne sait pas encore bien ce qu'on veut faire passer. Prenons le temps.

Julie — Mais ça n'empêche pas Lucile d'inviter ses amis de l'association. Tout le monde peut venir, mais sans bannière. Ou alors on accepte toutes les bannières, mais dans ce cas, il faut qu'elles viennent toutes, sinon on va nous assimiler à une, et en tout état de cause, ça risque d'être la concurrence des bannières.

Franz — L'infiltration et les drames politiques auront lieu de toute façon. L'important, c'est de créer des possibilités de rencontres. Pour reprendre le mot de Julie, « décloisonner », c'est la clé. Quand les gens se connaissent, ça change tout. Et pour cela, il faut une ambiance conviviale.

Ariane — Je suis d'accord. Revenons à la base. Pourquoi sommes-nous là ? Parce que l'université ferme, les droits sont hors de prix, les cours sont trop spécialisés et orientés. Il y a de l'insécurité, les suicides ont augmenté à cause de l'isolement des étudiants, de la misère et des contraintes. La réponse est simple : ouvrons une université autonome avec des cours passionnants, détonants et sans dogmatisme. Donnons l'exemple d'un élan communautaire qui protège de la solitude et qui propose des regroupements en présentiel. Donnons l'exemple d'une alternative au système.

Bryan — C'est vrai. Et puis ça n'est pas grave si ça ne dure pas longtemps, du moment qu'on transmet le plaisir d'être ensemble. On ne sait jamais quelles graines cela va semer. Il y en a beaucoup d'autres qui prennent des initiatives comme nous. La mise en réseau que nous avons commencée me semble essentielle.

Approbation générale.

Lucile — C'est vrai ça ! Rien qu'avec nous, il y a déjà tous les continents et toutes les religions réunis !

Vanthan — Euh… malgré les apparences, je ne suis pas bouddhiste.

LUCILE — Moi si ! Mais depuis que j'ai découvert la *Bhagavad-Gîtâ* et le tantra, je crois que je vais passer à l'hindouisme.

JULIE — L'idée, c'est de créer une atmosphère tellement naturelle, sympa et accueillante, que la question du genre et des identités ne se poserait même pas.

ARIANE — Justement, c'est pour l'atmosphère que j'ai proposé à la compagnie artistique de venir. Sauf qu'on a aucun moyen de paiement et que je sais que ça représente un énorme boulot pour vous. On fera passer le chapeau.

FRANZ — Juste reconnaître le boulot, c'est déjà beaucoup. J'en ai parlé à la compagnie et tout le monde est ravi de participer à cet élan de groupe.

Enthousiasme général.

ARIANE — Pour le côté rencontre qui fait bouger les méninges, j'ai pensé à inviter Yaël.

FARID — C'est Sarah et Zoé qui te l'ont conseillée !

ARIANE — *Yes.*

LUCILE — Trop cool, elles sont trop géniales, ces filles. Je suis à fond pour inviter Yaël. Au fait, elles font quoi maintenant, Sarah et Zoé ?

ARIANE — Elles ont quitté leurs boulots respectifs et ont pris la direction d'un orphelinat. Alors OK pour la compagnie et pour Yaël ?

Approbation générale.

ARIANE — Maintenant qu'on est tombés à peu près d'accord sur l'état d'esprit, penchons-nous sur la logistique. C'est dans l'organisation que notre état d'esprit se transmettra. Un pour tous !

LES AUTRES — Tous pour un !

QUATRIÈME CORPS : NATURE

Plaisir

La cérémonie officielle ayant été rapide, froide et sans saveur, les plus proches de Simon décidèrent de récupérer les cendres pour les enterrer en haut de la vallée, là où Simon avait l'habitude d'amener les joueurs pour les échauffements. En haut de cette vallée qui surplombait le panorama, il faisait beau, chaud, les arbres étaient en fleur. La compagnie jouait des tambours, d'autres lançaient des pétales ou distribuaient des victuailles. Ornés de toutes les couleurs, chantant et bondissant, ils avaient l'air d'une procession celte hallucinée. Personne ne s'attendait à voir cent fois plus de monde qu'à la commémoration officielle. Ils creusèrent un trou, mirent une graine de pommier, jetèrent les cendres et se lancèrent dans des rites syncrétiques complètement improvisés. Ce fut un moment d'intense joie qui continuait celui du succès de la veille. La représentation de la compagnie à l'université avait drainé un monde de fou, et les gens avaient réclamé des bis à tout va. Le chapeau s'était transformé en un sac rempli de monnaies sonnantes et trébuchantes. Tout cela s'était terminé par une fête inoubliable. Quand la cérémonie prit fin sur le haut plateau, chacun rentra chez soi. Il ne restait plus que Farid et Ariane. Cette dernière, profondément recueillie, voulait encore demeurer près de Simon. Farid l'étreignit très fort dans ses bras. Ils pleurèrent longtemps, puis, Farid prit le chemin du retour en solitaire. Bien vite, il se retrouva perdu au milieu de la vallée.

Comme il avait du temps et qu'il faisait beau, il observa ce qui l'entourait. Il ne connaissait pas ce qu'on appelle la « nature », mais il avait une bonne notion de ce que pouvait être la « nature comme ennemie ». Quand il était petit, la famille fit un voyage éclair aux États-Unis, pour assister aux funérailles d'un proche. Il en avait un souvenir hypnotique : des routes larges, plates, luisantes. Tronçonnant le paysage sur des milliers de kilomètres, elles semblaient venues de nulle part, comme si elles avaient été catapultées du ciel, au milieu d'une végétation considérée comme trop sauvage. Faites pour les grandes vitesses, elles ne permettent à aucune sensation de s'inscrire dans la mémoire — en dehors de la route elle-même. Une immense dalle mortuaire qui recouvre la mémoire. On ne retrouve pas la douceur de la main de l'homme quand elle prolonge et suit le paysage. Rien n'est plus beau que ces architectures qui épousent la nature sans lui faire violence. À l'opposé, il s'était retrouvé à Cuba, à suivre un guérisseur qui lui parlait des traditions ancestrales concernant les plantes médicinales. Tout à coup, en plein milieu de la forêt, son interlocuteur lui dit, « mon père est sous cet arbre ». Voyant l'air effaré de Farid, il lui expliqua que cette forêt était un immense cimetière, aussi bien pour les animaux et les végétaux que pour les humains. Il ajouta : « L'énergie des plantes et de la forêt circule quand les morts nourrissent les vivants suivant les mutations naturelles. Manger est une transformation de la vie en mort, et de la mort en vie. Comprenez cette sagesse et votre santé sera restaurée. »

En parcourant la vallée, les souvenirs remontaient : les arrêts pour faire des flexions, les interminables pompes, les roulades sur la caillasse, les escalades aux arbres, tous les jeux épuisants ; et Simon hurlant : « Vous vouliez un bain de nature ? C'est ça, la nature : crachez vos poumons, suez, sentez vos muscles, et priez pour que ça s'arrête ! Vous croyez qu'on est là pour donner un nom aux arbres et aux oiseaux ? C'est pas la balade digestive du dimanche soir et moi chuis pas un guide de haute montage ! Chuis un ours, un ours qui va bouffer les rats des villes, si vous doublez pas la cadence ! Comment on mène un match ? Avec le cœur ! Si votre cœur, il est pas au top, vous tiendrez pas ! Et le cœur, on le trouve dans la nature ! Un cœur simple et qui bat longtemps ! Allez on bouge ! » Il faut dire que cet entraînement en avait fait une des meilleures équipes de la région. Simon avait eu plusieurs propositions alléchantes pour s'occuper des professionnels, ce à quoi il répondait : « Non merci, je n'ai jamais su remplacer le plaisir par de l'argent. »

Le regard de Farid tomba sur un chat sauvage. Celui-ci s'était trouvé une place parfaite pour se prélasser au soleil sur le haut d'un rocher. Son immobilité, ses yeux à demi fermés, ses petites oreilles qui frémissaient au moindre signe, tout donnait l'impression d'un apaisement infini. Ce fut un coup de bâton sur la tête de Farid. À cet instant, il sut que son destin allait changer de direction. Il comprit la cause de sa tendance à l'alcool et pourquoi il tombait en dépression : il voulait toujours être le bon élève, respecter le désir secret de sa mère et les valeurs sociales de la famille. Mais au fond, il voulait être comme l'âme de ce chat. Cette totale présence au plaisir, cet océan de paix. Qu'allait-il faire comme trader dans un milieu qui déjà l'ennuyait ? Rien que l'idée du golf lui donnait envie de s'enfiler une bouteille de whisky. Passer dans le moule ou à la moulinette, c'est du pareil au même. En troquant le plaisir d'être contre l'argent du mal-être, on suit la peur sociale. Peur du manque, peur d'être désigné ou de ne pas être vu. Dans cet univers conventionnel du devoir, celui qui ne demande rien et ne fait paraître aucune visée utilitaire est suspect. En croyant se plonger dans un nouvel océan de fortune, c'est une immense fosse commune que l'on creuse. Le foot ? Impossible avant longtemps. Il savait qu'il resterait loyal à Simon et que tout autre entraîneur lui semblerait fade. Il trouverait un autre sport d'équipe. Lucile ? Il aimait surtout rire avec elle et pas tant se perdre dans des débats idéologiques interminables. La musique ? Voilà ce qui faisait vibrer son âme de chat-poète ! En revanche, ses études lui avaient enseigné au moins une chose : ni passer sous silence ni se laisser réduire aux intérêts matériels, mais les assumer de manière à trouver en équipe des voies de compromis sans compromission. Être à la fois dans le système, à la limite, contre et en dehors. Il décida d'en parler sérieusement à Franz et à Marie.

Tandis que le chat l'inspirait, il plongea sa main dans sa poche pour y prendre une pièce. Il repensa à ce que lui disait Simon, quand il se sentait dévasté par l'indéfinissable nostalgie : « Tu sais, les planètes semblent suivre un cours régulier, mais étymologiquement elles signifient "errantes", "vagabondes". À partir du moment où tu suis ton instinct intérieur, prends le temps de te perdre à l'extérieur. C'est comme ça que ton instinct se transformera en orientation. C'est ce qu'on appelle l'expérience. » Farid jeta la pièce. Face chemin de gauche, pile chemin de droite. Ne pensant à rien, il se mit ainsi à errer, au gré du hasard, dans la vallée de son enfance. Jamais il ne s'était senti aussi bien.

Liberté

Ariane ne parvenait pas à se concentrer. Près des cendres, la douleur était trop intense. Il fallait se déplacer, trouver la bonne distance, la juste place. Elle se leva, se mit à marcher lentement pour trouver le bon angle de méditation. Sans bien s'en rendre compte, elle descendit la vallée avec la démarche étrange d'une égarée qui sait où elle va. Elle aperçut un entrebâillement dans la roche. Elle y pénétra, et après quelques mètres, se retrouva dans une petite grotte à l'intérieur de laquelle un cours d'eau jaillissait des parois. Elle s'installa sur le sol et se mit à observer le ruissellement.

Se repassant la cérémonie mortuaire officielle, elle fut prise d'un dégoût ancien. Depuis petite, elle connaissait l'ennui des cocktails parties, où tout le monde dissimule le manque de possibilité de plaisir. La seule satisfaction des riches se réduit à être le mur contre lequel s'écrasent les pauvres. L'idéologie brutale de la vie absente était étourdissante pour l'enfant. Elle écoutait ces adultes qui empêchaient le monde de penser, en s'empêchant eux-mêmes de penser. Pour échapper à ce carcan doré, elle s'était mise à penser trop tôt, trop vite et trop longtemps. Elle n'en pouvait plus de suivre les mille personnalités en elle qui voulaient tout et son contraire. Elle cherchait un état où son mental s'arrête de calculer, de retourner, d'interroger et de juger, comme si elle devait se prouver sa propre valeur à chaque instant. Elle restait paralysée dans des dilemmes insolvables et des décisions impossibles. La drogue était magique pour cela : tout semblait résolu dans une innocence retrouvée et une jouissance intense. Néanmoins, les effets de descente émotionnelle et physique devenaient trop chers payés. Le résultat était qu'elle était encore plus évanescente et que les pensées reprenaient de plus belle, avec un tour encore plus flottant. Voilà le problème de fond : elle avait peur d'être folle à lier, d'autant plus que ses parents lui faisaient bien ressentir qu'elle incarnait l'hystérique de la famille.

C'est là que Simon avait été une lumière au milieu des ténèbres. Il avait décelé son addiction et s'était contenté de dire : « J'espère que tu prends de la bonne qualité et que tu gères bien les retombées. » Elle n'avait rien dit tellement elle fut surprise. C'est elle, des semaines après, qui, éclatant en sanglots, s'était écroulée dans les bras de Simon. Elle lui raconta que cela durait depuis qu'elle avait 13 ans, qu'elle se sentait orpheline, qu'elle ne savait pas comment s'en sortir et qu'elle le suppliait de ne rien dire à la famille. Il l'accompagna quotidiennement et en toute discrétion. Elle se jugeait sans relâche et avec le plus grand mépris. Sentir le non-jugement de Simon fut le soutien le plus inconditionnel qu'elle pouvait espérer. Elle put progressivement récupérer son corps et sa pensée. Elle savait que Simon aurait détesté qu'elle se morfonde. Il lui répétait souvent : « Transmets ton intelligence et ton expérience de la vie aisée. Tu seras un phare pour tellement de gens. » Mais comment faire pour reprendre de l'énergie et de l'espoir, quand vous perdez le témoin et la référence de votre vie ?

Au milieu de la grotte, en profonde méditation, absorbée par la cascade, elle entendit l'eau lui parler. En temps normal, elle aurait été prise de panique, aurait mis la sonnette d'alarme et serait revenue à la raison en se traitant de tous les noms. Mais cette fois, elle se sourit à elle-même, ferma les yeux et tendit l'oreille à l'influx aquatique : « Ariane, te voici devenue chute d'eau, lieu de passage entre la terre et le ciel, là où peut se résoudre la dualité. Laisse ton labyrinthe mental te conduire jusqu'au bout des contradictions. Au centre de toi-même, tu sentiras qu'il n'y a ni centre ni soi, mais la puissance infinie du devenir. Laisse tes pensées rejoindre ce tourbillon. Ta partie animale te guidera jusqu'à ce qui unit les Cinq Corps. Tu as conquis le plus difficile en sortant de l'addiction chimique et intellectuelle. Fais-toi confiance. Tu ne feras ni allégeance aux seigneurs, ni aux rebelles qui font allégeance aux seigneurs. Tu ne tomberas ni dans le piège de la victimisation et de la hiérarchisation des victimes, ni dans celui de l'indifférence, de l'amour-propre et de la terreur. Tu as en toi tout ce dont tu as besoin pour déjouer les formes et retrouver les sentiers de l'écoulement régénérateur. »

Tandis que la voix se fondait dans le bruit de l'eau, une pensée très claire émergea. C'était catégorique : elle ne voulait plus être prise en otage par les logiques conformistes. Une immense colère montait en elle. Sa respiration s'amplifia. Elle ne voulait plus passer son temps à subir son mental tournant autour de lui-même, parce qu'il n'avait rien à quoi s'accrocher à part du narcissisme vide et angoissant. Étouffant de détresse, elle se mit à gémir. Elle sentait la nécessité de retrouver l'intraduisible, ce quelque chose qui ne s'achète pas, qui ne se laisse pas évaluer, posséder, enrôler. Elle tenait le fil. Elle ne comptait plus le lâcher. Oui : elle portait l'expérience de l'essentiel et sentait la force monter en elle. Comme disait Simon, « je t'ai seulement tenu la main, tu nous as montré le chemin ». Elle souhaitait, de tout son cœur, rester fidèle à cet instinct de liberté qui animait Simon. Il avait su transmettre cette sagesse — on ne savait trop comment — à qui pouvait l'entendre. Ce qu'ils venaient de faire tous ensemble dans la vallée, l'amitié naissante avec Farid qu'elle apprenait à connaître mieux, ce qu'elle avait osé dire à sa mère, tout cela était extraordinaire. Elle reprit son souffle et se mit à rire de joie. « À la fin de l'année, j'arrête les études de psy, je décampe de chez mes parents et je prends le temps qu'il faut. Le temps pour ressentir. En attendant, il faut entretenir ce qu'il se passe à l'université, peut-être sous d'autres formes. Jamais nous n'aurions pensé que notre occupation spontanée ait une telle résonance dans tous les milieux. Chaque jour de plus est une victoire sur la morosité et le fatalisme. Nous partageons tous cet appel qui vient des tripes, ce désir qui nous fait vibrer. Nous sommes en train de créer quelque chose pour nous tous. Demain, c'est la conférence avec Yaël. On va monter d'un cran et souffler. » Elle ouvrit les yeux. Il faisait noir. Elle se leva tranquillement et se dirigea vers la sortie de la grotte en assurant ses appuis. La nuit était tombée. Regardant autour d'elle sans rien voir, elle se demanda pourquoi on cherchait autant la lumière intérieure, alors que c'est en creusant l'ombre et l'obscurité que l'on trouve l'illumination.

CINQUIÈME CORPS: MONDE

Conversation sur l'Étant

Dans une grande salle de l'université se sont rassemblés une centaine d'étudiants, plus un grand nombre de personnes extérieures à l'université. Toutes les générations se mélangent. Sarah et Zoé, Adam et Alice, Farid et Ariane et tous leurs amis sont là également. Depuis quelques jours, de plus en plus de monde rejoint le mouvement, qui commence à dépasser largement le cadre estudiantin. Quelque chose d'importance est en train de se passer, sans qu'il soit encore possible de le définir. C'est une ambiance effervescente, amicale, joyeuse et concentrée. Debout, à même le sol, sur les chaises, les tables, dans le couloir, chacun essaye de se trouver une petite place. Les gens sont accueillants et s'entraident avec un plaisir évident. Après avoir présenté Yaël, qui est déjà connue de la plupart des participants, Ariane va s'asseoir, tandis que Yaël se lève pour être vue de tous :

YAËL — Je vous remercie de m'avoir invitée à ce cercle des poètes disparus. Aujourd'hui, je vous propose une conversation d'*outsiders* sur la Transe-Mutation. La parole sera libre. Racontez-nous une expérience personnelle, une lecture, un récit qui inspire. Dans notre univers étouffant, redonner vie à l'imaginaire est une priorité. Retrouvons la capacité de rêver. Que vos paroles raniment en nous les zones d'étrangeté radicale, les points de tension, les possibles les plus singuliers. Mettez le trouble dans nos consciences embuées. Faites frémir la substance de nos souvenirs. Apportez de l'air pur à nos cervelles pourries. Rappelez-nous que la Raison au service du Mouvement est un ravissement, que l'inverse est une dévastation. Osez aller au-delà de la division du travail et des savoirs. Pulvérisez l'expertise du monde marchand. Rappelez-nous que notre expérience intérieure n'est pas une banque de données. Soyez directs. Soyez proches. Éconduisez les médiations, aidez-nous à trouver la Transe. Apaisez le cours frénétique de nos pensées malades. Imposez-nous la poésie. Donnez-nous le Corps. Avec un nouveau regard, ouvrez les textes et les traditions. Exhumez les restes, les étincelles,

les occasions ; associez-les. Montrez-nous que la sagesse des fous est plus vivante que les consensus raisonnables. Parlez-nous de ces quelques poètes, penseurs et naufragés qui ont dû inventer des voies de passage, des radeaux de survie, des lieux aussi inutiles qu'inaccessibles. Ces insolites égarés ont pu faire preuve d'actes héroïques, mais le plus souvent, ils ont dû s'exprimer sous couvert, user de ruses et battre en retraite pour transmettre l'indomptable Mouvement.

Pour ouvrir la parole, je vais vous raconter l'histoire du Bouddha aux sept langues :

Très haut dans la montagne, sous l'œil bienveillant du Bouddha aux sept langues, les moines menaient une vie austère dans le silence de la prière et de la méditation en pleine nature. Un beau matin, les moines ne trouvèrent plus leur maître. Ils le cherchèrent partout pendant des semaines ; en vain. Ils finirent par s'habituer à son absence. Les années passèrent. Un jour que deux moines allaient puiser de l'eau dans la ville, ils remarquèrent un ivrogne dormant profondément sur le pas d'un bastringue. Ils voulurent lui donner un peu d'eau et, ô surprise, ils reconnurent leur maître. Ils lui demandèrent pourquoi il avait si soudainement quitté le temple. Il leur dit ceci :

« Il y a des années de cela, je m'abandonnais facilement, et en toutes choses, à la voie impulsive de mon cœur. Je pensais être spontané, authentique et souverainement indépendant. Mais avec le temps et les mauvaises expériences qui se répétaient, je compris que je ne faisais que me fuir moi-même et suivre, sans le savoir, les valeurs sociales en cours. Je perdis confiance en moi. Je suis donc venu au temple pour sortir du grégarisme urbain et apaiser mon cœur. Au rythme de la prière, j'ai trouvé repos et clarté. Mais après toutes ces années si proches de la cadence naturelle, je me suis aperçu que ma vie au temple ne me permettait toujours pas d'avoir un accès direct à mon cœur. Le silence, les rites et la prière étaient encore des médiations. Apaiser ou suivre avec impétuosité mon cœur et mon instinct, c'était insuffisant pour trouver la sérénité. Je commençais à dépérir. Je suis donc retourné dans la ville, d'abord juste pour flairer.

Puis, ensuite, au milieu du chaos, j'ai retrouvé l'envie de vivre. Je vivais les multiples plaisirs et passions sans chercher à les renouveler, et ne me laissais plus prendre par les séductions et les pressions sociales. Maintenant, les pauvres, les malades et toutes les personnes dites viles viennent profiter de ma présence. Bien que les gens disent que mes mots ne vont jamais dans le sens de l'ordre établi, de plus en plus de personnes de tous les horizons viennent m'écouter et me tenir compagnie. Comme je parle avec tout le monde sans distinction, on dit que j'ai sept langues. Voyez-vous, mes chers amis de prière, grâce à mon absence, vous avez appris que le temple peut se passer d'un maître, et moi, j'ai appris que c'est en allant vers les foules et en les accueillant que mon cœur trouve la paix. »

La parole est à vous.

La voie de la philosophie ou la libération de l'esprit

Comme certains le savent, je suis professeure de philosophie dans cette université même. Ce rassemblement informel et audacieux me rappelle un moment très important dans la pensée moderne. Alors qu'il est au milieu d'une carrière déjà bien avancée, Emmanuel Kant lit le philosophe écossais David Hume. C'est un choc. Il lui rend hommage en écrivant : « J'avoue de grand cœur que c'est à David Hume que je dois d'être sorti de mon sommeil dogmatique et d'avoir donné à mes recherches philosophiques une direction toute nouvelle. » Je tiens à vous remercier en des termes similaires : « J'avoue de grand cœur que c'est grâce à votre mouvement hors les murs que je dois d'être sorti de mon sommeil conformiste et d'avoir donné à mes recherches philosophiques un sens que je ne trouvais plus. » Votre soulèvement redonne une chance à la réflexion, redonne vie à la liberté et me redonne l'énergie de m'engager en dehors des sentiers battus. Je sais que pour beaucoup d'entre vous la philosophie semble une matière technique et compliquée. Je veux profiter de cette occasion pour ouvrir avec vous — ou plutôt rouvrir — la voie originelle de la philosophie. Quand Socrate est condamné à mort par sa propre cité pour avoir « corrompu les âmes » en faisant de la philosophie, il lance un appel aux futures générations : mieux vaut vivre dans l'amour de la sagesse, quitte à en mourir, que vivre dans la haine de la vie. Votre mouvement se relie sans le savoir — et tant mieux — avec cette longue lignée occidentale enfouie et rendue invisible. C'est de ce lien que j'aimerais vous parler aujourd'hui.

Il y a quatre siècles, sur notre continent, un certain Giordano Bruno a suivi une voie aussi exaltante que périlleuse. Pour avoir été cohérent jusqu'au bout, il sera déclaré hérétique, torturé longuement, puis brûlé vif par l'Inquisition pontificale de l'époque. Que lui a-t-on reproché ? L'acte d'accusation évolue, mais ce qui revient : le rejet de certains dogmes catholiques, sa pratique de la magie, une vision cosmologique schismatique. Les chefs d'accusation sont en réalité secondaires : l'institution faisait le procès de tout esprit libre.

Pourquoi les feux abominables de la persécution se sont-ils allumés ? Giordano Bruno ne se laissa jamais enfermer dans le carcan des dogmes. Il n'hésita pas à aller voir du côté de la Réforme, à se défroquer, à se convertir. Ne croyant pas dans la vertu des hiérarchies, il confronta la dissidence et s'en détacha également. Je le vois errer de savoir en savoir, de comté en comté. Il respecte et traverse toutes les religions. Il prend en compte le modèle aristotélicien, mais aussi celui de Kepler, se rapproche du bouddhisme, se plonge dans la Kabbale. Il est attiré par les enseignements étranges et secondaires : la magie, l'alimentation, la mnémotechnique. Il est souple, multiforme, polymorphe. Il ne normalise pas la connaissance. Il apprend toujours avec passion. Il est proche aussi bien des préoccupations du noble et du savant que de celles du peuple. Il apprend, transmet, confronte. Par le libre jeu de la pensée, il défait les doctrines, se libère des entraves des religions, se hisse au-dessus de l'ordre établi et des autorités de toutes sortes.

Oui, le soleil est au centre de l'univers. Oui, il faut envisager le mouvement d'un corps de manière relative. Oui, Copernic, Kepler, et plus tard Galilée, valent la peine d'être entendus. Cependant, les scientifiques considèrent que la matière n'ayant pas d'âme, le monde est pour eux comme une horloge. L'homme qui transforme le monde en horloge et s'y conforme devient une horloge lui-même. Qu'importe le problème de la causalité, si c'est pour piéger l'âme dans une machine de torture qui ne s'arrête jamais. Galilée remplacera un dogme par un autre ; les scientifiques veulent avoir raison et devenir pape à la place du pape. Bruno propose non pas de savoir et d'avoir raison, mais d'habiter le monde. C'est pourquoi il se tourne vers la magie.

Contre la mécanique de la maîtrise, Giordano pratique la magie. Elle relie les êtres de manière spirituelle et imprévisible. Ce qui fait un bon magicien : d'abord la foi — dans le sens large de la confiance. Puis : les incantations et les formules magiques pour lier ou délier. Elles doivent être accompagnées de la persuasion pour imprimer de nouvelles images dans l'esprit quotidiennement en proie à la peur. Ensuite : connaître le corps, les drogues et les aliments ; la médecine fait partie des opérations magiques. Enfin : l'utilisation des symboles. Il ne prétend pas, comme Kepler, rechercher une validité objective de l'influence des planètes. Les symboles — notamment ceux de l'astrologie — parlent de l'univers humain et civilisé. Ils se répondent à l'intérieur de notre psyché collective, sans avoir besoin d'un référent objectif et externe. C'est justement ce qui fait leur force : ils sont subjectifs. La science dévalorise l'homme vivant pour en faire une installation mesurable. Le symbole doit être utilisé pour un moment. Il est un tremplin pour aller toucher la consistance spirituelle qui dépasse le symbolique. Ce qui intéresse Bruno dans la magie, ce n'est pas tant la possibilité d'influer et d'obtenir du pouvoir qu'une possibilité de s'approcher de la continuité spirituelle de l'univers. À travers la magie, il peut goûter à la mystérieuse sympathie ou antipathie harmonique qui dirige le monde. Or les plus puissantes vibrations du monde présentent davantage de dissonances que de consonances, davantage de frottements créatifs que de distances ordonnées. L'Occident se fourvoie dans l'harmonisation tempérée des chiffres et des nombres. Nous devrions nous ouvrir aux secrets de l'Un et des mondes parallèles, grâce aux inflexions indéchiffrables des orients aux couleurs de l'entre-deux.

L'intuition de Giordano est simple : Dieu — ou l'Âme du Monde — est un et infini. Il s'agit dès lors de rester fidèle à la cohérence. « Il n'y a aucun astre au milieu de l'univers, parce que celui-ci s'étend également dans toutes ses directions. » « Toutes les âmes font partie de l'âme de l'Univers, et tous les êtres à la fin sont Un. » L'âme est partout et dans tout. Elle est indivisible donc immatérielle. Le corps faisant partie de Dieu, il est également immatériel. Quelle étrange proposition ! Nous avons la considération la plus profonde sur le matérialisme. L'âme et le corps sont immatériels dans la mesure où ils ne peuvent être divisés ; ils sont matériels en ce qu'ils sont en continuité permanente avec l'Âme du Monde. En revanche, le matérialisme scientifique divise et rompt en tous sens l'âme et le corps. Les rationalités ne sont ni matérialiste ni spiritualiste, elles sont « objectivistes » : elles se préoccupent seulement de transformer l'existence en objets. L'univers est un organisme en mutation, et à ce titre : le néant n'existe pas, la mort et la vie sont consubstantiellement liées, Dieu n'est pas subordonné au bien, les éléments, les plantes, les animaux, et tout ce qui existe a le droit au respect. Le magicien — qui est à la fois philosophe, médecin et musicien — contemple et pénètre l'épaisseur de la matière de l'Âme du Monde, afin d'en suivre le mouvement perpétuel, car tout contre-courant sera violence.

Giordano Bruno est au fond habité par les penseurs d'Asie mineure du VIe siècle av. J.-C. Ils transmettent les sagesses d'Égypte, de Mésopotamie, d'Anatolie et d'ailleurs[2]. Il se joue en cette période de

2 Les penseurs qui ont vécu entre le VIe siècle av. J.-C. jusqu'au IVe siècle av. J.-C. appelés à tort « présocratiques » ont participé aux origines de la philosophie, notamment en transmettant les savoirs des actuelles Grèce, Italie et Turquie (Ionie). Cette dernière était l'espace de passage des philosophies du Moyen-Orient et de l'Asie vers l'Europe. Les penseurs les plus connus de cette période sont : Anaximandre, Pythagore, Héraclite, Parménide, Anaxagore, Empédocle, Zénon et Démocrite.

l'Occident un moment crucial où l'homme trouve une certaine harmonie avec la nature, équilibre qui rappelle celui de la médecine traditionnelle chinoise. La raison ne s'acharne pas à réduire l'homme à des lois mesurables par la science ni ne violente la nature avec la technique. Cette proximité avec le corps et la nature va inspirer les humanistes de la Renaissance, dont Giordano fait partie. Pour ces esprits libres, le néant n'existe pas, l'univers est infini et comporte une infinité de mondes, les forces universelles qui animent le cosmos sont réelles. L'âme est vibrante, le corps est subtil ; rien ne les sépare, tout se métamorphose. Les tourbillons d'atomes, la puissance des éléments, les attractions et les déliaisons, l'écoulement à la fois un et multiple, les mutations inexorables et contingentes font la texture du cosmos. Dieu est une substance tangible que l'on peut contacter et ressentir. Comme l'avait précisé Épicure, le sens du toucher est le plus prééminent et originel. Un regard, un mot, une émotion nous touchent. Ce cosmos est si présent aux sens et au mental de l'esprit libre qu'il ne cherche plus un autre sens en dehors que celui d'être présent et de vivre intensément. Il creuse et célèbre le monde par la seule passion de dialoguer avec lui pour mieux y habiter. Avec Socrate et Platon, cette harmonie va vriller pour pencher vers le règne de la maîtrise et de la rationalisation. Le sens passe du côté de l'imperceptible, de l'immuable et de la transcendance lointaine. Vivre n'est plus une raison suffisante. La philosophie ne parlera plus que d'équivalence, de conciliation et de juste mesure. S'effondre alors tout un rapport d'ouverture et de complicité avec la nature, l'orient, la magie, et l'inconnu sous toutes ses formes.

Dans la lignée des penseurs d'Asie mineure, d'Épicure et de Giordano, un autre philosophe, lui aussi à part, va reprendre cette approche et redonner fougue, magie et sagesse. Spinoza sera lui aussi gravement menacé, puis excommunié en 1656 par les représentants religieux de sa culture d'origine juive. Sa famille ayant dû s'exiler au royaume des Pays-Bas, loin des origines portugaises, il remettra à jour les anciennes idées : Dieu et la nature sont une seule et même substance, la pensée et le sensible qui en dérivent ne sont pas séparés, la puissance du corps est encore inconnue, il existe d'autres approches que l'intelligible et le sensible, chacun est une partie de la substance divine, nous sommes tous unis par cette substance, la substance est le mouvement continu de ce qui existe. Ce que nous nommons politique est le point de vue de l'union entre tous rendu possible par le mouvement divin. La morale et le jugement sont des croyances séparatistes à éviter. Et surtout, il existe une manière d'entrer en contact avec la puissance divine : la connaissance intuitive supérieure. Il est impossible de définir et de décrire comment parvenir à cette intuition ; elle n'est pas de l'ordre de la volonté. En revanche, en s'efforçant de s'extirper des idéologies, en ressentant l'énergie qui anime le tout, la Présence viendra à nous. Giordano Bruno n'a pas trouvé le plaisir de vivre et le courage de mourir dans les spéculations incertaines et changeantes, mais dans cette Présence évidente qui se donne dans l'insondable de notre intimité.

Prendre la voie de l'esprit libre n'est pas de tout repos, mais elle nous ouvre des mondes d'une beauté incroyable, et nous apporte tout ce dont nous avons besoin pour vouloir continuer à vivre sans craindre de mourir.

La voie de l'art ou la libération du sensible

Je suis musicien, compositeur et chef d'orchestre. Pratiquement autodidacte, je n'ai jamais mis les pieds dans une université. Mais dans ces conditions, c'est plutôt exaltant. Le choix de la musique n'a pas été facile, car c'est une carrière très incertaine. La musique s'est imposée à moi comme le meilleur médium pour entrer dans une transe qui me relie à un autre temps, et où il est possible de contacter tous les types d'« esprits ». En Occident, l'art semble être un des derniers bastions où il est toléré d'être rêveur, illuminé, poète et fou. Mais très vite, le métier m'a fait comprendre qu'il y a une rude bataille entre sa sensibilité spontanée et les forces de la bien-pensance qui veulent accaparer le pouvoir enchanteur de la musique. En me confrontant au système de pouvoir — en moi et à l'extérieur de moi —, la musique m'a ouvert aux secrets du monde sensible, tout en éveillant une puissante révolte contre son destin marchand. Il faut bien comprendre le contexte artistique pour surmonter les obstacles et ne pas tomber dans l'attitude du rebelle naïf qui ne cesse de trahir la rébellion. Le désastre, c'est quand la spontanéité se prend comme modèle et se dévoile n'être qu'un simple produit de plus.

Il faut que vous le sachiez : l'industrie culturelle et leurs agents absorbent notre créativité. Ils prétendent s'aligner sur le désir du consommateur, alors qu'ils le formatent en favorisant et en propageant les phénomènes de répétition et d'imitation. Par exemple, aujourd'hui, le numérique et les robots sont en vogue. Quand j'écoute des interprétations classiques à partir de sons numérisés arrangés superbement, ou que j'assiste à un concert dont le rappeur est une image en trois dimensions, je me demande : à quand un public de robots ? En fait, c'est déjà fait : nous sommes devenus des robots. L'idolâtrie ne se porte plus sur un être réel, mais sur une image politiquement correcte crachée par les algorithmes. La star, ce n'est plus le vivant mais la technique avec ce qu'elle propose de faux-semblants. L'art vivant devient un produit de luxe. Avoir comme idéal un ange, un homme ou un robot revient un peu au même. Je vois que l'ivresse technique va dans le sens d'une chosification générale, et que l'industrie culturelle y participe pour des raisons financières et politiques. Le problème qui se pose à nous, artistes, est que nous avons le devoir de masquer les dessous de la fabrication. Nous devons nous abstenir de parler d'argent, de notre situation misérable et de ce que nous voyons. Pourquoi ? Pour une simple et bonne raison : *the show must go on*. Le public doit rêver. Plus on donne du rêve, plus on investit dans le produit. En résumé : de l'idolâtrie, du spectacle, de la déconnexion et de l'argent. Cela soulève un autre problème : dans l'art, le collectif est exclu. Le schéma fétichiste se concentre sur la valorisation d'une entité individuelle. Le résultat paradoxal est que nous produisons tous la même chose. L'individu isolé ne produit pas de la singularité, mais du conformisme. En fin de compte, il n'y a plus de singularité, mais seulement des corps éclatés. C'est là, souvent, que nous perdons le désir de continuer.

Face à cette déroute vécue tous les jours dans ma chair, j'ai fait une pause. Retour au vide. Reculer, sortir de l'agitation. Se rassembler. Stopper la répétition. Revenir après le coma. Goûter à ce qui semble insipide. Trouver le rythme, la patience et la ténacité. Contacter ce temps interne arraché à la marchandise pour réveiller en moi cet autre espace. Initier un autre circuit. Sortir de l'hypnose de la reconnaissance institutionnelle et du trauma narcissique.

Je me mis à jouer une seule note pendant des heures. À la fin de sa vie, Beethoven se collait à la caisse de résonance de son piano et répétait cent fois le même accord très lentement. Ses amis ne comprenaient pas pourquoi. C'est après un moment qu'ils s'aperçurent qu'il était devenu sourd. En fait, il ne composait plus avec l'audition, mais avec la vibration qui passait dans son corps. C'est dans cette période qu'il a créé ses plus belles œuvres. J'ai laissé ma baguette de chef, j'ai laissé mon piano, mes partitions, mon milieu. J'ai jeté mon diapason. Je suis parti à la recherche de la vibration, telle que l'entend Schopenhauer pour qui la musique est l'expression primordiale des passages de la vie et de la mort. Ce fut un long détour par l'étrangeté jusqu'aux confins du monde.

Contre toute attente, c'est dans la musique amplifiée que je trouvais un grondement qui réveillait l'ancienne pulsion. La violence de ce qui hurle son emprisonnement, et par la force de ce hurlement, commence à se dégager du bourbier. La folie poétique permettait au désir de se sentir libre de monter. Les oscillations reformaient entièrement l'intérieur de mon corps. J'étais animé d'une humeur intempestive et d'une intensité attractive. Cela prenait l'allure d'une addiction. À quel moment la violence des pulsions et la fureur de l'émotion transcenderont le cadre conventionnel et les symétries ? La musique ne suffisant plus, l'onde me souffla qu'elle était aussi vision. Je parcourais les musées, avec entre les mains des caricatures et des bandes dessinées de second ordre. Je regardais les architectures d'une manière biaisée. Ne voyant que des transitions entre les édifices, je mélangeais les langages de la nature et de l'humain. Les frontières s'abolissaient. Une seule courbe liait tous les continents. Les couleurs et les formes m'emportaient sans que je n'y comprisse rien. En tombant sur le regard des passants, je voyais que j'avais l'air d'un fou. J'allais vers des compositions primaires. La liberté était moins grandiose que je ne le pensais. Je continuais ma descente et inventais des orchestres de coquillages et de pierres. Je suivais les lentes ondulations des plantes. Je pris un sérieux coup de vieux. Mes allers-retours entre l'Altaï et le Dahomey m'avaient métamorphosé en une sorte de loup errant entre les steppes de béton et le bois sauvage. Mon art devint une poubelle. Je choisissais dans le tri sélectif et le recyclage des citoyens modèles les nouveaux matériaux de récupération pour construire des dieux ordures sur des musiques de déchets.

Alors que je jouais une douce mélopée sur mon tambour préhistorique, en dessous des murailles d'un antique château religieux, je vis le printemps jaillir de nouveau. Je repris mes anciennes partitions. L'humain est trop présent. L'identité, le sens, la langue massacrent le printemps. Je remplaçais les voix humaines par des flûtes, des clarinettes et des violons. Je déclassifiais les modes musicaux et les modulations. Revenait d'entre les morts le chant de la dissonance pure, celle qui fait dévier du schéma et qui célèbre le plaisir. Ce frottement indicible et délicieux qui relance l'organisme. Je ne cédais pas à la tentation de faire de la dissonance un système : à coup sûr, l'inspiration aurait été perdue. La dissonance qui se résout vous porte au néant, la dissonance qui ne se résout pas vous rappelle à la vie. Je compris que la recherche du néant comme rédemption apporte l'enfer sur terre. Je compris que la jouissance et la souffrance fusionnent dans le mal-être. Je compris qu'il n'y avait ni salut ni absurde. Ayant réalisé que la possession est matrice de la chosification et n'ayant plus peur du jugement de Dieu, je compris pour finir que l'abandon au plaisir ultime, ce serait abandonner ce qui en moi aspirait à devenir.

Ma conscience du temps et de l'espace ayant disparu, les œuvres entières se mirent à vibrer simultanément sur un autre plan. J'appliquais à la lettre le conseil de mon premier maître de direction d'orchestre : « Ne corrige pas les musiciens. Sois présent. Contente-toi de battre vaguement la mesure. Laisse l'orchestre vivre. Par la simple écoute, tu trouveras la justesse. » J'avais ouvert une dimension intuitive où le microscopique et le macroscopique se rejoignent dans un état incantatoire. L'orchestre épousait les variations du flux. Si vous poussez cette sensation, vous retrouvez une unité corporelle — je veux dire dans vos propres organes, mais aussi entre le corps et l'âme. Si vous poussez encore, vous trouvez les présences étincelantes des autres. J'ai approfondi cette sensation dans la musique, puis hors de la musique. Dans cet état d'être, j'ai rejoué les polyphonies. Elles ne sont plus apparues comme de simples exercices mathématiques, mais comme un espace et une durée agis et traversés par des niveaux de présence. La dialectique du contrepoint n'était plus la recherche de la proportion, mais un élan pour retrouver le Mouvement en soi et hors de soi. Mon professeur de composition critiquait les erreurs d'harmonie de tel ou tel artiste. J'ai su en cet instant que ces artistes avaient franchi le cap : celui de rompre le cadre, non par anticonformisme, mais par nécessité de laisser le Mouvement jaillir. J'ai abordé la vie avec ce nouveau mode d'approche sensible et spirituel. Je ne recherchais plus ni l'œuvre, ni le produit, ni même l'artiste. Je repris goût à la création.

La voie de Dionysos ou la transe exaltée

Je suis comédien-chanteur de comédie musicale et j'aimerais vous faire part d'une vive discussion que j'ai eue avec mon metteur en scène. Il a dit à l'ensemble du chœur que nous ne suivions pas « le courant de la transe dionysiaque », que notre jeu d'acteur « ne touche pas à la profondeur de l'art qui est tragique » et que « les prochaines répétitions se porteront sur une réflexion autour de *La Naissance de la tragédie* de Nietzsche ». Je me suis donc mis à lire ce texte. Il m'a donné une illumination fulgurante sur le Mouvement, et en même temps, j'ai ressenti de manière sournoise l'exact contraire du Mouvement. Le défi a été de me laisser complètement emporter par le flux énergétique du style, sans pour autant perdre mon instinct quant à l'idéologie sous-jacente du texte. En effet, tout en s'enlisant régulièrement dans une pensée élitiste et eugéniste, l'auteur trace une perspective esthétique extraordinaire. Ce dialogue évolutif — qui prend les allures d'un combat — est sans doute le plus beau cadeau qu'un livre puisse nous offrir. J'en viens aux faits.

Je partage absolument le point de vue de Nietzsche, quand il dit que nous sommes atteints de socratisme. Comme Socrate, notre culture prône l'ordre causal contre l'état d'âme musical. Nous préférons contrôler nos pulsions plutôt que de suivre notre instinct ; nous préférons ergoter plutôt que ressentir ; nous préférons la pensée à l'ivresse. Pour que notre esprit reste maître, nous asséchons les mélodies, nous instituons la danse, nous banalisons l'émotion. L'industrie du loisir, du spectacle et de l'évasion est une installation conçue par le système pour oublier les souffrances causées par le système. L'optimisme de Socrate — qui est celui du progrès — valorise la voie de l'adaptation qui suppose l'élimination volontaire des élans de liberté. La castration philosophique, qui consiste à mettre les arts au service du beau, du vertueux et du bonheur, est le signe que l'artiste, le public et la culture ont perdu leur puissance instinctive. Le rationnel, le conscient, le raisonné — c'est-à-dire l'ordre — ont étouffé le Mouvement. Dans la lignée de Socrate, Platon démontrera que le tyran-philosophe doit s'emparer du trône par tous les moyens, pour sauver la cité de la décadence. Ce dictateur vertueux devra avant tout « jeter les flûtistes par-dessus les murs de la cité ». Le joueur de flûte dévoie le souffle. Le souffle doit se transformer en paroles droites et raisonnables, et en aucun cas jouer sur les inflexions dissonantes qui réveillent les sentiments endormis. Le musicien hors la loi est dangereux. Il résonne dans les entrailles. Il fait naître le désir de prendre place, de prendre de l'espace et de pulvériser les murs qui enserrent les forces impétueuses.

C'est pourquoi, comme Nietzsche, je suis pessimiste. Le pessimisme, ce n'est pas proclamer le malheur inévitable ; c'est avoir le sens tragique. Le tragique, c'est retrouver sa liberté en refusant le bonheur obligatoire et le dilemme entre la possibilité de bonheur et l'accès à la liberté. La production artistique s'est spécialisée dans la ruine du pessimisme. Il n'est plus question que de conformisme : action, calcul, romances, raffinement psychologique, critiques autoréférencées, cahier des charges devant suivre méticuleusement la mode et les politiques de profit. La vigueur a été mise au service de l'hypnose lénifiante. L'art est devenu une arme pour les empires. L'homme théorique, l'homme abstrait, l'homme socratique est derrière chaque caméra. Il participe à l'extension de la morosité et de l'adrénaline. À ce compte-là, l'idéal est de ressentir le moins possible et tous de la même manière. Dans ces moments d'effondrement, même Platon cherche de nouveaux stimulants. C'est ce que constate Aristote. Il pose alors la question suivante formulée sous le « problème XXX » : pourquoi les « génies » sont-ils atteints de mélancolie et de délire ? Le philosophe émet l'hypothèse que la bile noire remontant trop soudainement dans le cerveau, elle inspire les créateurs, mais en même temps les rend fou. Fallait-il en faire un problème médico-philosophique ? Il suffit d'écouter les gémissements de Platon… entendez-le… il s'est réfugié… secrètement et seul dans sa caverne… le voici qui se met à chanter… c'est le flûtiste refoulé qui revient à lui !

Pour sortir de la prison de l'homme socratique, il nous faut retrouver la puissance vitale de Dionysos. Nietzsche nous propose une dialectique bien particulière. Je me permets une traduction française de notre auteur : « Une tromperie apollinienne doit sauver de l'identification immédiate à la musique dionysiaque. Cette tromperie s'applique à créer un monde intermédiaire qui permet à notre excitation musicale de se décharger sur un terrain apollinien. » « Ce plaisir pris à l'apparence se change en satisfaction supérieure de l'anéantissement de l'apparence. » C'est alors que, « en chantant et dansant, l'homme assume qu'il est devenu le membre d'une communauté supérieure : ayant perdu l'usage de la marche et de la parole, il est en passe de s'élever dans les airs en dansant ». « Dionysos parle la langue d'Apollon, mais Apollon finit par parler la langue de Dionysos : ce par quoi le but suprême de la tragédie et de l'art est atteint. » Où est-ce que notre poète-philosophe veut-il nous emmener ?

Selon notre auteur, Dionysos, c'est le retour au corps. Ce retour permet la montée de l'élan tragique qui dissout le principe d'individuation. L'anéantissement de la volonté individuelle — qui reste renfermée sur elle-même dans un calcul perpétuel — permet l'émergence de la conscience et l'ivresse du tout. Cette ascension vers la puissance du devenir réduit en poussière les spectacles, le progrès et l'inconscient. Le satyre reprend sa flûte. Il peut jouer librement et renouer avec le monde des mythes, de la musique et de la présence. Ce n'est pas que la poésie ait exclu définitivement le concept ; elle le tolère, du moment qu'il ne cherche pas à prendre l'ascendant sur le Mouvement.

Toutefois, cette montée tragique est trop violente pour nos corps et nos humaines consciences. Il nous faut un médiateur. Ce sera Apollon. Ce dernier nous permet d'oser se livrer au tout. Il invente les tromperies nécessaires pour recevoir la puissance du Mouvement. Cette tromperie utilise les subterfuges de l'apparence, de l'art et de la contemplation. Apollon met sous forme d'image, de métaphore et de mythe la présence trop puissante de Dionysos. Nous ne sommes pas habitués à l'éclatante lumière ; on risquerait d'y perdre la vue.

Mais voilà. C'est toujours là, en pleine exaltation, que je fais une chute libre. Apollon est censé nous sauver de l'autoanéantissement dionysiaque en cultivant l'apparence. Cela pose deux problèmes. Comment peut-on être en contact direct avec le Mouvement s'il y a un médiateur ? Comment le culte de l'apparence, de la forme et de l'identité peut-il nous mener à la dissolution dans le tout qui est par essence sans idéal, sans forme et sans identité ? Cette contradiction est insoluble. Pour dissimuler cette contradiction, Nietzsche nous fait rêver de manière bâtarde. Il propose de se dissoudre, mais avec la garantie de garder sa forme. Il propose de se jeter dans le vide, mais avec un dispositif de sauvetage. Il propose de ressentir le tout, mais en gardant la bonne distance de sécurité. Tout simplement : il n'ose pas jusqu'au bout. Et ce faisant, il compense avec une euphorie forcenée. Du côté théorique, il applique la même méthode.

Le Mouvement, qui est censé être « par-delà le bien et le mal », participe à « la communauté supérieure ». Selon notre dialecticien, le Mouvement n'est pas hors valeur, il est la valeur supérieure. Mieux vaut inverser les valeurs que les abandonner. Le chaos, le devenir, l'indomptable deviennent des jugements, des critères, des forçages. Nous devions nous élever en dansant, et nous voilà avec un lourd programme pour l'humanité. Nous devions suivre la matière qui crée par elle-même, et nous voilà en train de la façonner selon un modèle impérial. Nous devions communier avec le tout, et nous voilà en train de bâtir une République des élites. Il faut lui reconnaître le génie du marketing qui consiste à dissimuler la contradiction et à recycler un ancien produit en le faisant resplendir de mille feux. Finalement, c'est Dionysos qui est parlé par Apollon, à l'instar de Nietzsche qui est parlé par Socrate. Comme Wagner est un artiste qui se veut philosophe, Nietzsche est un philosophe qui se veut artiste. Ils sont les deux à la fois, mais de manière conflictuelle et contradictoire. Peut-être est-ce pour cela que la folie surplombe leurs œuvres. Pour ma part, je me relie, dans les deux cas, à l'artiste plutôt qu'au philosophe. Je préfère me laisser emporter par l'énergie de leur corps que par le champ nihiliste de leurs idées.

Après cette lecture à la nitroglycérine, je me suis demandé : comment suivre Dionysos sans disparaître dans le tout — ce qui est effrayant — et sans passer par la médiation retorse d'Apollon ? Je me suis souvenu que Dionysos n'était ni indien, ni grec, ni oriental, mais égyptien, c'est-à-dire africain. Après avoir recontacté le Mouvement, *via* la mystique indienne et l'art grec, ne faut-il pas se tourner vers nos origines égyptiennes pour que Dionysos ne se perde pas dans le dédale de Socrate ?

La voie de la Kabbale ou la réparation du dragon

Puisque nous parlons de l'Égypte et de la Transe-Mutation, je dois vous rapporter ce que racontait mon grand-père. Il aimait particulièrement la Kabbale qui est une tradition plus mystique que religieuse. Avant de fuir la Pologne pour se réfugier en France, il était rabbin de plusieurs *shtetl* — bourgades ou quartier juifs — et dirigeait une *Yeshiva* — école d'étude des textes sacrés. Il était *hassidim*, c'est-à-dire un religieux qui suit le chemin de la ferveur, de la joie et de la danse pour rejoindre Yahvé. Hassidim vient du mot *héssèd* qui se rapproche du mot *philotès* en grec : un sentiment spontané de sympathie qui n'a pas besoin de forme juridique ou morale. C'est le même lien d'amitié dont parle Jésus dans l'Évangile selon saint Jean, lorsqu'il demande à ses disciples de ne pas le considérer comme un maître mais comme un ami. Mon grand-père était très attaché à la figure d'Abraham et à celle de Sabbataï Tsevi. Ce dernier fut considéré comme le Messie par un grand nombre de juifs du XVIIe siècle, avant qu'il ne soit contraint de se convertir à l'islam. Cette conversion de force ne l'empêcha pas de pratiquer secrètement sa pratique kabbalistique, ce qui lui vaudra d'être exilé par le Sultan. Sabbataï Tsevi inventa une spiritualité fusionnant les trois monothéismes selon une approche universelle. À la fin de sa vie, mon grand-père était lassé d'étudier le Talmud qui interprète les cinq livres sacrés du judaïsme, ou Torah. Avant que je m'endorme, il venait le soir me raconter les allégories mystérieuses de la Kabbale. Il disait qu'il avait fini par comprendre une vérité simple, qui ne pouvait s'enseigner officiellement : la réparation du Dragon.

Pour comprendre cette vision originale, il faut rappeler que le Talmud se fonde sur les tables de la loi de l'arbre de la connaissance du bien et du mal, tandis que la Kabbale se fonde sur les pierres de l'arbre de vie. Le premier se focalise sur la transformation des pierres en lois, le second épouse la mutation qui agit dans la simple pierre. Le premier se confie à l'écriture de la loi, le second se relie à la vie pure sans écriture ni loi. Mon grand-père a donc mené son enquête sur ce qui pouvait être antérieur aux tables de la loi de Moïse. Il est donc parti de la Kabbale, selon laquelle Dieu est une énergie lumineuse (*en sof*) qui se diffuse en toutes choses. Le contact avec ce dieu énergétique s'établit à la fois à travers les dix transformations de l'énergie en « concepts » fondamentaux (*sephirot*), et grâce à la combinatoire incantatoire des chiffres et des lettres. Mon grand-père s'est alors mis à imaginer une explication historique — sans doute bien fantaisiste. Mais le Livre n'est-il pas la plus belle fiction ?

Il étudia longtemps la Torah, où Dieu octroie à Abraham une terre beaucoup plus vaste qu'Israël et qui correspond à l'humanité entière[3], ainsi que les sourates 26 à 29 du Coran. Il s'appuya également sur une analyse critique de la Septante qui est la version grecque de la Bible, et sur une analyse des hiéroglyphes égyptiens. De ces recherches, il en tirait la conclusion suivante : les Hébreux étaient les prêtres spirituels du pays de Misraïm — l'Égypte — qui serait le nom codé pour Israël. Selon lui, les Hébreux faisant partie de la haute société, ils ne seraient jamais sortis de Misraïm-Israël-Égypte. C'est dans l'optique d'affaiblir la puissance africaine que les Grecs auraient divisé les habitants de Misraïm, en favorisant les dissensions entre les religieux et leur propre peuple. Suivant une manipulation politique toujours efficace, ils auraient inventé ou encouragé l'exil de la partie cultivée et récalcitrante vers une autre région : le pays de Canaan. Les Grecs n'avaient plus qu'à rebaptiser les territoires africain et oriental selon leur langage. À l'ancienne terre Misraïm, ils ont

[3] Selon cette interprétation, l'expression « du Nil jusqu'à l'Euphrate » est une métaphore qui ne représente pas seulement l'Égypte et la Mésopotamie, mais « le monde ».

donné le nom de *Aegyptos* (Égypte), qui est un fils de Poséidon, et à la nouvelle « terre promise », celui d'Israël, nom codé de Misraïm. Cette manœuvre politique aurait été recouverte par le narratif de la Septante concernant la diaspora des juifs autour de la Méditerranée. Ce récit a été repris et consolidé au fil du temps. Cette hellénisation radicale et forcée aurait eu comme but que la culture occidentale en général ne puisse jamais renouer avec ses racines africaines. L'imaginaire occidental se serait même constitué à partir de ce refus absolu d'être associé à l'immense héritage venu d'Afrique. La Torah d'avant Moïse serait donc liée à Misraïm, partie haute du continent noir. Mon grand-père n'est ni le premier ni le seul à avoir pressenti qu'avant *béréshit*, la première brèche selon la Torah, il y a une histoire à décrypter. En revanche, la mémoire secrète qui se dévoilait à lui ne le reportait pas à un monothéisme antérieur du type Akhénaton, mais à un monde radicalement différent : celui d'Osiris l'Africain.

Pour mon grand-père, la Kabbale nous révèle la manière dont il faut lire le mythe d'Osiris. Rappelons que selon cette tradition juive ésotérique et secrète, le parcours énergétique de la Transe-Mutation consiste à rassembler les étincelles d'énergie lumineuses dispersées en soi et hors de soi. C'est le *Tikkum*, ou réparation du Monde. Lorsque les amants se réunissent charnellement, le flux de l'énergie circule et reprend son cours. Ils font advenir la *Chekina*, présence divine réparée, qui correspond à la *khôra* grecque. Or cette réparation-union est la base de la mythologie égyptienne : Isis rassemble les morceaux d'Osiris que Seth le dieu jaloux a éparpillé. Pour mon grand-père, la Kabbale nous rappelle que nous sommes tous des Isis en train de rassembler l'énergie vitale dispersée dans l'humanité entière. Nous rassemblons les étoiles et les parcelles de lumière en nous et hors de nous. Le monde, l'humanité, l'univers forment un corps — *Olam* — dont chaque peuple, chaque culture et chaque individu est un organe. Osiris n'est pas un dieu unique, mais la synthèse de tous les dieux de la terre. Si Israël est Osiris et qu'Osiris est le monde, alors chaque tribu d'Israël est une composante du Grand

Corps du Monde. S'il n'y a pas de dieu unique et que le Monde est à tous, ou plutôt que « nous tous » sommes le Monde, alors il n'y a ni terre promise, ni exil, ni retour, ni peuple élu, ni messie.

Vous comprenez pourquoi mon grand-père ne voulait pas divulguer cette découverte qui remet en question toute la culture judaïque et occidentale. Ce corps énergétique universel est à comprendre comme une réalité concrète. C'est dans ce sens que mon grand-père interprétait l'obscure phrase d'Ézéchiel, « les ossements se rapprochèrent les uns des autres ». Elle signifie que la terre se rassemble dans un flux continuel, tel Isis qui rassemble Osiris. Le message est le suivant : une fois mort, nous redevenons terre, eau, feu, air. Ce que nous mangeons contient aussi bien le plus proche que le plus lointain, le plus solide que le plus subtil. La mort qui se transforme, c'est le passé qui nourrit le futur. La résurrection des morts est un miracle de chaque seconde.

Mon grand-père ne s'arrêtait pas là. Sans entrer dans les détails, il disait en substance qu'Israël, c'est-à-dire le Grand Corps du Monde, c'est Osiris le dragon primitif qui entoure le *Noun*. Dans l'Égypte ancienne, le *Noun*, c'est l'océan primordial indifférencié ; le dragon primitif. Il est la lumière qui scande les cycles du temps, mais aussi le ver souterrain qui transforme la putréfaction en de nouvelles formes de vie. Le dragon est ce qui contient et conduit le Monde et ses Mutations. On retrouve cette entité dans toutes les mythologies, notamment l'Ouroboros, le serpent qui se mord la queue. Considéré de manière négative, le dragon prend la forme d'Apophis, de Léviathan, de Typhon, ces êtres grandioses et indéfinis qui sortent des eaux et luttent contre la création. Il devient alors le serpent de la malédiction qui se love dans l'arbre de la connaissance.

C'est toujours quand il évoquait le problème de la chute que mon grand-père reprenait son souffle pour dire lentement : « Mon enfant, ne regarde pas du côté de l'arbre de la connaissance qui fait du dragon le serpent malfaisant de la séparation, mais regarde du côté de l'arbre de la vie qui fait du dragon le serpent aux nombreux replis, pourvoyeur des puissances vitales de la réparation. » Mettant alors ses mains sur mes cervicales[4] pour que je m'endorme, il chantait cette prière : « Dors, mon petit Yod[5], les hommes se renouvellent dans le sommeil en s'immergeant dans les eaux primordiales. L'ombre et les eaux ténébreuses recèlent encore plus de secrets que le soleil et la lumière. L'Énergie primordiale, c'est Aleph qui plonge ses racines dans la plus lointaine antiquité : la lettre silencieuse du Mouvement, celle qui n'a pas besoin de parler pour vivre. » Et je m'endormais profondément.

ALEPH hébraïque ou les trois forces de vie de la Chékina — **TAM** égyptien ou ce qui se décuple en trois énergies originelles — **NOUN** égyptien ou la puissance primordiale — **NAMMU** sumérien ou les eaux créatrices — **MOUVEMENT** ou le premier signe préhistorique

Ce que je retiens de mon grand-père, c'est que la Transe-Mutation ne se trouve pas dans la connaissance, l'écriture, la loi, le dieu unique, le messie, le retour. Elle consisterait à réparer — à la fois en soi et dans le Grand Corps du Monde — le dragon des vivants et de la résurrection des morts. La diaspora n'est pas une malédiction et le ferment d'une utopie, mais le rappel que l'exil, l'errance et le nomadisme ne sont pas forcément désarroi, mais peut-être la meilleure manière d'habiter le Monde sans le posséder.

---

4 Les sept cervicales représentent l'ascension et la puissance du Mouvement. Il y a un parallèle à faire avec la Kundalini du yoga tantrique. Celle-ci désigne l'énergie cosmique qui prend racine à la base du sacrum, monte le long de la colonne vertébrale et s'épanouit à la fontanelle.

5 À l'origine, le Yod est un hiéroglyphe égyptien qui représente le roseau divin (𓇋). Il est le symbole de l'Un (Atoum) et désigne le dieu de Misraïm (Israël) et par extension les juifs. Le Yod est la dixième lettre de l'alphabet hébreu (י) qui représente la main de Dieu qui donne, qui transmet et qui sème. Il est assimilé au nombre 10 considéré comme le point créateur, le serpent de l'univers qui prend des formes et des graphies différentes à travers les 22 Lettres hébraïques. En astrologie, la figure Yod est souvent considérée comme le symbole de la spirale de la vie, où les énergies sont en constante transformation et croissance.

La voie du jeu ou l'au-delà de la transgression

Puisque vous évoquez Dionysos, l'Égypte et l'Afrique, permettez-moi de vous parler de ma religion animiste, en jouant de mes tambours (*il sort un tambour, s'accompagne d'un rythme ternaire*). J'ai découvert l'Égypte au Brésil en suivant les batucadas d'Elegwa sur lesquelles nous dansions des pas et chantions des hymnes venus de l'Égypte ancienne. Le vaudou est venu aux Antilles et aux Amériques par la traite des Africains. La religion d'Osiris s'est divisée en deux parties : l'une vers les Sémites avec une tendance ésotérique et lumineuse ; l'autre vers les régions d'Afrique noire plus portées vers le secret des morts et l'occultisme. Elegwa est la divinité de la Transe-Mutation. Vous le trouverez sous plusieurs noms et avec de nombreuses légendes en Haiti, à Cuba, au Brésil, dans l'ancien royaume du Dahomey (Bénin, Nigeria). Comme Osiris, Moïse et Dionysos, Elegwa fut abandonné dans la savane et protégé par les gens du peuple.

Elegwa est très singulier. Contrairement aux autres divinités qui sont affiliées à des temples et à des individus en particulier, chaque temple et chaque personne ont leur Legba. Il n'est pas intégré dans le panthéon divin et se tient en marge de la hiérarchie. Il n'est lié à aucune force naturelle, à aucun phénomène, à aucun élément. On le trouve partout, notamment dans les endroits stratégiques, comme les entrées, les carrefours, les coins, les marchés. Même son origine est multiple et sujette à controverse. Tantôt il est né d'un humain, tantôt il est l'aîné ou le cadet des Orishas (divinités), ou encore il est considéré comme une des divinités premières et démiurgiques. Tantôt il est jeune comme à Cuba, vieux comme en Haïti, ou sans âge comme au Bénin. Si son origine est brouillée, sa descendance est absente. On ne lui connaît aucun lignage, aucune dynastie, aucun engendrement. Comme Oludumare — le créateur suprême —, son genre n'est pas défini. Il est indomptable par excellence, les catholiques l'ont assimilé au diable, surtout si l'on ajoute à ce panorama insaisissable l'attribut inqualifiable de priapisme. Dans ce contexte, l'érection permanente n'est pas le signe d'un genre, mais plutôt le symbole de l'énergie vitale abondante qui circule librement et sans frein. Elegwa est la présence paradoxale du Mouvement à l'intérieur d'un ordre cosmique. C'est pourquoi, ce qui représente le mieux toutes ces caractéristiques, c'est la figure de l'enfant ; le dieu-enfant qui gère à la fois le domaine de la divination et celui de la guérison.

À ce titre, il est le plus intelligent des dieux, mais à la façon de la Métis grecque. Il ne cherche pas à transformer son intelligence en un logos prêt à s'emparer du pouvoir à l'aide de la technique. Il est ingénieux, espiègle, psychologue ; aussi bien sage que provocateur. N'ayant aucun temple consacré, il se fait l'intermédiaire de toutes les parties. Il porte les messages entre les dieux, entre les hommes, entre les hommes et les dieux. Il est aussi le maître de la magie, car celle-ci est à son image : une énergie insaisissable et changeante. C'est pourquoi il connaît les secrets des plantes et les formules de la médecine — qui est un art magique. Mais il a « la sagesse de celui qui est plus fort que la médecine », parce qu'il est relié à la divination. Il a tout enseigné à Orunmila, le devin intellectuel qui se charge, lors d'une séance mantique (dite du Fa), de communiquer les interprétations aux consultants. Elegwa lui enseigne également à sentir le diapason du cosmos, l'énergie pure qui est en cours. Il est l'articulation du cosmos qui échappe au cosmos. Il n'a pas de forme, mais peut les prendre toutes. C'est un tour de force d'intégrer une telle figure dans l'ordre cosmique. C'est pourquoi il faut être ancré et avoir de solides connaissances pour l'aborder, car cette liberté peut se transformer en ambivalence et pervertir le Mouvement.

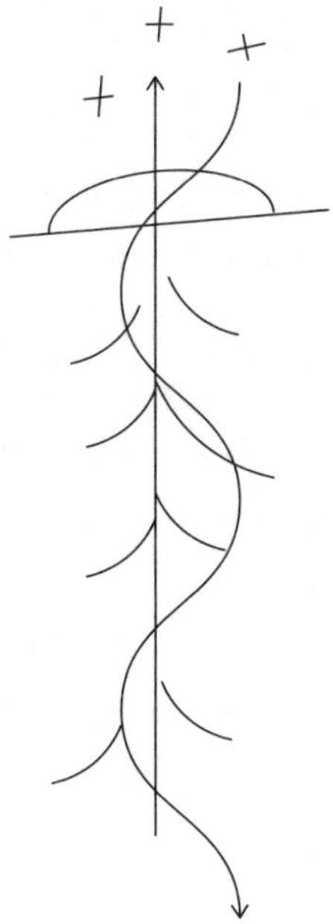

Signe magique qui représente la liaison
entre Elegwa et Ifa gérant le monde
de la divination et de la guérison

L'ambivalence, voilà le grand danger dans lequel il peut tomber. Et c'est un enseignement essentiel pour nous : ne pas user de notre liberté pour faire le bien ou le mal, le bien et le mal, le bien pour le mal, le mal pour le bien. Évitons de sombrer de nouveau dans la dualité qui mène au Mal-Être. C'est pourquoi la comparaison avec le Trickster ludique, dérangeant et trangressif, ne fonctionne pas vraiment. Elegwa enseigne la transgression pour déjouer les règles afin de ne pas subir la contrainte des pouvoirs institués. La provocation est une recherche des limites et de connaissance de soi. Son rapport à la copulation et au désir n'est pas un moyen de conquête, mais a pour but de troubler l'ordre public. Il ne se contente pas d'interrompre le *statu quo* et de relancer le changement, il brise la règle sur laquelle s'appuie l'ordre social, et va même jusqu'à briser le fondement des mythes. Il est la liberté dans le principe du destin. Tous les récits le concernant peuvent se lire au moins dans deux sens : celui qui intègre la liberté dans une société de règle, et celui qui indique la liberté hors d'une société de règles. Voici trois petits contes pour donner chair à mon propos.

« Legba voulait renverser Olurum, le dieu suprême, et prendre le pouvoir. Pour cela, il devait réunir tous les dieux sous son drapeau. Cela semblait impossible : les dieux passaient leur temps à faire et à défaire leurs alliances. Il les convia pour une grande assemblée et comme il savait exécuter toutes les danses des dieux, en même temps que jouer et chanter leurs chants, il sut les convaincre et emporta tous les suffrages. Cet événement était tellement inouï qu'il proposa de faire une grande fête pendant plusieurs jours. La fête était si réussie que Legba oublia son projet d'origine. Mais Olorum en eut connaissance. Il s'empressa de punir Legba en l'enfermant dans une calebasse pendant des années sans manger ni voir personne. »

« Elegbara avalait et buvait tout ce qu'il trouvait. Plus il se nourrissait, plus il avait faim. Il était si insatiable qu'il commença à manger les animaux, la végétation et se mit à ingurgiter les océans. Orunmila, comprenant qu'il finirait par engloutir l'univers entier, demanda au grand guerrier Ogun de le tuer. Mais même mort, il continuait de manger. La terre se désertifia et risqua de disparaître. Orunmila consulta Ifa qui lui conseilla de satisfaire Elegabra en lui offrant toujours les prémices des sacrifices. Orunmila suivit les sages conseils du devin et l'insatiabilité d'Elegbara se calma. »

« Au début du monde, le soleil, la lune, le ciel et l'océan avaient chacun une demeure qu'ils ne quittaient pas. Un jour Eshu (Elegwa) alla leur rendre visite en disant à chacun : "Ta maison est très belle, mais à côté je vais t'en montrer une autre très belle aussi." Le soleil, la lune, le ciel et l'océan se rendirent alors visite régulièrement. Et voilà que l'océan traversait le ciel, que la lune tombait dans l'océan, que le soleil rendait visite à la nuit. Lorsque Obatala vit cela, il renvoya chacun en sa demeure et punit Eshu en le couvrant de maladies. »

Dans ces trois contes, notre divinité secoue un ordre rigide. Selon son degré de puissance, il est soit puni, soit privilégié ; dans les deux cas, intégré comme ce qui ne peut être intégré. La force de nos rites est d'avoir su faire une place à ce qui échappe et à ce qui est en dehors, sans avoir recours au bannissement ou à la sacralisation de ces énergies indomptables. Nous avons su garder du jeu.

Mais si l'on regarde en filigrane, ces histoires nous donnent des clés importantes et très concrètes. La première histoire nous dit que la fête vaut plus que le pouvoir, la deuxième que le Mouvement est plus puissant que l'ordre et la troisième qu'il existe une autre voie que celle du cosmos cloisonné. Celle-ci consiste à décloisonner, à se rencontrer et à imaginer ensemble d'autres possibles. Maintenant chut… plus un bruit !… la nuit tombe… vous entendez ce sifflement ?… c'est Elegwa… il siffle dans la nuit… un son sans parole… écoutons-le… il saura nous inspirer tous…

La voie de la mystique ou l'inspiration poétique

Bonjour, bonsoir le monde… le soulèvement… le soulèvement des mondes… je suis désolé : je suis complètement ivre… mais pas suffisamment pour m'endormir et ne rien dire… au contraire… comme nous parlons d'Égypte… je voudrais partager avec vous les vers de quelques Orientaux qui surent dire, chanter et danser les joies de la Transe-Mutation… vous m'écumerez… pardon… excuserez… si je rajoute, écorche et oublie les strophes magnifiques de nos compères… vous pourrez consulter les livres qui paraît-il sont plus fiables… ou mieux encore Internet qui a le mérite d'être un rêve… ou bien encore vous-mêmes, qui semblez plus réels… bref… Omar du nom, Khayyâm[6] du prénom, ou le contraire… écoutons ces paroles qui semblent venir d'un éternel réveil à l'intérieur d'un rêve… « Si je ne t'ai jamais dédié

[6] Omar Khayyâm est un poète, savant et philosophe persan du XIe siècle. Ses poèmes sont appelés *rubaiyat* qui signifie « quatrains ».

aucune prière, je ne t'ai jamais caché mon visage de misère. C'est pourquoi je ne désespère pas de ta générosité, car je n'ai jamais dit que l'unité était dualité»... «Ceux dont la croyance est fondée sur l'hypocrisie veulent faire une distinction entre l'âme et le corps. Moi, je sais que le vin seul a le mot de l'énigme et qu'il donne conscience d'une parfaite Unité»... «Combien de temps encore serons-nous les esclaves des problèmes quotidiens? Combien de temps encore les esclaves de l'intellect et des vaines subtilités? Mais que vois-je: tu as brisé ma cruche de vin, mon Dieu, c'est moi qui bois et c'est toi qui trébuches, serais-tu ivre, mon Dieu?»... Omar du nom, Khayyâm du prénom, ou le contraire... nous dit qu'il nous faut laisser les croyances, et leurs institutions, pour avoir le loisir de rejoindre l'Unité... laissons nos volontés s'évaporer aux influx sensuels... l'ivresse divine ne demande ni la vertu ni l'amour... elle ne demande qu'une seule chose qui ne se demande pas: l'abandon... l'abandon total... sans lutter, sans juger, sans espérer... et qu'en ressort-il, mes amis?... de la douceur... une extrême douceur... une extrême douceur mélancolique... le vin doux du plaisir éphémère... d'autant plus profond qu'il n'est pas éternel... il est déjà passé... la mélancolie... évanescente et pénétrante... j'ai tout vécu mais que la vie est douce... les mots ne sourient qu'aux bienheureux... qui est capable de vivre pour le simple plaisir?... qui?... qui est encore capable de sentir la vie sans chercher à la coincer dans ses poings? Dansons, tournoyons, hurlons... allons rôder au seuil des derviches pour se rappeler que nous n'avons aucun devoir... «Hier j'étais intelligent et je voulais changer le monde, aujourd'hui, je suis sage et je me change moi-même. Comment? En laissant mon cœur se briser, jusqu'à ce que dansent la montagne, les atomes et la voûte céleste»... Dîn Rûmî[7], aurais-tu trouvé la formule de l'ivresse?... dans le roseau qui souffle,

[7] Djalâl ad-Dîn Rûmî est un poète, théologien et mystique persan du XIIIe siècle. Il a profondément influencé le soufisme, courant ésotérique et initiatique de l'islam. Il fréquentait les chrétiens et les juifs, tout autant que les musulmans.

le manteau qui vole et le dédain des croyances et des persécutions[8] ?... si Dieu est infiniment charnel, et la danse infiniment spirituelle, dois-je m'éteindre dans l'incandescence ?... rejoindre mes ancêtres dispersés aux cinq continents ?... dois-je continuer l'errance et tournoyer dans le sable au rythme du choc des glaçons aux astres ?... sur les tambours qui attaquent encore le cœur et la tête ?... dissoudre mon corps de Muse aux cornemuses corrosives des corrélations crépusculaires ?... me voici : dans le noir absolu au milieu de l'inconnu... cette illumination m'a mené jusqu'à toi... je t'ai perdu sans jamais t'avoir connu... je ne te trouve pas et pourtant tu es partout... est-ce dans l'absence que tu es présent ?... je meurs de ne pas mourir... mais... est-ce toi que j'entends ?... ô mon Dieu... « Devant une neige un Être de Beauté de haute taille. Des sifflements de mort et des cercles de musique sourde font monter, s'élargir et trembler comme un spectre ce corps adoré ; des blessures écarlates et noires éclatent dans les chairs superbes. Les couleurs propres de la vie se foncent, dansent, et se dégagent autour de la Vision, sur le chantier. Et les frissons s'élèvent et grondent, et la saveur forcenée de ces effets se chargeant avec les sifflements mortels et les rauques musiques que le monde, loin derrière nous, lance sur notre mère de beauté — elle recule, elle se dresse. Oh ! nos os sont revêtus d'un nouveau corps amoureux[9]. »

La voie du Mouvement ou la Transe-Mutation

YAËL — Vos récits qui entrelacent les digressions sur les rivages, les arrêts sur les îles, et les songes en pleine mer pendant les nuits de pause, me font penser à Lao-Tseu. Ce contemplatif, qui vécut au Ve siècle av. J.-C., décida de quitter la cour et les intrigues politiques pour se consacrer à l'essentiel. Il préféra continuer son chemin à travers les peuples

---

8 Référence à la flûte Ney initialement faite de roseau, au manteau du pauvre que revêtaient les soufis et aux nombreuses persécutions qu'ils ont subies depuis leur création, notamment pour avoir mis sur le même plan toutes les croyances face à l'amour divin.

9 « Being beateous », poème d'Arthur Rimbaud tiré des *Illuminations*.

en jouant de la flûte sur un buffle. Pour enrichir notre réunion des fous qui conversent de manière informelle, je vous propose quelques extraits du *Tao Te King*[10] de Lao-Tseu, affublés de mes quelques commentaires. J'espère rendre accessible notre tendre et clairvoyant visionnaire :

Avec la perte du grand Tao, apparaissent l'humanisme et la justice, avec l'intelligence et la subtilité, apparaît l'hypocrisie grossière.

Accepter le désastre d'une nation, c'est être le gouvernant du monde.

Les dualités qui abîment la Civilisation ont pour cause la perte du Mouvement — ou Tao. Accepter le désastre d'avoir perdu et d'être divisé, c'est savoir être au monde. Lao-Tseu nous donne un des secrets de la Transe-Mutation : accueillir l'Être qui unit, aussi bien que le Non-Être qui désunit. Il s'agit d'ingérer le désastre, sans chercher à le fuir à l'aide de projections mentales : mythe du bon sauvage, retour à la nature, innocence retrouvée, idéaux anciens, utopies nouvelles, salut, sauveur, rédemption, etc. Toutes ces espérances, toutes ces idées nous emprisonnent dans l'univers des pensées et de ses idéologies. Le psychique nous tient hors de nous-mêmes, c'est-à-dire hors du désastre. Ce n'est qu'à partir du désastre que l'on peut percevoir le Mouvement. Même rêver l'anéantissement est une manière de se rendre aveugle aux signes du Mouvement. Oui, nous sommes corrompus par l'histoire — y compris le sage. Non, l'homme dépossédé n'est pas innocent, il est mutilé. Le sage accepte donc le jeu cruel des dualités, sans se laisser prendre au jeu. Il prend le temps de les dénouer pour ouvrir les failles, telle l'eau qui s'infiltre dans les moindres interstices. À l'intérieur de la catastrophe, il voit et indique les possibilités de bonheur et de sérénité.

---

[10] Le *Tao Te King* ou « Livre de la Voie et de la Vertu », écrit au VIe siècle av. J.-C. par Lao-Tseu, est un ouvrage classique chinois. En 81 courts chapitres, Lao-Tseu nous transmet l'essence du Mouvement et de la sérénité.

Comment faire pour aller vers la félicité ? Partons de là où nous sommes. Celui qui fait cent kilomètres dans l'absence au Mouvement aura moins avancé que celui qui a parcouru un centimètre dans le souci du Mouvement. Voici le paradoxe : « Le but du Mouvement, c'est le Mouvement. » Cela signifie que le Mouvement ne peut avoir d'autre objectif que d'être lui-même, et en tant que Mouvement, il n'a pas d'objectif et il est toujours autre que lui-même. Être soi-même ne peut être un objectif. Pour préciser ce paradoxe, je vous rapporte le dialogue que j'ai eu avec un instructeur de Sky très avisé. Pour favoriser le chemin et non le but, les professeurs avaient établi un classement des élèves, non selon leur niveau mais selon leurs progrès. Le meilleur se trouvait à la quarantième place, tandis qu'un tout nouveau, particulièrement doué, prenait la première place. Ce professeur communiqua ce classement au nouveau. Ce dernier n'en revenait pas d'être le premier, alors qu'il était tout juste débutant. Sauf qu'à partir de cet instant, il dégringola au fond du classement. Le professeur lui demanda ce qui se passait. Le petit répondit qu'il se sentait regardé et jugé et que cela le bloquait. Il avait perdu sa spontanéité et le plaisir de faire du Sky avec ses camarades. Les pédagogues avaient donné un but à son Mouvement. Nous avons beau inventer des méthodes d'éducation apparemment positives, le problème, c'est précisément l'éducation et la méthode ; elles conservent un but. Le professeur me demanda un conseil. Je lui dis de prendre le matériel de classement, de le brûler dans un feu de joie collectif pour se réchauffer, de distribuer des friandises à tous les enfants et de ne plus faire aucune notation. C'est ce qu'il fit. À part les quelques jeunes qui se préparaient à la compétition, tous furent soulagés. Le garçon reprit petit à petit goût au Sky.

Reprenons : la Transe-Mutation, c'est partir de là où nous sommes sans idéal, ni but ni espoir. Pour gouverner notre monde intérieur, il suffit d'en accepter le désastre. Gouverner la catastrophe signifie dans cette optique accueillir le fait que le monde est ingouvernable et qu'il n'est pas à gouverner. Le véritable désastre, c'est en fait de vouloir à tout prix gouverner ce qui ne peut être gouverné. Le paradoxe se résout en même temps que le désastre : abandonner la gouvernance pour laisser le Tao nous gouverner. Comble du paradoxe : le Tao ne gouverne rien ni personne. Lao-Tseu continue :

Le Tao donne naissance, mais ne possède pas, il agit mais ne contrôle pas, il s'étend mais ne massacre pas.

Nous avons la clé de compréhension du Mal-Être, mais aussi de comment en sortir. La possession amène le contrôle qui amène le massacre. L'extension du massacre est intrinsèque à la possession et au contrôle. Le plus complexe reste de vivre sa propre intimité hors de l'espace de la possession et de la gouvernance. Nous avons pris l'habitude de nous utiliser nous-mêmes comme une propriété. Nous gérons notre vie selon la loi de l'utile, à tel point que nous voyons comme positif le droit d'user librement de notre corps. À chaque utilisation, nous nous massacrons un peu plus. Cependant, à l'inverse de Confucius, Lao-Tseu ne tombe pas dans une volonté de légiférer et ne prône pas une morale de la tempérance. Suivre une loi, c'est se couper du Tao. Il n'y a aucun droit et aucun interdit à promulguer, aucune punition ou rétribution à faire valoir. Participant à un système de contraintes et de réactions, la loi provoque le contraire de ce qu'elle impose. C'est pourquoi lorsque nous posons la question « que faire et comment faire ? », nous tissons notre propre piège. En recherchant un programme à suivre, nous alimentons la dynamique de la gouvernance. La voix du maître nous a ensorcelés. Ce n'est pas le problème de chercher à l'extérieur une réponse que nous aurions en nous-mêmes. C'est beaucoup plus grave : nous recherchons en nous-mêmes notre propre maître. Lao-Tseu est sans appel : lâchons toute maîtrise, abandonnons toute souveraineté fut-elle intérieure ; surtout intérieure. Partir de soi, certes, mais du Tao qui est en soi, c'est-à-dire de ce qui excède largement notre individualité et notre identité. C'est ce qu'il appelle s'étendre sans massacrer, c'est-à-dire sans forcer, détourner, coloniser. S'étendre signifie exister sans chercher à posséder. Lorsque nous aurons abandonné notre droit de propriété sur nous-mêmes, alors le Mouvement se soulèvera et nous serons capables d'être au Monde, puisque nous aurons reconnu le Monde en nous-mêmes, et que celui-ci n'appartient à rien ni personne. Lao-Tseu nous donne toutefois un conseil de stratège :

Ce chaos qui a précédé le ciel et la terre, je ne connais pas son nom, je l'appelle à contrecœur Tao. Les innombrables choses sont faites sans la moindre parole.

Ce qui ne peut être nommé se meut en une procession sans terme, jusqu'à ce qu'il fasse retour à la non-objectivation.

Les noms sont apparus avec le processus cosmique. Ils sont trop nombreux. N'est-il pas temps d'arrêter ? Savoir quand il faut s'arrêter, c'est se libérer du danger.

En créant des noms pour nommer l'innommable, la Civilisation enrichit le cycle des catastrophes. Il n'y a pas à s'en lamenter à outrance : la prolifération des simulacres fait partie du processus cosmique. L'Être crée son Non-Être qui crée le Mal-Être. Toutefois, il y a un moment — propre à chacun — où les noms, les chiffres, les liturgies et les symboles deviennent oppressants. La coupe est pleine. Nous n'en pouvons plus. Quand nous arrivons à saturation, nous réclamons le vide à cor et à cri ; et nous avons raison. Lorsque nous arrivons à ce stade totalitaire du malheur, c'est le moment à saisir pour sortir de l'Habontologie, de la Psychosphère et du Mondocide afin d'épouser le Tao. C'est la crise, le point de bascule, l'événement à reconnaître. Si nous ratons notre occasion, nous retomberons dans le piège, avec encore plus de violence. Rejoindre la Continuité du Mouvement, c'est être dans le non-agir, *Wu-Wei*. Nous nous retirons de l'action formelle pour laisser le Tao informel agir en nous. C'est tout simplement se soustraire du Devoir-Être, pour se laisser inspirer par la Puissance de l'Être. Lao-Tseu nous donne une indication précieuse pour accéder à cet état d'être :

Revenez à l'état du nouveau-né.

Le nouveau-né est comme une plante : il n'a pas besoin d'instruction pour vivre. Il est connecté aux Cinq Corps (Soi, Autre, Groupe, Nature, Monde) — ou Grand Corps du Monde — sans avoir besoin de les nommer. Il n'est pas dans son Corps, il est son Corps. Il fait un avec son Corps. Cette unité lui donne une énergie infinie. On dit souvent que le nouveau-né est dans un rapport de dépendance. Envisager le nouveau-né ainsi, c'est lui projeter le système d'Échange fondé sur la dynamique du manque et du besoin, de l'offre et de la demande, du mérite et de la frustration, avec ce que cela implique de distance, de rôle fonctionnel et de calcul gestionnaire. C'est cette dynamique qui épuise les familles. La loi n'est pas favorable à l'amour. Ne vaut-il pas mieux simplement l'accueillir comme un nouvel être avec lequel nous entrons dans la danse pour créer un nouvel espace évolutif et singulier ?

Revenir à l'état du nouveau-né ne signifie pas essayer d'être un nouveau-né pour retrouver une innocence perdue ou une phase de béatitude supposée, mais raviver cet état qui subsiste en nous. C'est un message difficile à assimiler pour l'intuition et le mental. Lao-Tseu nous rappelle qu'en réalité le temps et les états confluent en nous. La durée n'est pas cyclique et linéaire, mais changeante. Elle bouge en tous sens. C'est pourquoi, tout comme le futur est incertain, le passé n'est pas immobile ; il se transforme continuellement. Lorsque nous voyons notre passé différemment, ou que nous nous rappelons certains détails qui nous avaient échappé, ce sont des signes de la plasticité du temps. Quand nous suivons le courant des Mutations — tel le nouveau-né —, le Trauma originel se dissout et les fixités se dénouent dans l'écoulement. C'est pourquoi Lao-Tseu dit que la Tao n'a pas de destin. C'est la Civilisation qui crée le destin, le *fatum*, la justice divine, les cycles et les retours. Suivre le Tao n'est pas une question d'autonomie personnelle et de libre arbitre ; c'est être saisi par l'amplitude de l'infinie créativité du devenir permanent.

Ce message n'est pas l'apanage du Tao. Par exemple, on le voit également s'épanouir et se propager au XIIIe siècle grâce à saint François d'Assise. Son enseignement, qui fut transmis notamment par Bonaventure et Boèce, est sans doute une des plus hautes expressions spirituelles de la chrétienté. Ce courant issu des gyrovagues, du monachisme et du cénobitisme a souvent délivré ses messages avec humour, ce qui est un signe de justesse et de bonne santé dans un monde malade. Les franciscains se considèrent « frères mineurs », non en tant qu'ils seraient sous tutelle comme un mineur en attente d'une majorité responsable, mais en tant qu'ils sont « comme des humains naissants (*parvulus*) » incapables de posséder quoi que ce soit. *Vivere sine proprio*, « vivre sans propriété », signifie abandonner le système de propriété qui est un ajout à la création. Cet abandon du superflu — ou choix de la pauvreté — implique un détachement de la Compulsion et un rapprochement avec Dieu, c'est-à-dire un contact intime avec ce qui existe. C'est pourquoi les animaux et les végétaux deviennent également des « frères mineurs ». En toute cohérence, les Franciscains estiment que le devenir ne peut se posséder car au moment où vous le saisissez, il est déjà passé. C'est pourquoi un être spontané comme le nouveau-né ne peut posséder et ne peut se posséder.

Cependant, même en se laissant aller au flot des Mutations, la disparition d'une forme et la naissance d'une autre est toujours un moment où l'abîme du Néant est traversé. Ces passages sont délicats. Ils ne peuvent être vécus de façon apaisée seulement si nous ne forçons rien. Autrement, c'est l'arrêt sidéré de la conscience hypertrophiée face au Néant. Toujours être agi plutôt qu'agir. Le retour au Corps est désœuvrement. Le désœuvrement permet de déposer le fardeau des travaux pour laisser advenir ce qui est. Le Monde reprend ses couleurs à mesure que nous le désinvestissons pour l'habiter autrement. Lao-Tseu en conclut que nous n'avons pas tant à inventer ou retrouver le Mouvement qu'à le suivre là où il existe déjà. Lorsque le Mouvement se soulève à l'aune du désœuvrement, la confiance émane de l'Existence. Cette confiance est le chemin qui mène à la sérénité. La sérénité, c'est la félicité suprême.

Celui qui est serein a changé son rapport aux émotions et aux sentiments. Il se laisse vivre tous les aléas de la vie. Aucune joie, aucune tristesse ne lui est inconnue. Il goûte et apprécie tous les va-et-vient de l'humeur et de l'âme. Chaque situation du Monde est une occasion pour s'accorder au flux des Mutations. La conscience n'est plus le résultat de la Dissociation, mais l'expérience que nous sommes en train de déjouer et de désamorcer la Dissociation. Quand la Compulsion n'a plus d'Objet, le Sujet disparaît. Elle se transe-mute alors en Mouvement et retrouve, au cours de ce long périple de l'onto-expérience, le simple plaisir d'exister.

CONCLUSION ?

Le maquillage, les masques et les diaprures n'ont presque plus d'effets. La Civilisation arrive en fin de course. L'agonie envahit les continents et nous ruminons la fin des temps. Je n'y vois que du bon. Nous ne perdons plus notre temps à nous convaincre que le labyrinthe a une issue et que la forteresse nous protège. L'ironie mondaine de « tout est dérisoire » se dissipe pour laisser place à l'abrupte conscience de la Réalité. Tout tombe en ruine. Nous y voyons plus clair ; nous découvrons le bleu du ciel et le soleil sous la terre. L'architecture superposée des artifices humains croule sous son propre poids, et dessous les gigantesques chimères anthropophages, l'instinct vital se fait clairvoyant. La moindre parcelle de l'animé et de l'inanimé cherche un coin pour respirer. Nous courons en tous sens à la recherche d'un brin de Cohérence. Le nihilisme — dans son extension infinie et sa noirceur visible — n'emporte plus l'entièreté des suffrages. Nous passons à une autre époque.

C'est dans cette ambiance de désarroi, d'égarement et de déréliction que la Pensée du Mouvement prend tout son sens. Comme nous l'avons vu ensemble, la Transe-Mutation n'est pas un idéal à atteindre. Elle n'a rien à voir avec la mesure, l'éthique et l'utopie. Elle est un chemin à découvrir à partir de là où nous sommes et de ce que nous sommes. N'ayant ni origine ni but, ce chemin est forcément une errance. L'errance n'est pas une perte dans l'erreur, mais une manière de s'incorporer et d'incorporer le Monde. L'erreur fait partie du jeu pour se joindre au Réel. Là où il y a du jeu il y a de l'erreur, et là où il y a de l'erreur il y a du Réel. Habiter son errance, c'est joindre son propre Mouvement. Quand nous entrons en errance et que nous reprenons notre rythme intérieur, personne ne perçoit notre changement — pas même nous-mêmes. Les énergies travaillent en secret pour raviver les braises. Les Mutations se font dans l'ombre — au plus profond du noir —, souvent quand l'espoir est perdu et que nous avons accepté la défaite. Le Mouvement se libère lorsque nous avons ouvert les yeux sur la Réalité et que nous rendons les armes. L'acceptation de l'impuissance est l'avenir de la Puissance du simple fait d'exister. Ce fameux lâcher-prise n'est pas un effort de la volonté ou une prière, mais l'effet d'un effondrement extrême. Cet effondrement étant planétaire, les possibilités d'éclosion du Mouvement se multiplient.

Ces passages au sein de la douleur du Trauma dégèlent les angoisses de la Compulsion en soi et hors de soi. Aucune pratique, aucun mot, aucune rencontre n'a de prise sur ce moment où la Transe-Mutation libère notre chemin singulier. C'est cette indomptabilité que j'ai essayé de respecter dans le texte que vous avez entre les mains. J'ai invoqué cette magie essentielle de la vie sous la forme d'une invitation, d'une méditation concentrée — et parfois d'un appel ardent. Quoi qu'il en soit, pour faire sentir l'indicible, j'ai pris le parti de jouer avec les mots, les concepts, les histoires, les couleurs et les sons. Dans le jeu, les paroles vibrent. Un jour, à un moment, elles peuvent toucher ; juste toucher, toucher juste. Ce qui se passe alors est au fond, très simple.

En deçà des événements et des ébranlements, la sérénité dont nous parle Lao-Tseu vient nous animer. Elle n'est pas stabilité immobile, mais Présence perpétuelle. Cette Présence ne fait pas référence à un état émotif, sentimental ou matériel, mais à un état d'être lié à la Transe et à l'Inspiration. L'Existence vécue avec une confiance sans cesse renouvelée nous transmet la sagesse de la douceur retrouvée. La voici. La nature ne nous domine pas ; nous ne dominons pas la nature. La planète ne nous appartient pas ; nous n'appartenons pas à la planète. Nous ne faisons point partie de la Terre ; la Terre n'est pas notre demeure. Nous sommes le Monde tout simplement. Si nous restons cohérents avec cette évidence que nous avons recouverte, avec cette Énergie primordiale qui circule dans le moindre atome, alors oui : tout peut arriver.

REPÈRES

Afin de pousser plus loin la compréhension du Mouvement, je vous propose un choix sélectif de quelques repères qui peuvent vous inspirer. Ces repères sont peu de chose par rapport à la richesse du vécu. De plus, il y en a certains que j'ai oublié de citer, beaucoup que j'ai encore à découvrir, et encore plus que je ne connais pas. Chacun pourra compléter.

J'indique des œuvres fondamentales et non pas techniques. Ne soyez pas étonné si vous voyez des références qui ne vont pas dans le sens de la Pensée du Mouvement. Pour mieux saisir cette Pensée, il faut aussi aborder ce qui va à son encontre. Pour ce qui est des sciences, j'ai évité d'alourdir la liste avec l'épistémologie et les documents d'études. Pour comprendre le cœur et les enjeux des grandes théories, il faut surtout échanger avec les scientifiques concernés, refaire les équations avec eux et laisser les théories développer toutes leurs implications en soi et avec le temps. En ce qui concerne les cultures orales, primitives et rituelles, je ne connais pas de meilleure option que de se rendre directement sur le terrain. Pour la matière vivante comme la danse, le théâtre et la musique, il n'y a pas beaucoup d'archives et elles sont peu représentatives. Ce sont des arts qui se vivent sur l'instant et dont les traditions se transmettent à travers les corps. Les techniques proprement énergétiques (massage, magnétisme, acupuncture, transe, méditation, exercices, etc.) s'assimilent essentiellement par la pratique et avec un formateur. Malgré toutes ces limites, je travaille à la présentation multimédia de ces techniques et suis également en train de mettre en place un programme sur le Net, où chaque œuvre présentée ci-après sera commentée.

Mon classement est allé au plus simple : par matière, par continent et par ordre alphabétique. Je ne précise les éditions que si j'y ai trouvé un intérêt particulier (traduction ou commentaires).

TEXTES PENSÉE ASIATIQUE

EYSSALET J.-M. (France, né en 1942)
Les Cinq Chemins du clair et de l'obscur (2006), *Le Secret de la maison des ancêtres* (2006), *Montée des nuages, descente des pluies* (2006), *La Rumeur du dragon et l'Ordre du tigre* (1999), *Shen ou l'instant créateur* (1990), Guy Trédaniel éditeur.

LAO-TSEU (Chine, vers 590-531 av. J.-C.)
Tao Te King, traduction et commentaires de Man-Ch'ing Cheng et de Tam C. Gibbs, Le Courrier du Livre, 1998.

LEVI J. (France, né en 1948)
Propos intempestifs sur le Tchouang-tseu, Allia, 2003.

MASPERO H. (France, 1883-1945)
La Chine antique, PUF, 1927. *Le Taoïsme et les religions chinoises*, Gallimard, 1971.

MUSASHI M. (Japon, 1584-1645)
Traité des cinq roues, Albin Michel, 1983.

SUN TZU (Chine, 544-496 av. J.-C.)
L'Art de la guerre, Guy Trédaniel éditeur, 2015.

SU WEN ou HUANGDI NEI JINGSU (Chine. Entre 500 et 200 av. J .-C.)
La Base de l'énergétique chinoise. Su Wen : tomes 1, 2, 3, traduction A. Duron, Guy Trédaniel éditeur, 2006, 1998 et 2006.

TCHOUANG-TSEU (Chine, 370-287 av. J.-C.)
Zhuangzi.

TOKITSU K. (Japon, né en 1947)
La Voie du Karaté. Pour une théorie des arts martiaux japonais, Seuil, 1979.

YI-KING ou *Livre des mutations* (Chine, Ier millénaire av. J.-C.)
À l'origine traité de divination, ce livre prend au fur et à mesure du temps une dimension philosophique. Il est incontournable pour comprendre la pensée asiatique en général.

PENSÉE INDIENNE

BHAGAVAD-GÎTÂ (Inde, entre le ve et le IIe siècle av. J.-C.)

Lire les commentaires de S. Aurobindo : *La Bhagavad-Gîtâ*, Albin Michel, 1970.

RAJNEESH A. ou Osho (Inde, 1931-1990)

Le Livre des secrets, Albin Michel, 1983.

VARENNE J. (France, 1926-1997)

Le Tantrisme : mythes, rites, métaphysique, Albin Michel, 1997.

VÉDAS (Inde, XVe siècle av. J.-C.)

Lire les commentaires de S. Aurobindo : *Les Secrets du Véda*, Fayard, 1983.

PENSÉE GRECQUE ET MÉDIÉVALE

ARISTOTE (Grèce, 384-322 av. J.-C.)

Problème XXX, l'homme de génie et la mélancolie, Payot, 2006. *Éthique à Nicomaque*.

ÉPICURE (Grèce, 341-270 av. J.-C.)

Lettres.

GALIEN (Turquie/Rome, 129-216)

Sur les doctrines d'Hippocrate et de Platon. *Des jours critiques*.

HÉSIODE (Grèce, VIIIe siècle av. J.-C.)

Théogonie, Les Belles Lettres, 2012.

HIPPOCRATE (Grèce, 460-370 av. J.-C.)

Épidémies.

HOMÈRE (Grèce, VIIIe siècle av. J.-C.)

Odyssée.

MAÎTRE ECKHART (Allemagne, 1260-1328)

Traités et sermons, traduction d'Alain de Libera, Flammarion, 1993.

PARACELSE (Suisse, 1493-1541)

Quatre Traités de Paracelse, Dervy, 1990.

PLATON (Grèce, 428-347 av. J.-C.)
Timée, suivi du *Critias*, traduction par L. Brisson, GF Flammarion, 1999.

PLOTIN (Égypte/Italie, 205-270) *Ennéades*.

PRÉSOCRATIQUES (Grèce, du VIIIe au IVe siècle av. J.-C.)
Les Présocratiques, Gallimard, 1988 (lire avec attention Héraclite, Anaxagore, Anaximandre et Démocrite).

VERNANT J.-P. (France, 1914-2007)
La Métis des Grecs, Flammarion, 1974.

PENSÉE ORIENTALE

AVICENNE I. S. (Ouzbékistan/Iran, 980-1037)
Canon de la médecine.

KAYYÂM O. (Perse, 1048-1131)
Les Quatrains, Éditions Ivrea, 2004.

RÛMÎ D. D. (Perse/Turquie, 1207-1273)
Rubâi'yât, Albin Michel, 2003.

SABBAH R. (France, né en 1955)
Osiris est Israël, Salamandre, 2022.

SCHOLEM G. (Allemagne/Israël, 1887-1982)
Les Grands Courants de la mystique juive, Payot, 1950. *Le Zohar : le livre de la splendeur*, Seuil, 1980. *Sabbataï Tsevi*, Verdier poche, 2008.

PENSÉE OCCIDENTALE

BRUNO G. (Italie, 1548-1600)
Le Banquet des cendres, Éclat, 1988. *L'Expulsion de la bête triomphante*, Michel de Maule, 2000. *De la Magie*, Allia, 2002.

DESCARTES R. (France, 1596-1650)
Méditations métaphysiques.

HOBBES T. (Angleterre, 1588-1679)
Léviathan.

KANT E. (Allemagne, 1724-1804)
Critique de la raison pure. Critique de la raison pratique. Critique du jugement.

FOUCAULT M. (France, 1926-1984)
L'Ordre du discours. Histoire de la sexualité, vol. 3 : *Le Souci de soi*, Éditions Gallimard, 1984.

MESMER F. A. (Allemagne, 1734-1814)
Mémoire sur la découverte du magnétisme animal. Lire à propos de Mesmer : *La Guérison par l'esprit de Stefan Zweig.*

SADE D. A. F. de (France, 1740-1814)
La Philosophie dans le boudoir.

SCHOPENHAUER A. (Allemagne, 1788-1860)
Le Monde comme volonté et comme représentation.

SPINOZA B. (Pays-Bas, 1632-1677)
Traité théologico-politique, Éthique.

PENSÉE AFRICAINE ET DIASPORIQUE

CABRERA L. (Cuba/USA, 1899-1991)
El Monte, Lettras cubanas, 1985.

CÉSAIRE A. (France, 1913-2008)
Cahier d'un retour au pays natal. La Tragédie du roi Christophe. Discours sur le colonialisme.

DORLAIN E. (France, née en 1974)
Se défendre : une philosophie de la violence, La Découverte, 2017.

FANON F. (France, 1925-1961)
Œuvres complètes.

PENSÉE MODERNE ET CONTEMPORAINE

ADORNO T. (Allemagne, 1903-1969)
Minima moralia.

AGAMBEN G. (Italie, né en 1942)
Homo Sacer : L'intégrale (1998-2015), Éditions du Seuil, coll. « Opus », 2016.

BAKOUNINE M. (Russie/Suisse, 1814-1876)
Dieu et l'État, Mille et Une Nuits, 1996. *Fédéralisme, socialisme, antithéologisme*, L'Âge d'homme, 1971.

BENJAMIN W. (Allemagne/Espagne, 1892-1940)
Le Capitalisme comme religion, Payot, 2019.
Pour une critique de la violence, Allia, 2019.

CLASTRES P. (France, 1934-1977)
La Société contre l'État. Archéologie de la violence.

DARWIN C. (Angleterre, 1809-1882)
La Filiation de l'Homme et la sélection liée au sexe, Genève, Slatkine, 2012.

DEBORD G. (France, 1931-1994)
La Société du spectacle. Commentaires sur la société du spectacle.

DELEUZE G. (France, 1925-1995)
Différence et répétition, PUF, 1968. *Mille Plateaux – Capitalisme et schizophrénie 2*, en collaboration avec F. Guattari, Les Éditions de Minuit, 1980.

DERRIDA J. (France, 1930-2004)
Khôra.

ELIADE M. (Roumanie/USA, 1907-1986)
Le Chamanisme et les techniques archaïques de l'extase, Payot, 2e édition augmentée, 1978.

FREUD S. (Allemagne, 1856-1939)
Aux Éditions Points : *L'Avenir d'une illusion. Psychologie de masse. Au-delà du principe de plaisir.* Aux Éditions Payot : *Du masochisme. Névrose et*

psychose. Aux Éditions Fayard : *Anthropologie de la guerre*. Aux Éditions Quadrige : *Question de l'analyse profane*. *L'Analyse finie et infinie*. Aux Éditions PUF : *Résultats, idées, problèmes II*, 1921-1938. Aux Éditions Champs : *Métapsychologie*. En ligne : *Esquisse* (*Entwurf*), http://www.lutecium.fr/Jacques_Lacan/transcriptions/freud_esquisse_fr.pdf.

HEGEL G. W. F. (Allemagne, 1770-1831)

La Science de la logique.

KROPOTKINE P. (Russie, 1842-1921)

La Conquête du pain. *L'Entraide, un facteur d'évolution*.

LACAN J. (France, 1901-1981)

Mon enseignement, Éditions du Seuil, 2005. *Écrits 1*.

MARX K. (Allemagne, 1818-1883)

La Différence de la philosophie de la nature chez Démocrite et Épicure, traduction J. Ponnier, Ducros, 1970. *Les Luttes des classes en France, la Constitution de la République française, le 18 Brumaire de Louis Bonaparte*, Gallimard, 2002.

MERLEAU-PONTY M. (France, 1908-1961)

Phénoménologie de la perception.

NIETZSCHE F. (Allemagne, 1844-1900)

Naissance de la tragédie selon l'esprit de la musique. *Le Gai Savoir*. *La Volonté de puissance, fragments posthumes*.

RASPOUTINE G. (Russie, 1869-1916)

Nous n'avons rien de lui directement. Consultez les nombreux témoignages : Lettres.

THOMPSON E. (Angleterre, 1923-1993)

La Formation de la classe ouvrière anglaise, Éditions du Seuil, 1988.

WITTGENSTEIN L. (Autriche, 1889-1939)

Tractatus logico-philosophicus.

LITTÉRATURE ET POÉSIE

BATAILLE G. (France, 1897-1962)

L'Expérience intérieure.

BUKOWSKI C. (Allemagne/USA, 1920-1994)

Contes de la folie ordinaire, Paris, Le Sagittaire, 1977. *Nouveaux contes de la folie ordinaire*, Paris, Le Sagittaire, 1978.

CÉLINE L.-F. (France, 1894-1961)

Voyage au bout de la nuit. Mort à crédit. Guignol's band. Rigodon. L'Église.

CERVANTES M. de (Espagne, 1547-1616)

Don Quichotte.

DANTE ALIGHIERI (Italie, 1265-1321)

L'Enfer.

DOSTOÏEVSKI F. (Russie, 1821-1881)

Les Possédés (parfois traduit par *Les Démons*), traduction d'A. Markowicz, Actes Sud, Babel, 1995.

KAFKA F. (Autriche-Hongrie, 1883-1924)

La Métamorphose. Lettre à mon père. Le Procès. Le Château. La Colonie pénitentiaire.

LOVECRAFT H. P. (USA, 1890-1937).

La Couleur tombée du ciel, *Dans l'abîme du temps*, Denoël, coll. « Présence du futur », nos 4 et 5, 1954.

MÁRQUEZ G. G. (Colombie, 1928-2014)

Cent ans de solitude.

ORWELL G. (Angleterre, 1903-1950)

1984. La Ferme des animaux. Hommage à la Catalogne.

RABELAIS (France, 1483-1553)

Gargantua.

RIMBAUD A. (France, 1854-1891)

Œuvres complètes.

ROMAN DE RENART (France, vers 1174)

Roman de Renart est un ensemble de récits animaliers.

SAINT-JOHN PERSE (France, 1887-1975)
Éloges. Vents.

TOLKIEN J. R. R. (Angleterre, 1892-1973)
Le Seigneur des anneaux. Le Silmarillion.

POUR LA JEUNESSE

BRONTË E. J. (Angleterre, 1818-1848)
Les Hauts de Hurle-Vent.

EISEN A. (USA, 1917-2008)
Le Prince d'Ommeyya.

YOSHIKAWA E. (Japon, 1872-1962)
La Pierre et le Sabre.

PEINTURE, DESSIN, BANDE DESSINÉE

BACON F. (Angleterre, 1909-1992)
Trois études pour une crucifixion, *Étude d'après le portrait du pape Innocent X par Velázquez*, *Personnage avec quartier de viande*, *Trois études de figures au pied d'une crucifixion.*

BATMAN ET LE JOKER (USA, 1939)
On connaît ces personnages grâce au cinéma, mais je conseille les comics : *Dark Knight* (Miller, Janson), *Rire et mourir* (Bolland, Moore, Higgins), *Un deuil dans la famille* (Aparo, Starlin), *L'Asile d'Arkham* (Mckean, Morrison), *JoKeR* (Bermejo, Azzarello).

GIACOMETTI G. (Suisse/France, 1901-1966)
Homme qui marche, *Homme qui chavire*, *Le Chat*, *Le Chien* (sculptures).

GROTTES PRÉHISTORIQUES

On dénombre environ 350 grottes dont 186 en France présentant des témoignages d'art pariétal datant du Paléolithique (entre 45 000 ans et 12 000 ans).

HUGO V. (France,1802-1885)

La plupart de ces œuvres graphiques sont conservées à la Maison de Victor Hugo à Paris et à la Bibliothèque nationale de France.

LIBERATORE T. (Italie, né en 1953) et TAMBURINI S. (Italie, né en 1955)

RanXerox (BD).

MIYAZAKI H. (Japon, né en 1941)

Nausicaa (manga en 13 volumes).

MOORE A. (Angleterre, né en 1953), D. GIBBONS (Angleterre, né en 1949), J. HIGGINS, (Angleterre, né en 1943)

Watchmen (roman graphique).

ŌTOMO K. (Japon, né en 1954)

Akira (manga version en couleur en 14 volumes).

TURNER W. (Angleterre, 1775-1851)

Œuvres de la dernière période (à partir de 1840), telles que *Lumière et couleur*, *Pluie, tempête de neige en mer*, *Vapeur et vitesse*, *Lever de soleil avec monstres marins*, *L'Ange debout devant le soleil.*

VAN GOGH V. (Pays-Bas/France, 1853-1890)

La Nuit étoilée, *Le Champ de blé aux corbeaux*, *Semeur au soleil couchant*.

CINÉMA

FELLINI F. (Italie, 1920-1993)

Il Casanova di Federico Fellini.

GILLIAM T. (Angleterre, né en 1940)

Brazil.

JARMUSCH (USA, né en 1953)

Deadman.

KUBRICK S. (USA, 1928-1999)
2001, l'Odyssée de l'espace.

KUSTURICA E. (Serbie, né en 1954)
Underground.

LYNCH D. (USA, né en 1946)
Lost highway.

PASOLINI P. P. (Italie, 1922-1975)
Salò o le 120 giornate di Sodoma.

TARKOVSKI A. (URSS, 1939-1986)
Stalker.

WELLS O. (USA, 1915-1985)
Citizen Kane.

MUSIQUE

BACH J. S. (Allemagne,1685-1750)
Partita n° 6 pour clavier, *Suite anglaise n° 2 pour clavier*, *Concerti pour clavier et orchestre*, *La Passion selon saint Matthieu* (oratorio).

BEETHOVEN L. V. (Allemagne, 1770-1827)
Dernières *Sonates pour piano*. Derniers *Quatuors à cordes.*

BJORK (Islande, née en 1965)
Homogenic (album).

BOWIE D. (Angleterre, 1947-2016) avec Brian ENO (Angleterre né en 1988)
Outside (album).

CHOPIN F. (Pologne/France 1818-1849)
Préludes.

CHOSTAKOVITCH D. (Russie, 1906-1975)
Quatuor à cordes no 8, Le Nez (opéra), *Symphonie n° 4.*

COLTRANE J. (USA, 1926-1967) avec Eric DOLPHY (1928-1964)
My Favorite Things (album).

DAVIS M. (USA, 1926-1991)
In a Silent Way (album).

FURTWÄNGLER W. (Allemagne, 1886-1953)
Les *Symphonies* de L. V. Beethoven.

GAINSBOURG S. (France, 1928-1991)
Histoire de Melody Nelson (album).

GOULD G. (Canada, 1932-1982)
Intermezzi de Brahms, *Concerti* de J. S. Bach pour clavier et orchestre, *Variations Goldberg* de J. S. Bach.

HANCOCK H. (USA, né en 1940) avec Chick COREA (USA, né en 1941)
Maiden Voyage (deux pianos, version 1978, album).

KUTI F. (Nigeria, 1938-1997)
Des kilomètres de sons et de transe.

MONK T. (USA, 1917-1982)
Piano Solo (album), *Thelonious Monk with John Coltrane* (album).

MOUSSORGSKI M. (Russie, 1839-1881)
Une nuit sur le mont Chauve, *Boris Godounov* (opéra), *Chants et danses de la mort*.

MOZART W. A. (Autriche, 1756-1791)
Don Giovanni.

NOIR DÉSIR (France, 1980-2010)
Des visages des figures, notamment le dernier morceau avec Brigitte Fontaine, *Europe* (album).

SCARLATTI D. (Italie/Espagne, 1685-1757)
Sonates.

SCELSI G. (Italie, 1905-1988)
Aion, *Hurqualia*, *Uaxuctum*, *Konx-Om-Pax* (œuvres pour ensemble).

SCRIABINE A. (Russie, 1872-1915)
Vers la flamme, *Poème du feu*, *Poème de l'extase*. Dernières *Sonates*.

STRAVINSKY I. (Russie, 1882-1971)
Le Sacre du printemps.

THE DOORS (USA, 1965-1973)
Stange Days (album).

THE LAST POETS (USA, 1968)
The Last Poets (album, 1970).

WAGNER R. (Allemagne, 1813-1883)
Les Ouvertures.

THÉÂTRE ET DANSE

BECKETT S. (Irlande/France, 1906-1989)
En attendant Godot. Fin de partie.

ESCHYLE (Grèce vers 525 av. J.-C.)
Œuvres complètes. Voir les archives de la mise en scène de *Les Atrides* par A. Mnouchkine en 1990 au Théâtre du Soleil.

GRAHAM M. (USA, 1894-1991)
Mémoire de la danse, Actes Sud, 1993. On peut consulter les archives sur le site officiel.

GROTOWSKI J. (Pologne/Italie, 1933-1999)
Vers un théâtre pauvre.

HIJIKATA T. (Japon, 1828-1986)
Le créateur de la danse Buto. Consulter les vidéos, les quelques traces écrites et les affiches. *Kamaitachi*, New York, édition limitée, rééditée en 2009 à partir de l'édition originale (Tokyo, Gendai Sicho-sha, 1968).

LECOQ J. (France, 1921-1999)
Le Corps poétique.

NIJINSKI V. (Russie, 1889-1950)
Cahiers, Actes Sud, 2000. Il reste quelques fameuses images d'archives et des reconstitutions chorégraphiques concernant en particulier *Le Sacre du printemps*.

SHAKESPEARE W. (Angleterre, 1564-1616)
Le Roi Lear.

REMERCIEMENTS

Il m'est impossible de remercier toutes les personnes qui ont participé à l'écriture de ce texte : il y en a trop ! Tellement de relectures, de sages conseils, de vives conversations et d'améliorations... Cependant il n'aurait même pas vu le jour sans l'intelligence, la patience et l'amour de ma belle Giulia C.

Composition : Soft Office

Achevé d'imprimer en septembre 2024
sur les presses de la Nouvelle Imprimerie Laballery
58500 Clamecy
Dépôt légal : septembre 2024
Numéro d'impression : 408531

Imprimé en France

La Nouvelle Imprimerie Laballery est titulaire de la marque Imprim'Vert®